世界哲學家叢書

朱　舜　水

李　甦　平　著

1993

東大圖書公司印行

國立中央圖書館出版品預行編目資料

朱舜水／李甦平著.--初版.--臺北市：
東大發行：三民總經銷，民82
　　面；　　公分.--(世界哲學家叢書)
參考書目：面
含索引
ISBN 957 19-1514-9 (精裝)
ISBN 957 19-1515-7 (平裝)

1.(明)朱舜水─學識─哲學

126.9　　　　　　　　　　　82003872

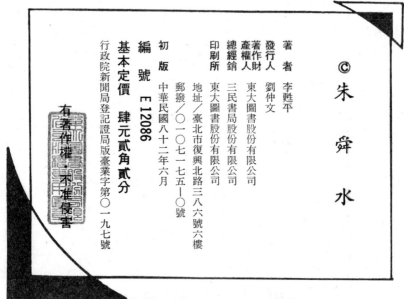

ⓒ　朱舜水

著　　者　李甦平
發 行 人　劉仲文
著作財產權人　東大圖書股份有限公司
總 經 銷　三民書局股份有限公司
印 刷 所　東大圖書股份有限公司
　　　　　地址／臺北市復興北路三八六號六樓
　　　　　郵撥／〇一〇七一七五─〇號
初　　版　中華民國八十二年六月
編　　號　E 12086
基本定價　肆元貳角貳分
行政院新聞局登記證局版臺業字第〇一九七號

ISBN 957-19-1515-7 (平裝)

「世界哲學家叢書」總序

　　本叢書的出版計劃原先出於三民書局董事長劉振強先生多年來的構想，曾先向政通提出，並希望我們兩人共同負責主編工作。一九八四年二月底，偉勳應邀訪問香港中文大學哲學系，三月中旬順道來臺，即與政通拜訪劉先生，在三民書局二樓辦公室商談有關叢書出版的初步計劃。我們十分贊同劉先生的構想，認為此套叢書（預計百冊以上）如能順利完成，當是學術文化出版事業的一大創舉與突破，也就當場答應劉先生的誠懇邀請，共同擔任叢書主編。兩人私下也為叢書的計劃討論多次，擬定了「撰稿細則」，以求各書可循的統一規格，尤其在內容上特別要求各書必須包括(1)原哲學思想家的生平；(2)時代背景與社會環境；(3)思想傳承與改造；(4)思想特徵及其獨創性；(5)歷史地位；(6)對後世的影響（包括歷代對他的評價），以及 (7)思想的現代意義。

　　作為叢書主編，我們都了解到，以目前極有限的財源、人力與時間，要去完成多達三、四百冊的大規模而齊全的叢書，根本是不可能的事。光就人力一點來說，少數教授學者由於個人的某些困難（如筆債太多之類），不克參加；因此我們曾對較有餘力的簽約作者，暗示過繼續邀請他們多撰一兩本書的可能性。遺憾

的是，此刻在政治上整個中國仍然處於「一分為二」的艱苦狀態，加上馬列教條的種種限制，我們不可能邀請大陸學者參與撰寫工作。不過到目前為止，我們已經獲得八十位以上海內外的學者精英全力支持，包括臺灣、香港、新加坡、澳洲、美國、西德與加拿大七個地區；難得的是，更包括了日本與大韓民國好多位名流學者加入叢書作者的陣容，增加不少叢書的國際光彩。韓國的國際退溪學會也在定期月刊《退溪學界消息》鄭重推薦叢書兩次，我們藉此機會表示謝意。

原則上，本叢書應該包括古今中外所有著名的哲學思想家，但是除了財源問題之外也有人才不足的實際困難。就西方哲學來說，一大半作者的專長與興趣都集中在現代哲學部門，反映著我們在近代哲學的專門人才不太充足。再就東方哲學而言，印度哲學部門很難找到適當的專家與作者；至於貫穿整個亞洲思想文化的佛教部門，在中、韓兩國的佛教思想家方面雖有十位左右的作者參加，日本佛教與印度佛教方面卻仍近乎空白。人才與作者最多的是在儒家思想家這個部門，包括中、韓、日三國的儒學發展在內，最能令人滿意。總之，我們尋找叢書作者所遭遇到的這些困難，對於我們有一學術研究的重要啟示（或不如說是警號）：我們在印度思想、日本佛教以及西方哲學方面至今仍無高度的研究成果，我們必須早日設法彌補這些方面的人才缺失，以便提高我們的學術水平。相比之下，鄰邦日本一百多年來已造就了東西方哲學幾乎每一部門的專家學者，足資借鏡，有待我們迎頭趕上。

以儒、道、佛三家為主的中國哲學，可以說是傳統中國思想與文化的本有根基，有待我們經過一番批判的繼承與創造的發

展，重新提高它在世界哲學應有的地位。為了解決此一時代課題，我們實有必要重新比較中國哲學與（包括西方與日、韓、印等東方國家在內的）外國哲學的優劣長短，從中設法開闢一條合乎未來中國所需求的哲學理路。我們衷心盼望，本叢書將有助於讀者對此時代課題的深切關注與反思，且有助於中外哲學之間更進一步的交流與會通。

　　最後，我們應該強調，中國目前雖仍處於「一分為二」的政治局面，但是海峽兩岸的每一知識份子都應具有「文化中國」的共識共認，為了祖國傳統思想與文化的繼往開來承擔一份責任，這也是我們主編「世界哲學家叢書」的一大旨趣。

傅偉勳　韋政通

一九八六年五月四日

自　序

歷史之發展，或興盛或衰落；思想之演變，或高峯或低谷。明清之際，乃社會之動亂，思想之彰顯也。在此相反相成中，朱舜水卽其時之畸儒。他懷抱經國之大志，學究聖賢之堂奧，而視科場爲兒戲；他忠勇節烈，愛國愛民，却絶仕途之念；他一介書生，崎嶇鄰海，志在光復，至事不可爲，而避地海外。在異國他鄉，他激東瀛之儒流，傳中華之道脈，以舜水之學，裁成諸士，影響聲施，數百年而不衰，却鮮爲國人所知。近代以降，其英名偉業，漸由日本反饋中華，像閃電、似雷鳴，震顫着一代愛國青年，引起國人的重視。

余從事中日傳統文化研究與比較一十五載，深深地被朱舜水的愛國精誠，高風亮節所感動。他所建構的「舜水學」，旣有時代的特殊性，又有歷史的現實性；旣有深刻的哲學意義，又有豐富的社會內容；旣能啓發中國近代社會的革命思潮、以引起文化觀念的轉變，又能指導日本文運之轉機、誘起明治維新之思源，實在是一個十分值得研究的課題。這就是我研究朱舜水思想的初衷。

本書結構分四部分九章。

第一章爲第一部分，是論述朱舜水的生平和經歷。從中闡釋了他的人生哲學宗旨——以誠爲本。而朱舜水的思想體系——舜水學，也正是在這個基礎上形成的。

　　第二部分為二至五章，是對朱舜水思想全面而詳細的剖析。筆者認為舜水學是一個多層次、多方位的立體思維體系。故從其本體思維、認識思維和宗教思維（第二章），政治、經濟、文化思想（第三章），歷史哲學（第四章）和道德理性（第五章）諸方面，多視角地進行深入的探求。從這種全方位的探求中，可以看出舜水學的根本宗旨是富國利民，其核心思想是實理實用的實踐哲學。它以哲學的「實踐論」為中心，以此展開思想的哲學邏輯結構，並貫徹到各個方面：從實踐的觀點看來，明代的政治腐敗是民心背離的主要原因。而「更化善俗」就在於利民，以更化善俗的政治革新為其思想指南，儘管不能實現大同的理想社會，但政治革新仍有其現實意義，並與經濟發展相聯繫。經濟是政治革新的基礎，政治革新又為經濟的發展開闢道路，否則也不可能真正「經世致用」。誠然，更化善俗和經世致用又都不能脫離中國固有的傳統。人們往往從尊史中，以通經致用，從史實中探索革新富國的道路。「實踐論」的展開和貫徹，在道德理性思想方面的運用，是強調道德的後天性、社會性、實踐性，以加強對人們的道德教化，提高人們的道德素質，培育出仁義愛國、經世理民的人才，達富國利民的目的。朱舜水以哲學思想的「實踐論」為其綱領，以政治和經濟思想的「事功論」為其理想，以史學思想的「尊史論」為其方法，以道德思想的「德性論」為其基礎，由此構成了「舜水學」的有機體系。

　　第三部分為六至八章，是詳敘朱舜水對日本社會文明開化的貢獻。展示日本德川時代的學術思想發展，與朱舜水有着密切聯繫。德川初期，日本思想界被務空談虛、僵化不變、一潭死水的局面所籠罩。朱舜水敢於直視這種現實，以提倡經邦弘化、康濟

艱難的實理實學思想，校正空談僵化的文風。在他精心哺育下，日本朱子學、日本古學和日本水戶學，各以其獨特的思想，形成了一股注重科學實證、講究經世致用、倡導維新致強的思想潮流，推動着日本社會向前發展。由此，使朱舜水成為日本學術思想界由迷津佛教、崇尚虛學，轉向以經世濟民、開物成務為主旨的日本實學的促使者。

第四部分為第九章，是對朱舜水的歷史評估。學術界傳統觀點認為黃宗羲為清初浙東史學的開創者，顧炎武為清代乾嘉學派的開創者，而埋沒了朱舜水為清初浙東史學和常州學派之先師的歷史地位。筆者以朱舜水的史學思想和經學思想的史實，證實了朱舜水應與黃宗羲並列為清初浙東史學的祖師，同時也證明了清代常州學派開源於明末清初的朱舜水。此外，朱舜水的思想還成為十七世紀日本社會文運轉機的直接動力，滑移默化為十九世紀日本明治維新和二十世紀初中國社會革命的間接動因。朱舜水以自己的才學品行，為中日兩國人民在歷史上架起了一座友誼的橋梁。他留給後人的是啟示，是力量，是榜樣。

本書在寫作過程中，得到了張立文教授的熱忱鼓勵和幫助，修改提綱、審閱稿件、提供資料，在此表示深深的謝意。這也是我要將此書呈獻給他的一個原因。此外，向幫助此書出版的主編和編輯，深表謝意。

李甦平

一九九三年四月

敬獻此書給：

恩師　張立文教授

朱舜水 目次

第一章　以誠爲本，一生不僞──立誠論

《孟子‧離婁上》云:「誠者，天之道也；思誠者，人之道也。」朱舜水以此誠學爲作人之本、修學之旨、治世之道，而德貫天人、學極經世、眞希世人。舜水一生特色，以「誠」字標宗，故本章以「立誠」爲題，敍述朱舜水的生平、人格和著作。

一、睨絕仕途，抱志經世

朱舜水名之瑜，字魯璵，浙江紹興府餘姚縣人。學者稱舜水先生，據梁啓超〈朱舜水先生年譜〉記載:「先生在江戶時，源光國敬禮之，不敢稱其字，欲得一菴、齋之號稱之。先生答言無有，三次致言，乃曰:『舜水者，敝邑水名也，古人多有以本鄉山水爲號者。』舜水之稱始此。」❶他生於明萬曆二十八年（西元1600年），卒於清康熙二十一年（西元1682年）。在譜系上講，他的先祖和明太祖朱元璋是族兄弟。「入國初，先祖於皇帝族屬爲兄，雅不欲以天潢爲累，物色累徵，堅臥不赴，遂更姓爲『諸』。故生則爲諸，及袝主入廟，題姓爲朱。僕生之年，始復今姓。」❷曾祖名詔，號守愚。祖父名孔孟，號惠翁，一生曾三讓皇恩

---

❶　梁啓超:〈朱舜水先生年譜〉，《朱舜水集》附錄1，中華書局1981年版，頁644。
❷　〈答源光國問十一條‧六〉，《朱舜水集》卷10，頁348。

不受。父親名正，號定寰，皇明詔贈光祿大夫，上柱國，並授總
督漕運軍門，但未任。母親金氏，生三子：長兄啓明，一名之
琦；次兄重林，一名之瑾；他排行第三。父親在他九歲時便去世
了。舜水自幼過著清貧的生活。他在給諸孫男的信中寫道：「汝
曾祖兩袖清風，所遺者四海空囊。我自幼食貧，齏鹽疏布。」❸

　　雖然家境清苦，但朱舜水爲人正直、誠懇，不肯趨炎附勢、
阿諛奉迎。在他三十七歲時，有人帶了家譜找他，自稱是朱熹的
後裔，認舜水爲同族。他當卽查閱了家譜，發現基本相符，只有
一世不明。同族人都同意，但舜水嚴肅指出：「一世不明，其不足
據便在於此。且子孫若能自立，何必文公？如其不肖，雖以堯、舜
爲父，只得丹朱、商均耳。」❹就這樣毅然予以拒絕。自明以來，
朱熹已成爲封建社會的聖人、知識分子所崇拜的偶像，文人士子
皆以攀附朱熹爲榮耀，但朱舜水卻認爲：「人貴自立，不必攀附
紫陽也」❺。這充分表明了舜水誠實不好虛榮，倔強不肯攀援的
性格與情操。

　　這種以誠爲貴的品格還表現在朱舜水的治學目的和處世原則
等方面。

　　朱舜水最初跟隨同鄉李契玄求學，後來又隨吏部左侍郎朱永
佑及東閣大學士兼吏戶工三部尚書張肯堂、禮部尚書吳鐘巒研究
古學，尤擅長《詩》、《書》。因爲他天資聰明，學業頗有成
就。三十九歲時，他從南京松江府儒學生考取恩貢生。考官吳鐘
巒對他特別賞識，稱爲開國以來「文武全才第壹名」❻。但舜水

----

❸　〈與諸孫男書〉，《朱舜水集》卷4，頁45。
❹　〈答源光國問十一條‧六〉，《朱舜水集》卷4，頁348。
❺　〈朱舜水別傳〉，《朱舜水集》附錄1，頁637。
❻　〈答源光國問先世緣由履歷〉，《朱舜水集》卷10，頁351。

不把治學及第作為仕途晉升的階梯，他認為「士惟在有為耳，不在官職之大小崇卑也」❼。他立經濟之志，企圖用所學的知識造福於社會。但見「國事日非，世道日壞」，他感時傷事，決定棄絕仕進，隱居田園。他說：「僕幼學之時，固有用行之志。逮夫弱冠不偶，彼時時事大非，即有退耕之心。」❽封建社會的衰敗以及官僚制度的腐朽，使他逐漸產生了退出科舉考試的想法。他四十歲時已下定決心不去作官，但是無奈仕宦門第的家庭惜他器度不凡、可以大用，於是每逢考試，他不得不參加，卻「徒作遊戲了事而已」❾。舜水曾對妻子講：「我若第一進士，作一縣令，初年必逮係；次年三年，百姓誦德，上官稱譽，必得科道。由此建言，必獲大罪，身家不保。自揣淺衷激烈，不能隱忍含弘，故絕志於上進耳。」❿這表明他對於明末的科舉制度已深惡痛絕。認為「明朝以制義舉士，初時功令猶嚴，後來數十年間，大失祖宗設科本旨。主司以時文得官，典試以時文取士，競標新艷，何取淵源。父之訓子，師之教弟，獵探詞華，埋頭咕嗶，其名亦曰文章，其功亦窮年皓首，惟以剽竊為工，掇取青紫為志，誰復知讀書之義哉！既而不知讀書，則奔競門開，廉恥道喪官以錢得，政以賄成，豈復識忠君愛國，出治臨民！」⓫這是朱舜水對明末追逐利祿，熱衷仕宦的科舉風氣的斥責。事實上，明末的科舉制已經變成爭奪功名利祿的工具，光宗耀祖的進身之階。「以八股

---

❼　<答平賀舟翁（平賀勘右衞門）書二首・二>，《朱舜水集》卷5，頁91。

❽　<答小宅生順書十九首・一>，《朱舜水集》卷9，頁311。

❾　<舜水先生行實>，《朱舜水集》附錄1，頁613。

❿　同❾。

⓫　<中原陽九述略>，《朱舜水集》卷1，頁1。

爲文章，非文章也。志在利祿，不過借此干進。彼尙知仁義禮智爲何物？不過鉤深棘遠，圖中試官已耳，非眞學問也。」⑫朱舜水對這樣的科舉制，睥睨爲文字遊戲，不是眞學問。他不求功名利祿，而熱衷於關心社會民生。舜水經常對人講：「世俗之人以加官進祿爲悅，賢人君子以得行其言爲悅。言行，道自行也 。蓋世俗之情，智周一身及其子孫。官高則身榮，祿厚則爲子孫數世之利， 其願如是止矣。大人君子包天下以爲量。在天下則憂天下，在一邦則憂一邦，惟恐民生之不遂。至於一身之榮瘁，祿食之厚薄，則漠不關心， 故惟以得行其道爲悅。」⑬這就是朱舜水的治學目的 —— 以經世致用爲治學根本，以至憂國憂民憂天下。這種立志濟世的踐行之學就是誠。用《大學》的話來解釋則是：濟世以修身爲本，修身以誠意爲要。

　　崇禎十七年（西元 1644 年），朱舜水四十五歲時，李自成攻陷北京，崇禎皇帝縊死煤山（今景山）。不久，福崧卽位於南京，改元弘光。這時江南總兵方國安推薦朱舜水，並奉了皇帝的詔命特別徵召他，他不就任。弘光元年（西元1645年）正月，皇帝又下令徵召他，他仍不就任。四月，在荆國公方國安再次推薦下，朝廷任命他作江西提刑按察司副使兼兵部職方清吏司郎中，監方國安軍，他還是不就任。在封建專制時代，違抗皇旨是有罪的。當時朝廷之中，交章彈劾他。說他不遵朝廷之命，沒有人君的禮節， 聲言要抓捕他。在這種情況下，朱舜水不得不星夜遁逃。恰好這時有左良玉的兒子左夢庚背叛朝廷，羽檄張皇，所以舜水才能免於逮捕。據朱舜水自己在〈答源光國問先世緣由履

---

⑫　〈答安東守約書三十首・三〉，《朱舜水集》卷 7，頁173。
⑬　〈與岡崎昌純書二首・二〉，《朱舜水集》卷 5，頁101。

歷〉一文中所講，從四十五歲到五十八歲，「通計徵召薦辟除擬，除亢院疏薦外，凡壹拾貳次，始終不受。」❹

　　朱舜水之所以屢次拒絕徵召，一方面是受其祖父和父親不攀仕途家風的影響，另一方面則是對中國歷史上正直的知識分子「君子誠之為貴」優良傳統的發揚。具體講，就是繼承了明末東林黨和復社人士那種為了國家民族的命運，敢於申張正義，忠信正直的品格。

　　「東林黨」和「復社」是明末知識分子為熱誠報國而組織起來的學術團體。明朝末年是中國歷史上的又一個風雨飄搖，國事蜩螗之秋。神宗統治時期，以皇帝、宦官、王公、勛戚、權臣為代表的封建統治層中最反動、腐朽的勢力，操縱朝政、政治黑暗、軍事窳敗、財政拮据，而苛徵暴斂日漸繁重。人民反抗事件也層出不窮。由於明朝國力漸衰，崛起於關外的滿洲貴族也逐漸不服明朝中央政府的管轄，以至發展成為對明朝的威脅。面臨這種國事艱難的形勢，萬曆二十一年（西元1593年）任吏部文選司郎中的顧憲成對朝廷的錯誤決策直言進諫，觸怒了神宗，被革職回家。德高學湛的顧憲成同顧允成、高攀龍、安希範、劉元珍、錢一本、薛敷教、葉茂才（時稱東林八君子）於萬曆三十二年（西元1604年）修復了宋代學者楊時（時稱龜山先生）講過學的「東林學院」（現為江蘇無錫市東林小學），制訂了《東林會約》，由此被稱為「東林黨」。東林黨人標榜氣節，崇尚實學。他們在講學中經常觸及社會現實問題，議論如何改變政治腐敗、民不聊生的狀況。例如，他們強烈要求改變宦官專權亂政的局面，

---

❹　〈答源光國問先世緣由履歷〉，《朱舜水集》卷10，頁352。

竭力反對皇帝派遣礦監、稅吏到各地進行瘋狂掠奪、橫徵暴斂，主張既重視農業，也重視工商業，要求惠商卹民、減輕賦稅、墾荒屯田、興修水利，反對屢見不鮮的科舉舞弊行爲，主張取士不分等級貴賤，按照個人才智，予以破格錄用，提倡加強在遼東的軍事力量，積極防禦滿洲貴族的進攻。這些正確的建議和主張，卻遭到了以魏忠賢爲首的閹黨的反對。魏忠賢爲了把持朝政，企圖將東林黨人一網打盡。他於天啓五年（西元1625年）十二月，以朝廷的名義，把東林黨人姓名榜示全國，共三百零九人。凡是榜上有名的，生者削職爲民，死者追奪官爵。一時間，京師內外，遍布魏忠賢的密探。東林黨人一被發現，立刻被捕拷打，甚至遭割舌、剝皮的酷刑。面對魏忠賢極端恐怖的黑暗統治，大部分東林黨人都不顧個人安危，鐵骨錚錚、至死不屈，充分展示了東林黨人的凜然氣節 —— 赤誠愛國，忠直不阿的高風亮節。

崇禎帝卽位後，遠忠直、親邪佞，對敢於評騭朝政的東林黨不抱好感。由於他的剛愎自用、拒絕是非，使已經極端腐敗的明朝每況愈下。在這種情況下，一批青年士子繼東林而起，組織了「復社」。明代士大夫以文會友之風甚盛。崇禎初年，江南有許多文社。著名的有太蒼人張溥、張采創立的「應社」，華亭人夏允彝、陳子龍創立的「幾社」，還有別的許多社。後來這些文社合併爲「復社」，推文名最大的張溥爲盟主，於崇禎六年（西元1633年）大會於蘇州的虎丘。大江南北的士人參加復社的，據記載約有兩千多人。這是明代，也是中國封建時代規模最大的一個知識分子結社。復社人士自稱「吾以嗣東林」。這表明復社繼承了東林黨的傳統。卽論文乘評時政，把關心國事當作自己的座右銘，忠貞報國，眞實無僞。因此，復社聲討閹黨餘孽阮大鋮之

舉，成了明末一樁重大的政治事件。崇禎十一年（西元1638年），復社人士會集南京，起草了〈留都（南京）防亂公揭〉。這篇檄文揭露阮大鋮在過去充當魏忠賢的爪牙，迫害東林黨人的罪行以及他仍在策劃捲土重來的陰謀，表示了復社壯士決心「為國除奸」，不芟除阮賊誓不罷休。檄文義正辭嚴，掀起了一場聲討阮大鋮的運動。阮大鋮成了過街老鼠，有五、六年不敢出頭露面。

　　崇禎十七年（西元 1644 年）五月，關外清軍攻占北京，使全國形勢發生了一個根本性的變化。這時鳳陽總督馬士英與阮大鋮密謀，認為庸怯的福王朱由崧容易控制，就拉攏江南的幾個總兵，依仗武力，擁立了福王朱由崧。這就是上文提到的第一個南明政權。馬士英把持朝政，將其密友阮大鋮任命為兵部侍郎（後升任尚書）。由此，大多數復社人士堅決不同馬、阮同流合污。

　　朱舜水繼承了「東林」和「復社」疾惡如仇、剛直不屈的傳統，對馬士英和阮大鋮深惡痛絕，恥與之同列，所以當馬士英派遣親信，請托朱舜水的親家何東平再三勸勉他出任時，他想：如果接受徵召，一定會得到馬士英的重用，既受重用，自然要感恩圖報；如果與相首尾，就是和奸臣同黨，而成為天下萬世之罪人，故而他不顧身家性命的危險，力辭徵召。這充分體現了朱舜水的處世原則——不為高官厚祿，與惡勢力同流合污；而為國家民族的利益，追慕正直、忠貞的品格。用他自己的話說，就是「修身處世，一誠之外更無餘事」[15]。

二、奮鱗東海，乞師復明

────────────

[15]　〈誠二首・一〉，《朱舜水集》卷17，頁495。

朱舜水作為明清嬗代之際的一位愛國知識分子，表現出了強烈的民族氣節和情操。為了匡復明室，驅逐滿清，他曾三赴安南（越南）、五渡日本、奔走於廈門、舟山之間，效申包胥借兵復楚之舉，向日本乞師復仇。耿耿忠心，一腔至誠。

弘光隆武元年（西元 1645 年）五月，清兵攻陷南京，福王出走，方國安、馬士英、阮大鋮投降清軍。福王敗亡後，明室產生了兩個領導力量，卽唐王（朱聿鍵）政權和魯王（朱以海）政權。不久，清兵攻取福建，殺了唐王。此時，魯王率領部下進佔南澳島，然後攻取了舟山羣島。這時候，朱舜水曾幾次往返於日本與舟山之間。他之所以屢次去日本，是想借日本援兵資助舟山守將、兵部左侍郎王翊，以恢復中原。魯王監國五年、清順治七年（西元1650年），朱舜水以五十一歲高齡又一次飄浮東海去日本，不料被清兵發現。清軍白刃合圍，逼迫他薙髮投降，但他談笑自若、毫不懼怕，誓死不降，表現出了明末志士忠貞不渝、視死如歸的情操。同舟劉文高等人被他的義烈所感動，駕舟將他送回舟山。

次年，五十二歲的朱舜水又去日本，以後又由日本到安南。當他正要從安南返回舟山時，舟山和四明山寨都被清兵攻陷了。魯王走避廈門，舜水的最好師友王翊、朱永佑、吳鐘巒等人，也都先後為國殉節。尤以王翊死事最慘，足以表現民族氣節。據全謝山《鮚埼亭集・王公墓碑》記載：王翊，字完勳，浙江慈谿人，徙居餘姚。監國二年，他聚兵結寨以屯，蔓延四明八百里，氣勢頗大。舜水和王翊深相締結，兩人經常密商恢復明室的方策。由此，舜水視王翊為平生唯一知友。監國六年、清順治八年（西元1651年）七月，王翊在清軍圍寨數月後，頑強抵抗，最終被清軍

所執。他被擒後，在獄中每日從容束幘，掠鬢修容。臨死前寫絕命詩云：「平生忠憤血，飛濺於羣虜」。書畢，引筆擲向清帥面孔，仰天大笑：「我要叫你們見識見識漢官的威儀」。清軍因懷恨他的積年頑強，許多人集合起來，用亂箭將他射死。但他至死挺立胸膛，面不改色，壯烈犧牲。王翊殉節那天，正好是舊曆中秋節。消息傳來，舜水大爲悲痛。他說：「中秋爲知友王侍郎完節日，慘逾柴市，烈倍文山。僕至其時，備懷傷感，終身遂廢此令節。」⓰還說：「十五日爲知友王侍郎殉忠之日，此日不喜接見一客，亦不至於談笑。」⓱舜水對亡友的眞摰緬懷，表示了他對大明王朝的赤膽精誠和抗清復明的決心。

由於國事日益危急，魯王在監國九年（西元1654年）降詔徵召五十五歲的朱舜水。但因舜水東西飄泊，住處不定，璽書輾轉兩年後才到他手中。魯王在書中責備他「託諭占城，去而不返，背君苟免，史氏譏之。」⓲希望他盡快回國效力。朱舜水手捧詔書，唏噓慷慨，想立卽轉赴思明（今廈門）返回舟山，但苦無交通工具，困於安南。他只得先回復魯王一封信，陳述他歷年海外經營，籌資覓餉的苦心。他在丁酉〈謝恩奏疏〉中說：「去年委曲求濟，方附一舟。意謂秋末冬初，便可瞻拜彤墀，伏陳衷曲。臣數年海外經營，謂可得當以報朝廷，當與藩臣悉心商確，不意姦人爲梗，其船出至海口，半月而不果行。復收安南，憤結欲絕。」⓳這說明舜水在海外數年間，爲恢復大明河山，時時辛勞、

⓰ 〈答田犀書二首・一〉，《朱舜水集》卷8，頁252。
⓱ 〈答野節書二十八首・二十〉，《朱舜水集》卷8，頁229。
⓲ 〈安南供役紀事・附監國魯王敕〉，《朱舜水集》卷2，頁34。
⓳ 〈安南供役紀事・附上監國魯王謝恩奏疏〉，《朱舜水集》卷2，頁31。

日日經營。在他苦心策劃下，終獲一救國良策。「今謀之十年，方喜得當，意欲恢弘祖業，以酬君父，以佐勞臣。」❷⁰雖然其中祕密如何，今無從考察，但由此可見舜水對明王朝一如故往的赤膽忠誠。

急於早日回國盡忠報效的朱舜水，終於在永曆十一年、清順治十四年（西元1657年）正月，等來了日本船，準備乘舟渡海歸國。但不料在二月遭安南供役之難，被羈五十餘日，與死爲鄰。是年舜水已五十八歲，爲銘記這段老年之難，他逐日記有日記，並取「庶人召之役則往役」之義，名所記曰〈安南供役紀事〉。其〈自敍〉云：

> 媿我中夏淪胥，外夷閹位，天旣不賦瑜以定亂之略，瑜何忍復生其任運之心。是以逪播異邦，流離一十三載，間關瀚海，茹荼百千萬端，庶幾天日再明，沉州復陸。乃忽有安南國王檄召區區，相見之際，遂爲千古臣節所關，不死不足以申禮；然徒死亦不足以明心，不得不覿至其廷，往返辯折。況瑜大讐未復，又何肯輕喪於溝渠？故不亢不撓，以禮譬曉。國王之識習局於褊淺，而才氣頗近高明。讒夫鴟張，極力煽其焰；元臣箝口，無或措一辭。獨力支撐，四面叢射。逼勒有甚乎衛律，嗟嘆無聞于李陵。雖十一日磨礪之鋒，不敢輕試；而三百年養士之氣，未得大伸。謹將逐日問答、行略、書札，錄爲一卷。芟其諸臣問難，嫌於繁冗也。隱其行間機務，爲彼慎密也。子卿以奉使

---

❷⁰ 同⑲，頁32。

困飢雪窖，洪皓以迎請流遞冷山，節烈尚矣！瑜則無所奉也。無所奉則不必記；然關於國也，關於國則不敢不記。因誌之日安南供役紀事云爾。**㉑**

　　正如舜水自敍所言，安南之難在朱舜水的整個生涯中，猶如颶風一般，突然襲來，但又瞥然而去。然而，它卻折射出朱舜水為維護大明王朝聲譽而不卑不亢、視死如歸、至誠愛國的高尚人格。

　　安南之難的史實經過是：朱舜水滯留於安南時，恰逢安南國王需要識字的人供書記之役，有人推薦他，府吏便把他捉到官府，面試作詩寫字。舜水不肯作詩，只寫道：「朱之瑜，浙江餘姚人，南直松江籍。因中國折柱缺維，天傾日喪，不甘髮髮從虜，逃避貴邦，至今一十二年。棄捐墳墓妻子，虜氛未滅，國族難歸。潰耄憂焚，作詩無取。所供是實。」**㉒**府吏把他拘囚起來，嚴密監視。數日後，安南國王在外營砂召見他，舜水不肯下拜異邦國王，激怒了國王和文武大臣。第二天又召見他，這次滿朝文武大臣盡集，另有數千人持刀環立，一派殺氣騰騰。面對這些，舜水毫無懼色，徐徐步入。差官命他拜，舜水不拜；又寫一「拜」字命他拜，舜水於「拜」字上添一「不」字，仍不肯拜；最後差官牽袖按令他拜，他揮而脫之還是不肯下拜。國王大怒，一定要殺他。同行的人也都勸他拜。舜水卻說，前天從會安來的時候，已經同親友作過死別了。今日我為遵守明朝禮節而死，毫無遺憾。我死後，如可收屍，乞題曰「明徵君朱某之墓」。安南國王

㉑　〈安南供役紀事〉，《朱舜水集》卷2，頁14。
㉒　同㉑，頁15。

天天派人在舜水寓所附近殺人，先梟其首，再將骨肉剁碎，拋散滿地，招致鳥鳶犬豕競來就食，以此恐嚇他，但舜水絕不被威逼所屈，始終不拜。威逼不成，又施利誘。安南王請舜水在安南作官，並以「太公佐周而周王，陳平在漢而漢興」相誘。舜水堅辭不就，致書安南國王說：「瑜徒以天禍明室，遁逃貴邦，苟全性命，別無他圖。如曰中華喪亂，遂欲委質於貴國，皇天后土，實鑒此心。大王不以無禮誅之，而復以此傷義士之志，是猶與於殺之矣。」❷❸忠心赤膽，躍然紙上。安南王仍不甘心，又派人勸說舜水，要為他接取家眷，營造府第。對此，舜水答曰：「去家十三年，絕無婢妾，何有家眷？瑜役畢告歸，必不留此，甲第何為？」❷❹鏗鏘之語，表達了舜水作為大明遺民，定要返回故國的決心。最後，安南王又派人寫一「碻」字，探問他的意思。朱舜水作〈堅碻賦〉回報安南王，以表自己堅貞的志操。

　　朱舜水在安南的遭遇，證明了他不愧是一位愛國的知識分子。生當民族危難之秋，卻保持了海外赤子之心。這誠如他自己所說：「僕事事不如人，獨於『富貴不能淫，貧賤不能移，威武不能屈』，似可無愧於古聖先賢萬分之一。一身親歷之事，固與士子紙上空談者異也。」❷❺他在安南的遭遇反映了他言行一致、堅貞不屈、精誠無偽、壁立千仞的人品。為此，梁啟超稱讚他：「先生方正強毅，鎮靜溫厚，諸美德皆一一表現，實全人格之一象徵也。」❷❻

---

❷❸　同❷❶，頁24。
❷❹　同❷❶，頁26。
❷❺　〈答小宅生順書十九首·一〉，《朱舜水集》卷９，頁311。
❷❻　梁啟超：〈朱舜水先生年譜〉，《朱舜水集》附錄１，頁674。

　　由於屢受挫折，朱舜水的處境越來越艱難。但他抗清的意志至死不衰，復明的決心始終不變。他繼續奔走海上，「雅有意於經歷外邦，而資恢復之勢」。他時時以國事為念，「審察時勢，密料成敗，故需滯沿海，艱厄危險，萬死如髮。」❷永曆十三年、清順治十六年（西元1659年）五月，延平郡王招討大將軍鄭成功和兵部侍郎張煌言會師北伐。六十歲的朱舜水應鄭成功的邀請，參加了這次戰役。收復瓜州，攻克鎮江，他都是親歷行陣。但這次行動最終遭到了失敗。舜水衡量當時的局勢，不禁浮起了一個悲壯的觀念：聲勢不可敵，失地不可復，與其在內地做異族的奴隸牛馬，不如蹈海全節，以保存民族正氣。於是，他學魯仲連不帝秦的精神，東渡日本，留居長崎。

　　朱舜水定居日本後，每日向南而泣血，背北而切齒。正如黃遵憲在〈日本雜事詩〉中所描述的那樣：

　　　　海外遺民意不歸，老來東望淚頻揮，
　　　　終身恥食興朝粟，更勝西山賦采薇。

遭逢「陽九之厄」的朱舜水，為恢復明朝的一統江山，冷靜地回顧和研討明亡的歷史教訓，並在六十二歲時，即明亡後的第十七年，寫下了著名的〈中原陽九述略〉。這篇著作共分四章，第一章題名「致虜之由」。舜水認為明亡的原因主要有二：一是政治腐敗。「中國之有逆虜之難，貽羞萬世，固逆虜之負恩，亦中國士大夫之自取也。語曰：『木必朽而後蛀生之。』未有不朽之木，

<hr />

❷　〈舜水先生行實〉，《朱舜水集》附錄1，頁615-616。

蛙能生之者也」。二是學術虛僞。明末科舉制成了文人士子攫取個人功名的手段，所以人們窮年皓首於獵取華詞、埋頭咕嗶之中，不知讀書以出治臨民之義哉！第二章論「虜勢二條」。一條論天啓、崇禎年間，邊臣失職，致虜披猖；二條論虜入中原後，搜括征發，使天下騷然。第三章講「虜害十條」。舜水痛斥滿清入主中原後的十大罪狀有：1.東人之害，自江以北至南京。2.沿海有防邊、養兵、藏匿、接濟之害。3.近海有造船、幫工、值匠之害。4.簽發舵梢之害。5.內地有簽派船料、搬運木植之害。6.省會近城各郡有放債畢息、買官附營之害。7.仕宦有配發上陽堡、寧古塔之害，並入旗披甲之害。8.買官但計有錢，不問色目之害。9.打老鼠之害。10.拆房屋之害。第四章名爲「滅虜之策」。「滅虜之策，不在他奇，但在事事與之相反。」舜水舉例說：「彼以殘，我以仁；彼以貪，我以義。解其倒懸，便已登之袵席；出之湯火，斯爲沃之清涼。則天下之赤子與天下英雄豪傑，皆我襁褓之子，同氣之弟，安有不合羣策，畢羣力，以報十七年刺骨之深讐哉？逆虜雖有神謀秘策，亦無所再施。況黔驢之技久窮，山鬼之術盡露。全爲百姓勘破，毫無足懼。故知一敗塗地，必不可支也。」篇末署名「辛丑年六月望日，明孤臣朱之瑜泣血稽顙拜述」。耿耿忠義之情，力透紙背。這篇著作書寫完畢，舜水拜託他的日本至友安東守約收藏保存，謂「他日采逸事於外郡，庶備史官野乘。」❷⑧舜水一直企望中原能有恢復的一天，爲此，他滯日期間生活十分節儉，死時居然儲蓄了三千餘金。這是他企圖恢復國家的經費。舜水抗清復明的公忠眞誠，眞可謂驚天地、泣鬼

---

❷⑧ ＜朱舜水先生年譜＞，《朱舜水集》附錄1，頁691。

神。

三、闡揚儒學，膏澤異域

朱舜水從六十歲起流寓日本講學，一直到八十三歲去世爲止，前後二十三年時間，造就了無數日本學生，「與日本近代文化極有關係」㉙。

由於朱舜水重事功而輕文學，又遭國破家難、顚沛之累，故沒有宏篇巨著。他的著作皆是海外文字，即滯日期間與日本學者的學術交流。其具體內容包括詩、賦、疏、揭、書、啓、議、序、記、跋、論、辯、贊、箴、銘、策問、雜帖、答問、雜說、碑銘、祭文、字說、札記、雜評、雜著等。從年代考察，這些著作主要分爲兩個時期，即長崎時代（西元1659—1665年）的著作和水戶時代（西元1666—1682年）的著作。雖然這些著作皆非雄篇，但其雅言，不離民生日用之間，發乎言而徵於行，本乎誠而立於忠，實乃啓人德智之力作。

朱舜水初到日本時，正是德川幕府鎖國時期。按照日禁，不留華人已有四十年。但日本學者安東省庵欽佩他的學問道德，拜他爲師，固請他留住日本，並上書長崎鎮巡，鎮巡破例允許他留居日本。從此，朱舜水從六十歲至六十六歲（西元 1659—1665年）在長崎居住六年，努力傳播中國儒學，爲中日兩國千年之友好，爲日本文運之興盛，奠定了堅實的基礎。

據《朱舜水文集》記載，朱舜水給他的第一位日本學生 ——

㉙　〈朱舜水先生年譜〉，《朱舜水集》附錄1，頁729。

安東守約的書信約五十五封，答疑四十二次，基本上都是這一時期所作。其主要內容有：

(一)高揚儒學

首先，朱舜水向安東守約闡明了他在日本銳意弘揚儒學的目的，是爲了給迷津佛教的日本學術思想界注入一股利國益民的清新學風。舜水初到日本時，深有「噓佛之氣，足以飄我；濡佛之沫，足以溺我」❸❹之感。當時東武人口有百萬，而名爲儒者只有七、八十人，加以婦女，則兩萬人中有一儒，而且這些所謂的儒者又未必不信佛。日本學術界被釋風籠罩着。這種現象的形成，有其社會歷史的原因。

古代日本（以明治維新爲限）主要吸取中國的文化思想。中國佛教在西元六世紀傳入日本。佛教一接觸日本，就與日本社會的政治鬥爭緊緊糾纏在一起。日本社會的最高統治者希冀普及佛教文化，而佛教也就在最高統治者的蔭庇下，發展蔓延起來。西元五世紀的日本社會是模擬氏族集團的奴隸制。這種奴隸制以大王（後來的天皇）爲中心，由勢力比得上大王的氏族族長組成朝廷，分擔政務。例如，大伴氏和物部氏分擔軍事，中臣氏和忌部氏分擔祭祀，蘇我氏分擔財政。從五世紀末開始，隨着朝廷直轄領地的擴大，掌握財政機構的蘇我氏勢力有所增大。在渡來人（從中國和朝鮮到日本去的人）的支持下，蘇我氏打算通過弘揚佛教的方式，廢除模擬的氏族制度，而採取一種能夠把每個大家族直接置於自己支配之下的新的統治方式。蘇我氏的這種主張，

---

❸ ＜答奧村庸禮書十二首‧三＞，《朱舜水集》卷8，頁268。

引起了他和反對派物部氏的衝突。於是，在六世紀中葉，兩派就朝廷是否承認和信仰佛教問題發生了摩擦。當時提倡佛教的政治意義在於，接受佛教就意味着接受一種外來神。這種外來神，超越於日本氏姓制度原有的諸種神。這樣，朝廷就可以用這種新的信仰來統一思想。在這場崇佛與排佛的鬥爭中，與蘇我氏站在一起的是日本歷史上名垂青史的人物 —— 聖德太子❸。由此，佛教作為統一國家的政治思想，受到了最高統治者的青睞。聖德太子之後，歷代朝廷都更加致力於保護佛教。聖武帝時代的佛教，在莊嚴的法衣上，點綴着「消災滅禍」、「祈求福利」的織紋。平安朝時代的佛教，不論是天台宗還是真言宗都密切地從屬於國家政權。而鐮倉幕府一百五十年間，可謂日本佛教史的中心時代。由於武士重廉恥、崇節儉、輕生死，這與禪宗鼓吹的質樸寡欲、視生死如遊戲的信條正相吻合，所以鐮倉幕府上至天皇將軍，下到地方武士，人人參禪究道，個個皈依禪宗。與此同時，為了迎合窮苦農民和漁民的需要，淨土宗、真言宗和日蓮宗也相繼出現。隨後的德川幕府時代則是佛教緒宗持續的鼎盛時代。

以上史實表明，由於日本佛教與日本社會政治緊密纏繞在一起，使得佛教勢力極大，所以在日本反佛是極端艱難的。但朱舜水力闢草萊，決心高揚儒學。他一方面向安東守約指出釋氏以空疏之理害人的弊端，揭露佛教用荒唐卻易懂，空疏而近理的語言

---

❸　聖德太子（西元 574—622年），飛鳥時代的政治家，曾對日本社會發展做出巨大貢獻。西元 592 年推古天皇繼位，他於次年任攝政，直至去世。他革新政治，派出遣隋使小野妹子，多次來中國，吸收先進的中國文化。他主張採用中國曆法，興修佛寺，所建法隆寺座落在奈良附近，是世界上最古老的木質結構建築物。他學習中國編修史書，定官職為十二階，製訂十七條憲法，推行中國的官僚制度。興修水利，建設道路，創辦社會福利設施等。

佯誘人心的實質。他舉例說: 釋者如佛圖澄、鳩摩羅什、達摩、惠能、誌公、生公之徒，皆能舉天下人之心而搖之。所以，不管是高明者、貴者和善者，還是昏愚者、賤者和惡者，一旦陷於其術中，則慘亦甚矣。例如宋代偉人韓琦、范仲淹、富弼、文彥博等功業聞望、炳耀人寰，卻無力排佛，落於釋氏之牢籠。又如蘇洵、蘇軾、蘇轍父子，學富才雋，雖能以縱橫捭闔之說，卻難脫佛教高曠之談。另一方面，他又對安東守約陳敍排佛與儒對日本國的好處。他說:「貴國山川降神，才賢秀出，恂恂儒雅，藹藹吉士，如此器識而進於學焉，豈孔、顏之獨在於中華，而堯、舜之不生於絕域?」大興儒學可以逞治民心，開啓民智，「而貴國文明開闢之機，均於此基焉」❸。這是說，如果儒學流行，則其居安富尊榮，子弟孝悌忠信，君臣和睦協力。所以，弘揚儒學的結果，必然是「聖賢之道，一旦振興於貴國，此今日中原、九州之所不及也。」❸

其次，朱舜水向安東守約闡釋了日本亘千古以來未出現眞儒的原因。舜水認爲其原因有三: 一是日人岸然自高，枵然自是，恥學於人; 二是日人不安其分，好高鶩空; 三是日人愚蔽他端，老死不悔。而這三蔽的形成又與去日的中國人有關。其中，學行不兼者有之，與眞儒之道完全背戾者有之，剽風雪之句以爲韻、鏤月露之形以矜奇者也有之，結果「聖賢踐履之學，中國已在季世，宜乎貴國之未聞也。」❸

---

❸ ＜答安東守約書三十首・一＞，《朱舜水集》卷7，頁169、頁172。

❸ ＜答安東守約書三十首・六＞，《朱舜水集》卷7，頁176。

❸ ＜答安東守約書三十首・一＞，《朱舜水集》卷7，頁170。

再次，朱舜水向安東守約闡述了儒學的基本內容。舜水以爲儒學應以「仁、義、禮、樂爲宗」，而其核心思想是「誠」。這一觀點在舜水思想中一以貫之。如他對儒學創始人孔子的贊美，都是圍繞着「誠」字而發。「誠而明，明而誠，聖人也。」❸ 「傳聖人者，要在傳其誠與明，不在傳其音與聲；求聖人者，但當求之學與教，不當求之笑與貌。」❸ 「三王畢，素王出。亘萬古，教惟一。文彬彬，本忠質。」❸

在朱舜水倡導儒學思想的啓發下，安東守約向舜水窮微探賾，學術頓進，被譽爲「關西大儒」。

（二）倡明舜水學

朱舜水在給安東守約的書信中，多次倡明自己的儒學觀，卽講究實際、倡導實踐、注重實行、追求實功的「實理實學」。這就是別開生面的「舜水學」。

以「實理實學」爲核心內容的舜水學，是中國明清之際經世致用之學的重要組成部分。中國幾千年的歷史證明：每當社會發生大動亂、大變革之時，伴隨它就會出現一種新的社會思潮。如戰國時期是中國歷史上的第一次大動亂時期，伴隨它出現的是諸子百家思潮；第二次大動亂發生在秦漢之際，獨尊儒術思潮是它的伴娘；魏晉之際發生了第三次大動亂，掀起了風靡一時的玄學思潮；第四次大動亂卽五胡亂華，道統說伴之興起；第五次大動亂爆發於五代十國，它蘊育出了程朱道學和陸王心學這一對理學

---

❸　〈孔子贊三首・一〉，《朱舜水集》卷19，頁557。
❸　〈孔子贊三首・二〉，《朱舜水集》卷19，頁558。
❸　〈孔子贊三首・三〉，《朱舜水集》卷19，頁558。

的雙璧；第六次大動亂、大變革就出現在明清之際，經世致用之學是它的產兒。而當時站在羣儒之首、代表這股社會思潮頂端的學者是明清之際的三大啓蒙思想家──顧炎武、黃宗羲和王夫之。顧炎武開一代經學之風，提出了「理學卽經學」思想，從此，「窮經致用」之風掀起。黃宗羲作《明儒學案》，開啓清代浙東學派重史、重實的新史風；又著《明夷待訪錄》，首先提出具有時代特色的「反君」、「民主」思想。王夫之以「入其壘，襲其輜，暴其恃，而見其瑕」的方略，以「六經責我開生面」的胸懷，推陳出新，創立了自己的哲學體系，與朱熹龐大精深的理學體系相抗衡。與顧、黃、王同調，朱舜水在追究明亡的歷史教訓中，創建的以開物成務、經邦弘化爲宗，以明白樸實爲道，以批判迂腐的理學爲目的舜水學，成爲爲興邦治國、化民成俗服務的經世致用思潮的重要組成部分，起着光大東方的社會作用。

舜水學又可稱爲事功社會學，因爲它是一種有利於民事、可當於事功、可望可卽的學問。朱舜水在國家變故之後，奔走海外，深知迂腐的學問無裨實用，而認爲開物成務、經世濟民才是眞正的學問。因此在學風上，他和「顏李學派」相似，一反玄虛之學風，而返諸實事。爲此，他以聖人孔子的求實學風以自喩。「世之學聖人者，視聖人太高，而求聖人太精。謂聖人之道，一皆出於自然，而毫無勉強。故論議臻於寥廓，析理入於牛毛，而究竟於聖人之道去之不知其幾千萬里已！幾千萬里而已也，容有至之之時，卒之馬牛之風，愈趨而愈遠，是皆好高喜新之病害也。古今之稱至聖者莫盛於孔子，而聰明睿智莫過於顏淵。及其問仁也，夫子宜告之以精微之妙理，入於言思俱斷之路，超越於『惟精惟一』之命，方爲聖賢傳心之秘；何獨曰『非禮勿視，非

禮勿聽，非禮勿言，非禮勿動』？夫視聽言動者，耳目口體之常事，禮與非禮者，中智之衡量，而『勿』者下學之持守，豈夫子不能說玄說妙，言高言遠哉？抑顏淵之才不能爲玄爲妙，鶩高鶩遠哉？夫以振古聰明睿智之顏淵，而遇生民未有之孔子，其所以授受者，止於日用之能事，下學之工夫；其少有不及於顏淵者，從可知矣。故知道之至極者，在此而不在彼也。」❸ 從這種求實的學風出發，爲力矯日本學術界的空虛之弊，使重行尚實蔚爲風尚，朱舜水常常懷着對明亡的陣陣隱痛，向安東守約及求學問道的日本弟子，歷數「說玄道妙，言高言遠」迂腐學風導致明亡的慘痛敎訓，竭力宣揚治學爲國計民生的道理。

　　這樣，在舜水學的羽翼下，孵化出了具有偏重經濟論（經國濟民的理論）特徵的日本儒學。

（三）標示道德

　　朱舜水不僅敎安東守約如何作學問，而且還敎他如何作人，向他標明自己的道德觀。舜水從儒學的基本內容「誠」出發，認爲作人之本也應在這一「誠」字。他說：「不佞之心，光明如皎日霽月，自信無纖毫雲翳」❸，「鄉疏遠之人，多不能信其誠一之若此。久交密久，無不知之。賢契前謂不佞質任自然，久而不變，此是不佞一生本色。」❹ 舜水的道德觀是對孔孟道德觀的繼承和發揚。孔子將「誠」作爲優良道德品質加以褒揚，如《論語》有云：「言忠信，行篤敬」、「篤信好學，守死善道」等；孟

---

❸　<勿齊記・爲加藤明友作>，《朱舜水集》卷16，頁484、485。
❸　<與安東守約書二十五首・五>，《朱舜水集》卷 7，頁157。
❹　<與安東守約書二十五首・二十>，《朱舜水集》卷 7，頁167。

子更強調「誠」的道德品質，他的名言──「反身而誠，樂莫大焉」，講的就是把誠作爲一種道德的重要性。舜水對孔孟這一思想，身體力行、發揚光大。

朱舜水以此「誠」的道德品德，薰陶培養出了許多學純德粹的日本學者。

永曆十八年、清康熙三年（西元 1664 年），朱舜水六十五歲時，日本宰相上公源光國聞其才德文行，特遣儒臣小宅生順到長崎屢詣舜水。翌年，禮聘舜水爲賓師，八月迎舜水到水戶（現茨城），十二月歸江戶（現東京）。以後，朱舜水從六十七歲到八十三歲的十六年間（西元1666—1682年），往返於水戶、江戶之間，講授儒學、作圖製宮、習釋奠禮、籌謀規諷，務欲成就人才，以爲邦家之用。

朱舜水不以循行數墨爲學，而重於民風世教、日用彝倫之學，且嫻習藝事、長於工技。他七十一歲時，應源光國興建學校之請，作《學宮圖說》及其模型。其型有文廟、啓聖宮、明倫堂、尊經閣、學舍、進賢樓、射圃、門樓等精巧的建築羣，棟梁枅桷，莫不悉備。而殿堂結構之法，梓人所不能通曉者，舜水皆親授之；及度量分寸，湊離機巧，教諭縝密，經歲始畢。現在東京的湯島「聖堂」卽依此而作。源光國又欲造祭祀器具，於是，舜水作古升、古尺，揣其稱勝。他又作籩、簋、籩、豆、登、鉶之屬，因圖雖存而制莫傳，舜水便依圖考古、研核其法、巧思默契，指畫精到，授以工師。此外，他還爲水戶侯製作明室衣冠、朝服、野服、角帶、道服、紗帽、幞頭等。

朱舜水七十三歲時，水戶學宮成。源光國請朱舜水製定釋奠儀注。於是，他寫了〈改定釋奠儀注〉一文，詳明禮節、改定儀

注，並率日本儒生習釋奠禮。

朱舜水七十八、九歲時，又作《諸侯五廟圖說》，博採衆說，通會經史。

就這樣，朱舜水以誠樸和藹的態度教誨日本人民，一直到八十三歲奄然去世。

生於明清嬗代之際的朱舜水，對大明王朝嘔血嘗膽、至誠無息，對日本人民諄諄教誨、忠信篤敬。他的一生，眞可謂精忠貫日、孤忠大節！

朱舜水誠實待人、處世，其操守卓越古今，其德行剛毅不偽。他的人格如孤峯特立萬仞，如日月燦爛炳彪！

朱舜水德抱經濟之大器，學究聖賢之堂奧。他的著作樸實無華，卻有利於日用彝倫，有功於國計民生！

朱舜水以「誠」爲德性之學，誠實無欺，純眞無偽；以「誠」爲踐行之學，精誠不懈，百折不撓；以「誠」爲本體之學，作人之本，處世之則。他所學、所行、所倡的，也就是這一誠學。

第二章　聖賢之學，俱在踐履──實踐論

《中庸》云：「博學之，審問之，慎思之，明辨之，篤行之。有弗學，學之；弗能，弗措也。有弗問，問之；弗知，弗措也。有弗思，思之；弗得，弗措也。有弗辨，辨之；弗明，弗措也。有弗行，行之；弗篤，弗措也。」朱舜水的哲學思想以批判宋明理學爲主脈，以強調實踐爲特點，與其同時代大哲學家黃宗羲、顧炎武、王夫之等共開一代實踐哲學新風。故本章以「實踐」爲題，論述朱舜水的本體思維、認識思維和宗敎思維。

一、聖賢要道，止在彝倫

哲學思維是主體觀念地對於客體的把握，因此，思維方式是同一定的歷史時代、實踐發展水平和科學文化背景聯繫在一起的，是社會發展各種思想文化要素的綜合反映和綜合體。中華民族是一個歷史悠久、傳統文化豐厚、科學文化發達的古老民族，這些條件就決定了中華民族是一個具有高度發展的哲學思維的民族。筆者以爲中國的傳統思維方式，大致可以概括爲四種：象數思維、陰陽思維、義理思維和氣器思維。

「象數思維」來自《周易》的象數觀念。象數觀念是《周

易》理論結構的主體觀念之一。「象」的表層意義是指《周易》中的卦象，如「聖人設卦觀象繫辭焉」❶。「象」的深層意義為： 1.泛指自然界中各種事物的徵象、表象。如「象也者，像也。」❷ 2.表示存在意。如張載說：「凡可狀，皆有也，凡有，皆象也。」❸ 3.表示類比意。如「而擬諸其形容，象其物宜，是故謂之象。」❹ 4.表示轉化意。象與象之間，相互轉化、相互制約、相互聯繫，從而構成一體。而天下萬象也就在轉化、鬥爭的矛盾中發展變化，表現自己。「數」，特指《周易》中數的思想和占筮法，數的應用範圍在天道、地道和人道三才之中。 數的研究目的是對天、地、人三者在一定時間與空間內的變化趨向和前途，加以預測，斷其所謂吉凶禍福，卽數只求獲知事物變化的大致趨向，而並不追求一個純粹精密的結論。從這種「象」「數」視角去觀察世界、認識事物的思維方法，就是象數思維。象數思維又包括八卦思維、象數思維和太極思維三種類型。

「陰陽思維」起源於代表陽爻和陰爻的兩個符號──「—」和「--」。《易傳》認為，世界上的一切現象都具有陰陽性質。自然現象中的氣有陰陽，天、地、雷、風、水、火、山、澤有陰陽，社會現象中的君臣、父子、夫婦有陰陽，此外，數學上的奇偶、品性上的柔剛、道德上的仁義、行為上的屈伸進退、地位上的尊卑貴賤也都有陰陽。因此天地萬物的運動變化都可以歸結為陰陽兩種對立勢力的運動變化，為這兩種對立勢力的交錯聯結、鬥爭消長所決定。這樣，陰陽就被解釋成事物的普遍屬性，成了

❶ 《周易・繫辭上》。
❷ 同❶。
❸ 《正蒙・乾稱》。
❹ 《周易・繫辭上》。

表述自然界普遍聯繫的範疇。陰陽範疇作爲相對待的兩方面，規定著一系列相對範疇的性質，並將這一系列範疇聯結成一個網而陰陽範疇便是這網上的紐結，是幫助人們認識和掌握自然現象與社會現象的機關。這樣，陰陽範疇便成爲一種思維模式，即陰陽思維。陰陽思維是一種理性思維。中華民族的祖先很早就意識到，從事物對立的兩端、兩方面、兩部分，來解釋複雜的自然現象和社會現象，以便把握事物變化的規律。因此，「早在希臘人和印度人對形式邏輯感興趣的時候，中國人則一直傾向於發展辯證邏輯。」❺ 而陰陽思維又包含陰陽思維、對應思維和辯證思維三種類型。

「義理思維」與象數思維、陰陽思維一樣，胚胎於《周易》。《周易》素來有「象」、「數」、「理」三因素。數是定象的，象有卦象和物象兩種。古人認爲象數之中又有理在。所謂「理」，即由蘊含於象數中的卦象意義，推導出的深層道理、原理、原則和規律。故古人又稱「易義」、「易理」，即義理之意。「《易》之爲書，推天道以明人事者也。《左傳》所記諸占，蓋猶太卜之遺法，漢儒言象數，去古未遠也。一變而爲京（京房）焦（焦贛），入於禨祥，再變而爲陳（陳摶）邵（邵雍），務窮造化，《易》遂不切於民用。王弼盡黜象數，說以老莊，一變而胡瑗，程子（程頤），始闡明儒理。」❻ 這是說，秦漢以來，對《周易》的探索，從研究方法上看，表現爲兩種不同的形式：一講象數，一講義理。這種研究方法，反映爲思維方法，即形成兩種傳統思維模式：象

---

❺　李約瑟：《中國科學技術史》第 3 卷，頁337。

❻　《經部・易類一》，《四庫全書總目》卷 1，中華書局1965年版，頁 1。

數思維和義理思維。從漢京房、焦贛到陳摶、邵雍爲象數學（象
數思維），從王弼到胡瑗、程頤爲義理學（義理思維）。宋代，雖
胡瑗倡義理，然以《伊川易傳》最醇。王弼雖盡黜象數，但經邵
雍倡導，象數學盛行，與義理學並列，直至朱熹作《易學啓蒙》，
合義理與象數爲一，集義理之大成，使義理思維成爲理學的理論
工具。南宋陸九淵、明代王陽明又獨倡心物說，遂使義理思維成
爲心學的思想方法。從義理思維的發展來看，它包括以王弼爲代
表的意象思維、以程朱爲代表的義理思維和以陸王爲代表的心物
思維三種類型。

　　以上三種思維，從思維的深度來看，義理思維是一種高於
象數思維和陰陽思維的理性思維，是中華民族理性思維的最高代
表。從義理思維的結構看，由於它追求宇宙之本、事物之理爲目
的，所以，重「意」、重「理」、重「心」，卽對形而上的追求特
別強烈，特別執著。這樣，在思維價值取向上，必然導致重道輕
器、崇理貶氣、尊形上賤形下，其結果使中國人形成了擅於玄
想，脫離實際的思維定勢。在這種思維定勢的指導下，明末一部
分官僚和知識分子熱衷於埋頭咕嗶、典試取士等形而上之事，而
不關心國計民生之類的形而下之事，以至成爲明亡的原因之一。
針對義理思維造成的這種社會時弊，明末清初一部分知識分子在
反理學的思潮中，提出了「理爲氣之理，無氣則無理」（黃宗羲
語）、「非器則道無所寓」（顧炎武語）、「天下惟器而已矣」「凡虛
空皆氣也」（王夫之語）等重氣尊器的思想，並逐漸演繹爲一種
新的思維方式 —— 氣器思維。

　　氣器思維的特點是形下性和實踐性。所謂形下性，是指氣器
思維認爲形而上的「理」、「道」寓於形而下的「氣」、「器」之

中，強調了氣器的本根性和普遍性。宋代張載將氣化流行的歷程視爲「道」，認爲宇宙惟是一氣。「凡可壯皆有也，凡有皆象也，凡象皆氣也。」❼這一思想，至明末發展爲視氣器爲理道的本根，卽氣較理、器較道爲根本，形而下較形而上爲根本。如黃宗羲認爲「天地之間，只有氣，更無理。所謂理者，以氣自有條理，故立此名耳」。❽王夫之也認爲「氣者理之依也，氣盛則理達」❾，「道者器之道，器者不可謂之道之器也」。他又說：「形而上者，非無形之謂，旣有形矣，有形而後有形而上。無形之上，亙古今，通萬變，窮天窮地，窮人窮物，皆所未有者也。……器而後有形，形而後有上。無形無下，人所言也；無形無上，雖然易見之理。……君子之道，盡夫器而已矣。」❿這種強調氣器的本根性和普遍性的思想，到清代戴震時，進一步發展爲對哲學本體論的否定。哲學本體論是關於世界終極存在的本原及其原因的尋根究底的探尋。古今中外哲學家對此探尋的結果，大概有四類答案：或認爲世界是由某個東西或幾種東西構成的，或認爲世界是由人格的天、帝、上帝創造出來的，或認爲世界是由某種普遍概念演化而成的，或認爲世界是由主觀意識、主觀觀念派生的。對於這些形而上的探尋，戴震持否定的態度，並試圖建構一種新的哲學，卽企圖在否定由殊相抽象爲共相，由個別昇華爲一般中，把共相、一般脫離殊相和個別，而成爲獨立的唯一存在，也就是要否定古代中外哲學家對於事物終極性的四種解釋。以便建構道爲氣化流行的哲學體系。「道，猶行也；氣化流行，生生不息，

---

❼　《正蒙・乾稱》。
❽　黃宗羲：《明儒學案・王浚川學案》。
❾　王夫之：《思問錄・內篇》。
❿　王夫之：《周易外傳》5。

是故謂之道」。「古人稱名，道也，行也，路也，三名而一實，惟路字專屬途路。《詩》三百篇多以行字當道字」。「大致道之名義於行尤近」。行卽流行，是一個過程，而不是一種本體的存在，這就把道與中外哲學家對事物終極性的四種解釋區別開來了。⓫

所謂實踐性，是與氣器思維的形下性緊密相關的。氣器思維的形下性決定了這種思維方式與實踐的直接結合和對實踐的直接參與。這就是氣器思維的實踐性。宋代張載在具有實踐性的氣器思維指導下，開創了重視實際和自然科學的「關學」；黃宗羲和顧炎武之所以能以改革社會爲抱負，王夫之所以能說出「古之聖人能治器而不能治道，治器者則謂之道」⓬，這也都是氣器思維實踐性作用的結果；而戴震作出程朱理學「以理殺人」的結論，提出「體民之情，遂民之欲」的政治主張，亦來源於氣器思維的實踐性。

氣器思維包括以張載爲代表的唯氣思維，以顧（炎武）、黃（宗羲）、王（夫之）爲代表的氣器思維和以戴震爲代表的氣化思維三種類型。

與顧、黃、王爲同一時代的朱舜水，其哲學思維亦歸屬於氣器思維。而且，氣器思維的實踐性在朱舜水那裏得到了明顯的反映。當朱舜水運用氣器思維方式探求哲學本體問題時，提出了具有實踐意義的「實理」範疇，在本體思維上，可稱爲實踐本體思維。

誠然，「實理」範疇最早由二程（程顥、程頤）提出。二程爲了將「天理」與佛敎華嚴宗所謂的「理」區別開來，提出了「實

⓫ 參閱張立文的《戴震》，東大圖書公司1991年版，頁70。

⓬ 王夫之：《周易外傳》5。

理」。「實理者，實見得是，實見得非。凡實理，得之於心自別。」
❸賦於理以實在性，由此把現實的忠君孝父之理看成是合理的。
朱熹又將二程的「實理」進一步充實。他說：「佛氏偏處只是虛
其理，理是實理，他（指釋氏）卻虛了，故於大本不立也。」❹
如果「虛其理」，便會「無物」、「無理」、「一切皆無」，最終在理
論上導致否定本體「理」的實在性，而使「大本不立」。筆者以
爲程朱哲學中的「理」，具有三重意義，其中最重要、最基本的
意義是作爲形而上本體的理，第二層意義是作爲倫理道德的理，
第三層意義是作爲形而下具體的理。程朱哲學「理」範疇本身的
不同意義，決定了理學體系的必然分化。其分化結果可以歸納爲
兩大派：一派是不斷強化形而上本體的理和倫理道德的理，即發
展了程朱哲學中的「性命義理」思想，形成脫離實際、空談心性
的「空寂寡實」之學；另一派則發揚了「實理」思想，經演變，
釀成了不貴空談，而貴實行的「經世致用」之學。朱舜水的哲學
思想即屬於這一派。故此，筆者認爲在哲學本體論上，舜水提出
了「實理」範疇，以此批評程朱的「天理」範疇。

　　在中國哲學發展史上，自宋理學形成後，哲學本體問題由天
與人的關係轉化爲理與氣、道與器的關係問題。這種轉化標示
著哲學思想的深化。而「天理」範疇又成爲理學本體論的基本範
疇。

　　理學的奠基者程氏兄弟說：「吾學雖有所受，天理二字，卻
是自家體貼出來。」❺在二程看來，萬事萬物皆有理，然而萬理

---

❸　《河南程氏遺書》卷15。
❹　《朱子語類》卷17。
❺　《河南程氏外書》卷12。

均來源於「天理」。故此，二程「天理」的基本涵義是：「天理」
是唯一的絕對，是封建倫理道德、綱常名教的抽象和昇華。它超
越於萬物之上而永恒存在，同時又產生和支配著萬物。「萬物皆只
是一個天理」，「所以謂萬物一體者，皆有此理，只為從那裏來。
『生生之謂易』，生此一時生，皆完此理。」❻二程認為：萬物皆
一體，因為萬物都來自「天理」母胎；一切皆有變化轉化，因為
它們都是「天理」的反映，並且受「天理」的支配；由「天理」
產生的每一物都具備了完全的「理」，都是一個絕對的「天理」的
體現。這樣的「天理」，又是「上帝」的同義語。「天理」、「天」、
「帝」具有同一內涵。由此得知，二程「天理」的哲學意義在於：
在本體上，它是物質世界的根源、根本，天地萬物各自體現了
它。這樣的「天理」，不是從客觀物質世界抽象出來的規律或法
則。它沒有物質基礎，只是一種主觀觀念。自從二程將「天理」
作為哲學本體範疇提出，後經理學集大成者朱熹臻於完善、哲理
化後，幾百年來，作為統治思想核心範疇的「天理」，對社會的
影響十分廣泛、深刻。「天理良心」、「存天理，滅人欲」成為一
時頗為時髦的口頭禪，幾乎盡人皆知。「天理」壓在人們頭上，
十分沉重，掀也掀不掉。

面對「天理橫流」的現實，敢於直言抨擊者，實為罕見。唯
有朱舜水客身海外，無所顧忌，對「天理」進行了全面批評。為
了擊碎壓在人們頭上的天理華蓋，他提出了「實理」範疇，作為
投向「天理」的匕首。所謂「實理」，係指通俗淺易、看得見、
摸得著、有實際效益的「現前道理」，也就是實實在在的具體事

---

❻ 《河南程氏遺書》卷2上。

物之理、之道。他把這種「實理」（道）命名爲「道在彝倫日用」，意爲「道」就是「實理」，它寓於彝倫日用之間。

在中國傳統哲學範疇系統中，「道」是一個核心範疇。自《易傳》提出「形而上者謂之道，形而下者謂之器」之後，「道」作爲天地萬物化生和變化的根本，是事物的本體。這一思想到宋代發展爲程朱以「理」爲「道」的本體論。在二程哲學的邏輯結構中，天理就是道，道無形，「有形皆器也，無形爲道」[17]。而且，道是器的本體，「蓋上天之載，無聲無臭，其體則謂之易，其理則謂之道。……形而上爲道，形而下爲器，須是如此說。器亦道，道亦器，但得道在，不系今與後，己與人。」[18]不論時間上的「今」與「後」，還是人事上的「己」與「人」，都有道在其中。在朱熹哲學邏輯結構中，「道」是一個帶有綱領性的範疇。它向兩個方面發展：一是通向自然宇宙，與天地萬物相聯結；一是通向人間社會，構成倫理道德原則、規範。道是自然和社會的最高本體。他說：「陰陽太極，不可謂有二理必矣。然太極無象，而陰陽有氣，則亦安得無上下之殊哉？此其所爲道器之別也。故程子曰：形而上爲道，形而下爲器，須著如此說。」[19]以無象之太極爲道，以氣之陰陽爲器，由此，道與器有形而上下之分別。

與此針鋒相對，朱舜水以「實理」釋「道」，這就和他同時代的思想家黃宗羲、王夫之引爲同調。黃宗羲視道爲太極、爲氣。他認爲天地間充滿著氣，萬物都由一氣構成。氣的運動變化，往來交感而形成陰陽二氣。一陰一陽就是道，又叫太極。「一陰一

[17]　〈論道篇〉，《河南程氏粹言》卷１。
[18]　《河南程氏遺書》卷１。
[19]　〈太極圖說・附辨〉，《周子全書》卷２。

陽之爲道，道卽太極也。離陰陽無從見道。」❷道就是太極。以
太極名道，表明道是最高的範疇，但它又離不開陰陽二氣，是陰
陽二氣的統一體。王夫之視道爲實有太虛之氣。他所謂的「道」，
是陰陽絪縕未散的太虛（太和）本體。他說：「太和絪縕爲太
虛，以有體無形爲性，可以資廣生大生而無所倚，道之本體也。」
❷關於這個道之本體，他認爲陰陽絪縕相得的太虛之氣，是道本
來的實體，卽「所謂清通而不可象者」，又叫「絪縕不可象者」。
陰陽之氣充塞於天地之間，「聚而爲庶物之生」，「散而歸於太虛，
復其絪縕之本體」。道就是「於太虛之中具有而未成乎形」的陰
陽二氣的統一體。與黃、王視「道」爲「氣」的思想相比較，朱
舜水把「道」的實體稱爲「實理」，這就更加具有理論性和實踐
性。

　　在中國哲學思想發展史上，以「理」釋「道」，標示著宋明
新儒學的產生和中國哲學思維的深化。在中國傳統哲學範疇發展
系列中，「理」範疇至宋代發展爲具有思辨性的理性範疇。它的
哲學意義主要是常則或規律的意思，具體分析有三項，一是一物
所遵循之規律（規律）；二是衆物所遵循之規律（常則）；三是一
物所根據之規律（所以然）。程朱把「道」解釋爲「天理」，就是
以理爲事物的規律、常則和所以然。黃宗羲和王夫之以「氣」
釋「道」，對批判程朱哲學的理本論，起了重要作用，但「氣」
範疇在理論廣度上還不能涵蘊「理」範疇。而朱舜水用「實理」
釋「道」，這就首先在理論高度上可以同理學家的「天理」相抗
衡。朱舜水反覆告誡弟子：「實理」就是「明明白白、平平常常」

---

❷　《黃黎洲文集・再答忍菴宗兄書》。
❷　《張子正蒙注》卷1。

的「現前道理」，它寓於具體事物之中。其意爲「實理」（道）不是形而上的精神本體，它存在於萬物之中，不與具體事物相脫離，而又是「萬物自然之則」，卽爲事物的規律、性質和所以然。這就從物質本體批評了超越於物質的天理精神本體。

其次，朱舜水通過強調「實理」的實踐性，批評理學家「天理」的超越性。他認爲：「聖賢要道，止在彝倫日用。彼厭平淡而務空虛玄遠者，下者必至顚蹶，上者亦終身淪喪己爾。究竟必無所益也。」[22]這是說，有事物卽有事物之「道」（實理），並不是超越具體事物懸空有一個「道」。所以，「道」就在彝倫日用之中，衣食住行之間。如孔子只討論「日用之能事，下學之功夫」，並不離開具體事物去「說玄說妙」。可見，「仲尼之道如布帛菽粟，誠無詭怪離奇，如他途之使人炫耀而羡慕。然天下可無雲綃霧縠，必不可無布帛；可無交梨火棗，不可無粱粟；雖有下愚，亦明白而易曉矣。」[23]這裏，朱舜水一再印證和強調的是道不離器、理不離氣，卽「實理」不能脫離具體事物的實踐性，以此表明他對理學家所謂不依賴於物質世界而獨立永恒存在的「天理」的超越性的批駁。

理學大師朱熹爲進一步完善「天理」範疇，發展了周敦頤的《太極圖說》，將「天理」規定爲「太極」。他講，「天理」作爲「太極」，有二義：一是樞紐的意思，它在事物之中，四周都圍繞它運轉，而它自身卻不動；二是主宰的意思，天地的常運常存，人物的生生不息，皆由它在其中爲之主宰。這樣，「太極」與「天理」不是相矛盾的範疇，而是互相統一、相輔相成的範疇。對

---

[22] ＜顏子像贊＞，《朱舜水集》卷19，頁561。
[23] ＜諭安東守約規＞，《朱舜水集》卷20，頁578-579。

此，朱舜水用「實理」就是「道在彞倫日用」的思想，跟踪追擊批評朱熹的「太極」說是「屋下架屋」。

他在〈周濂溪像贊三首〉第一首中云：「王安石以智慧術數逢其君，爲禍方烈。先生委之不可，爭之不能，是故愛蓮以閒神志，推『太極』『無極』以寄肥遁，意深遠矣。後之君子，不解其故，立得爲之朝，處不諱之世，方且疲精竭神於先生。屋下架屋，何異畫火以祛寒，雛龍而望雨也！」❷❹據〈周敦頤年譜〉記載：仁宗嘉祐五年（西元 1060 年），王安石爲提點江東刑獄時，聞周敦頤之名，向他求教，二人相遇，「語連日夜，安石退而精思，至忘寢食」。可見，王安石很器重周敦頤。但由於慶曆新政限制蔭恩制度，周敦頤作爲大官的後代，不能青雲直上，官運亨通，又使他最終倒向舊黨，在政治上與王安石面向對峙。基於這樣一種時代背景，朱舜水認爲周敦頤圖「太極」，蓄《通書》，寄意高遠，並不是要建立什麼體系，也沒有什麼神秘。而「後之君子」（指朱熹）處在可以有爲的時候，卻要建立太極本體的形而上學體系，實在是「屋下架屋」，多此一舉。這就如同畫火祛寒，雛龍望雨一樣的荒唐可笑，徒勞無益。

心本論哲學家陸九淵和王陽明在哲學本體論上，認爲太極就是人心，把「天理」、「太極」、「人心」統一起來，以「心」爲萬物之本源。對此，朱舜水諷刺說：「旣以心爲『太極』，則舒慘者乃『陰陽』也。夫子至聖，不言天道；子貢名賢，言『天道不可得聞』。」❷❺這就是說，旣然以心爲太極，那麼，心的作用、發出的情感就是陰陽了。這乃是本末顚倒、根本錯誤的，更何況至聖孔

---

❷❹　〈周濂溪像贊三首・一〉，《朱舜水集》卷19，頁568。
❷❺　〈答加藤明友問八條〉，《朱舜水集》卷11，頁382。

子和名賢子貢都不講關於「天道」(宇宙本體) 方面的話。

在這裏，舜水對朱熹以「太極」(天理) 爲哲學本體和陸王以「人心」爲哲學本體的批判，表明了他哲學本體思維的實踐性。所謂本體思維，就是主體對於客觀世界 現象背後的原因（或根據）的認識，也就是對客觀世界各種現象之所以然的探求。朱舜水對此探求的答案是「實理」。他認爲存在於客觀現象之中的實理，即具體事物的規律和性質，是決定此一事物之所以爲此，彼一事物之所以爲彼的所以然。而這個所以然不是虛幻不實的，也不是高深莫測的，它是實實在在、通俗淺易、看得見、摸得着、有實際效益的「現前道理」。因此，程朱一派理學家所講的超越客觀世界的懸空孤立的「天理」，陸王一派心學家所說的主觀觀念「人心」，都脫離了具體事物，不能用以作爲解釋事物之所以的根本原因。

之所以說朱舜水的 哲學本體思維 具有實踐性， 還因爲他的「實理」說與明清之際哲學家黃宗羲、顧炎武、王夫之以「氣」爲本的本體論有許多相通之處，尤其是與王夫之的「實有」說更相近。王夫之鑒於氣本論本身未擺脫「原始物質」觀念的侷限，試圖進一步概括物質世界的客觀實在性，以「誠」(實有) 爲其哲學體系的最高範疇，用以闡明哲學本體論問題。王夫之對「誠」的規定是：「誠也者，實也，實有之，固有之也。無有弗然，而非他有燿也。若夫水之固潤固下，火之固炎固上也。無所待而然，無不然者以相雜， 盡其所可致， 而莫之能御也。」❷❻王夫之以「水」和「火」等客觀事物爲例，說明水具有「潤下」的本性，

---

❷❻ ＜洪範三＞，《尚書引義》，中華書局1962年版，頁100。

火具有「炎上」的本性，它不是有所待而然的，而是客觀事物本身所具有的，是實有的，這便是「誠」。所以，「誠」（實有）就是客觀存在的事物和它們的固有本質屬性，即客觀規律性。進而，爲解決「實有」（誠）派生萬物的問題，王夫之認爲陰陽二氣絪縕變化，積久成大，而成宇宙。故氣就是「實有」，就是「誠」。由此可見，王夫之的「實有」與朱舜水的「實理」有許多相通處。正是在這種意義上，筆者認爲朱舜水與黃宗羲、顧炎武、王夫之開創了明淸之際一代新哲學——「實踐哲學」。

二、學問之道，貴在實行

氣器思維的形下性和實踐性決定了當意識主體運用氣器思維方式去觀察客觀對象的本質和規律時，所得到的認識就更加具有客觀現實性。這就是認識思維的實踐性。朱舜水的認識思維就明顯地具有這種實踐性。具體表現爲他提出的「學知」和「實行」範疇，豐富了中國傳統認識範疇——「知行」的實踐意義。所以，他的認識思維又可稱爲實踐認識思維。下面，從「學知」和「實行」兩個方面來闡述朱舜水的實踐認識思維。

首先，剖析朱舜水的「學知」範疇。

在中國傳統範疇系列中，「知」是認識論方面的一個重要範疇。它的涵意爲「知識」和「認知」。在中國古代哲學中，關於「知」的爭論，主要表現爲「知」的起源和性質問題，即「知」起於內抑源於外？「能知」對於「所知」的認識，究竟是所知依附能知而存在，還是所知先於能知而有？其爭論的焦點在於內與外，內外孰爲根本？對此，宋以前諸家學說，大致可分爲三。第

一，主外說。承認外界獨立，以爲知識起於感官由外界得來的印象。如荀子和王充的知論說。第二，兼重內外說。承認外界獨立，關於知的起源則兼說內外。如墨子的知論說。第三，主內說。認爲知出於內，不緣於外。如孟子的知論說。這三種觀點發展到宋明時，演變爲兩種針鋒相對的觀點，卽主外說和主內說。

其中，主內說的典型代表是王陽明的「良知」說。「良知」觀念源出於《孟子》。《孟子》中有「人之所不學而能者，其良能也。所不慮而知者，其良知也。孩提之童無不愛其親者，及其長也，無不知敬其兄也」❷❼的講法。依據這種講法，良知是指人的不依賴於外部環境、外界敎育而自然而然具有的意識和道德情感。其中，「不學而能」表示其先驗性，「不慮而知」表示其直覺性。這樣，良知就成了一種潛在於主體人之內的認識知覺和道德意識。

王陽明繼承並發展了孟子的良知思想，他說：「心自然會知，見父自然知孝，見兄自然知弟，見孺子入井自然知惻隱，此便是良知，不假外求。」❷❽這裏的「自然」表示不承認良知是外在東西的內化結果，而把良知看作是主體固有的內在的特徵。這是王陽明對孟子良知說的繼承。這裏的「自然知孝」、「自然知悌」、「自然知惻隱」，表示良知是知「是」知「非」、知「善」知「惡」的「是非之心」。這是王陽明對孟子良知說的發展。

王陽明特別強調良知是主體內在的是非之心，他說：「孟子之是非之心，是非之心人皆有之，卽所謂良知也。」❷❾又說：「良知只是個是非之心。是非只是個好惡，只好惡就盡了是非，只是

---

❷❼　《孟子・盡心上》。

❷❽　＜傳習錄＞上，《陽明全書》1，頁39。

❷❾　＜與陸元靜＞，《陽明全書》5，頁108。

非就盡了萬變。」⑳還說：「夫良知者卽所謂是非之心，人皆有之，不待學而有，不待慮而得者也。」㉛由此可見，良知作爲主體的內在認識原則，知是知非、是善知惡，所以，良知在陽明哲學中又是「眞知」。

根據王陽明的良知學說，良知還是檢驗「眞知」的準則。如王陽明曾對陳九川說：「爾那一點良知，是爾自家底準則。爾意念着處，他是便知是，非便知非，更瞞他一些不得。」他還講過：「這些子（良知）看得透徹，隨他千言萬語，是非誠僞，到前便明。合得的便是，合不得的便非，如佛家說心印相似，眞是個試金石、指南針。」㉜這說明，王陽明認爲人們的善惡是非，只有依據人人內在具有的「良知」，才能作出判斷，離開了「良知」，就無法判斷是非。

那麼，內在的是非標準良知，如何判斷內在的眞知呢？這就是王陽明提出的「致良知」工夫。他晚年時曾明確指出：「致吾心之良知者，致知也。」㉝這表明他的「致良知」是使內在的知，「充拓」至其極，卽指知從內自外的擴充過程。

在陽明哲學中，內在的先驗的「良知」是認識的眞理，又是判斷眞理的標準，對良知的認識過程也是自內向外。所以，王陽明認識的原則是外以內爲主，外以內爲本。

與這種主內說相對峙的是主外說，如黃宗羲、顧炎武、王夫之、朱舜水的認識思想。其中，尤以朱舜水的認識思想最爲明

---

⑳　〈傳習錄〉下，《陽明全書》3，頁80。
㉛　〈書朱守諧卷〉，《陽明全書》8，頁141。
㉜　〈傳習錄〉下，《陽明全書》3，頁74。
㉝　〈答顧東橋書〉，《陽明全書》2，頁55。

顯。朱舜水與王陽明同里，燃燈相照、鳴鷄相聞。對於王陽明的
事功，他是贊賞的，但對其「良知」說則持批評態度。他明確指
出，王陽明「講良知，創書院，天下翕然有道學之名；高視闊
步，優孟衣冠，是其病也。」❸ 又說：「陸象山、王陽明之非，自
然可見矣。不論中國與貴國，皆不當以之爲法也。」❸ 他自己也
聲明「僕非宗陽明也」❸。在哲學認識論上，朱舜水提出了「學
知」範疇，以之與王陽明的「良知」範疇相對壘。

　　朱舜水的「學知」，卽後天的學習與踐履，亦是「日用之能
事」，「下學之工夫」。他強調的是後天個人主觀的努力和環境對
人的影響。這就表明，在認識方面朱舜水主張內以外爲主、外是
內的基礎，並以這種主外說對王陽明的主內說進行了批評。

（一）舜水用「學知」說否定了陽明的「良知」說

　　舜水說：「生知之資，自文王、周公而後，惟孔子、顏淵而
矣。孔子曰：『我非生而知之者，好古敏以求之者也。』又曰：
『十室之邑，必有忠信如某者焉，不如某之好學也。』他如『學
而不厭』，『下學上達』，不一而足。其於顏淵也，不稱其『聞一知
十』，而亟道其『不遷怒、不貳過』爲『好學』，是可見矣。」❸ 他
認爲倘若眞有生而知之的「良知」，那麼，惟有孔子和他的高足弟
子顏淵配有。但孔子一生不言生知，所言者惟學知而已。如曰：
「好古敏求」，「學而不厭」，「不如某之好學也」等語，否認自己

---

❸　＜答安東守約問三十四條＞，《朱舜水集》卷11，頁397。
❸　＜與安東守約書二十五首＞，《朱舜水集》卷7，頁166-167。
❸　＜答加藤明友問八條＞，《朱舜水集》卷11，頁382。
❸　＜答佐野回翁書＞，《朱舜水集》卷5，頁84。

是生而知之者，強調學而知之的重要性。顏淵也是不稱「聞一知十」，亟道之從學來。由此，朱舜水做出結論，由於「道之至極者不在生知安行，而徧在於學知利行」**❸❸**，所以認識的來源，知識的獲得，不在於「良知」(生知)，而出於「學知」。其實質強調了惟有通過後天的學習和實行，才能獲得眞理。這是一種樸素的實踐認識觀。這就在客觀上以「學知」說否定了王陽明的「良知」(生知) 說。

(二)舜水以「學知爲聖人眞傳」批評了陽明「良知是染於佛氏」

朱舜水站在孔子立場上，從儒學正宗觀點出發，指出惟有「學知」才是聖人眞傳，才是實實在在的學問，而陽明的「良知」說是「染於佛氏」。這就一針見血地抓住了良知說的思想根源。「王文成固染於佛氏，……故專主良知，不得不與朱子相水火，孰知其反以僞學爲累耶？」**❸❾** 也批評王陽明的良知說吸收了佛教「萬法唯心」的理論，認人心靈覺爲天理、爲萬物，從而使學而知之的基礎──聞見，不僅不是認識良知的手段，反而是體認良知的障礙。故此，舜水站在儒家立場上，把「良知」說稱爲「僞學」，斥責熏染上佛法的良知說是「三腳貓」，是應擯棄的異端邪說。

(三)舜水以「學知爲聖」批駁陽明的「良知爲聖」

王陽明從他的「良知」說出發，提出了「滿街都是聖人」的觀點。這一觀點在當時固然起了反對偶像崇拜、解放思想的積

❸❸　<勿齋記──爲加藤明友作>，《朱舜水集》卷16，頁485。
❸❾　<答佐野回翁書>，《朱舜水集》卷５，頁85。

極作用，但王陽明的本旨卻是爲了強調「良知爲聖」，卽他提出的「心之良知是謂聖」的說法。這種說法的結果具有兩重性：一方面可以導致個體意識的提高，另一方面減弱了對人道德修養的要求。歸根結蒂，使人過分相信內在良知的作用，而拋棄外在的努力和影響。朱舜水也認爲人人都可以成爲聖人。「民皆堯舜」[40]是他在日本施敎的願望。但他認爲成聖的原因不在於內在的「生知」、「良知」，而是由於後天的學習和個人主觀的努力，卽外在原因和條件是成爲聖人的根據。他說：「孟子曰：『人皆可以爲堯舜。』爲之不已，堯、舜且可，而況下於堯、舜者乎？堯、舜非爲之而至者乎？抑生而堯、生而舜乎？」[41]舜水認爲堯、舜非生而知之的聖人，是可以爲之的。聖人也是人，因此人們只要發揮自己的主觀努力，在實踐中不斷提高自己的道德修養，就可以有所爲，就可以成爲聖人。這無疑否定了聖人生知的觀點，批駁了王陽明「心之良知是謂聖」的說法。朱舜水指出：天生的聖人「曠代而不一見」，但世上「並不乏聖人大賢」；反過來說，天生「聰明特達之士」並不少，但有的「離經叛道」，甚至成爲「名敎之罪人」。這些難道能用「生知」、「良知」說加以解釋嗎？他的結論是「作聖有其道，而不必盡出於良知」。而他所謂的「道」，就是後天的學習，外界環境對人的影響和個人主觀的努力，一言概之，就是學而知之的方法和途徑。

朱舜水的認識思維堅持學而知之的「學知」論，卽強調認識的客觀性和實踐性，也就是主張認識來自主體之外的客觀現實，是主外說的典型代表。

---

[40]　〈聖像贊五首‧五〉，《朱舜水集》卷19，頁560。
[41]　〈與古市務本書六首‧五〉，《朱舜水集》卷9，頁332。

其次，研求朱舜水的「實行」範疇。

「行」的本義是道路的意思，引申爲行動和踐履，作爲哲學概念，「行」包含道德踐履、實踐活動諸方面的意義。在中國古代哲學範疇中，「行」與「知」相對，構成標示認識和實踐關係的一對哲學範疇。這對範疇自先秦哲學以萌芽形式提出來後，經秦漢至隋唐時期的豐富發展，到宋明時期趨於系統和成熟。在關於知行先後、知行分合、知行難易、知行輕重等問題方面，形成了「先知後行」、「重知輕行」、「知難行易」、「知難行亦難」、「重行輕知」、「知行並重」、「知行合一」等重要觀點。這些觀點從不同側面深化了中國古代知行學說。同時，這些觀點間也展開了尖銳鬥爭。宋明理學家們都把對封建道德原則的「知」放在第一位，認爲「人爲不善，只是不知」，而輕視具有實踐意義的「行」。反理學的思想家們揭露了「離行以爲知」、「尊知而賤行」的知行觀的錯誤實質及其嚴重危害。在知行觀上，他們的突出特點是強調「行」在認識中的重要作用，提倡認識的實踐性。

關於「行」在認識中的作用，朱舜水提出了「實行」範疇，以強調「行」的重要地位。所謂「實行」意爲「實歷」、「踐履」、「重行」。他說：「學問之道，貴在實行」；「聖賢之學，俱在踐履」[42]。這表明舜水將「實行」和「踐履」作爲學問的中樞和聖學的基本內容。故此，「實行」範疇是朱舜水實踐認識思維的明顯標誌。他從「實行」觀點出發，對宋明理學家的「安行」說進行了批評。所謂「安行」，就是「輕行」、「免行」、「苟行」。宋明理學家，不管是程朱理學家還是陸王心學家，他們共同的特徵是排斥實踐，不和客觀事物相接觸，沉湎於主觀臆想或泛然講說。這

❷　<答安東守約問八條>，《朱舜水集》卷10，頁369。

種認識反映在知行觀上，就是脫離行、輕視行、混淆知行的「安行」說。

宋明理學家的「安行」說又可分爲兩大類，卽以二程和朱熹爲代表的「知先行後」說和以王陽明爲代表的「知行合一」說。舜水用「實行」理論分別進行了批評。

對於二程和朱熹提出的「知先行後」說，朱舜水以「聖賢之學，俱在踐履」的理論，展開了批評。

在知行觀上，二程和朱熹均主張知在先、行在後，認識不是從社會實踐中來的，而是天所賦予或主觀自生的，知對行具有決定意義。這種「知先行後」說的基本內容主要有兩點。

第一點，不知不能行。他們認爲知是行的內在根據和原因，沒有諸中就不能形諸外，沒有原因就不會有結果，所以，不知就不能行。爲此，程頤曾用十分明確的語言，把這個思想直接表述出來。他說：

> 須以知爲本。
>
> 君子以識爲本，行次之。
>
> 須是知了方行得。
>
> 須是識在所行之先。譬如行路，須得光照。❹

他認爲人做任何事情，都必須有知的指導，以對那件事情的認識、了解爲基礎，然後才去行動，好比行路需要光照一樣。知對於行，就是指路的明燈。如他舉例說：「譬如人欲往京師，必知

---

❹　《河南程氏遺書》卷15、卷25、卷18、卷3。

是出那門，行那路，然後可往。如不知，雖有欲行之心，其將何之？」❹有了知的指導，行路才有方向，才能達到目的地；沒有知的指導，行是不可能的，或者是沒有任何意義的「冥行」。可見知在行先，知比行更根本、更重要。程頤從各個方面反覆闡明知先行後的道理。當有人提出：致知甚難，忠信進德之事，能否勉強而行呢？程頤說：「若不知，只是覷卻堯，學他行事，無堯許多聰明睿知，怎生得如他動容周旋中禮？有諸中必形諸外，德容安可妄學？……未致知，便欲誠意，是躐等也。學者固當勉強，然不致知，怎生行得？勉強行者，安能持久？」❺他認為知先行後的秩序是不能顛倒的，《大學》中格物、致知、誠意、正心等「八條目」，體現了知先行後的秩序，也是不能顛倒、不可躐等的。不致知便欲誠意，不明理而勉強行進德之事，就是顛倒、就是躐等。朱舜水進一步發揮了朱熹這種「知先行後」思想，他說：

未能識得，涵養個甚？

義理不明，如何踐履？……如人行路，不見便如何行？ ❻

這些都是講先知後行的道理。

第二點，能知必能行。二程和朱熹認為行是依賴於知的，行總是和知聯繫在一起，反對離開知來談行。只要有知，自然見諸於行，能知必能行，沒有知而不能行的。程頤說：

---

❹ 《河南程氏遺書》卷18。
❺ 《河南程氏遺書》卷18。
❻ 《朱子語類》卷9。

人謂要力行，只是淺近語。人旣有知見，豈有不能行？一
切事皆所當爲，不必待着意做；才着意做，便是有個私
心。㊼

這是說知最重要，只要有知見，沒有不能行的，一切事皆所當
爲，自然而然地做去，不必專門在力行上下工夫。這是因爲：

> 知之明，信之篤，行之果。
> 知之深，則行之必至，無有知而不能行。㊽

認識愈明確、愈深刻，行動也愈果決、愈篤實，愈易於取得成
功。譬如「饑而不食烏喙，人而不蹈水火，只是知。」㊾饑而不
食烏喙，是因爲深知烏喙有毒；人不蹈水火，是因爲深知水火能
致人喪命。這種完全自覺、不待勉強的行動，只是來源於明確、
深刻的知見。朱熹也一再反覆強調能知必能行的道理。如說：

> 旣知則自然行得，不待勉強，却是知字上重。
> 若講得道德明時，自是事親不得不孝，事兄不得不弟，交
> 友不得不信。㊿

朱熹認爲能知必能行的根據是「理明」。

㊼ 《河南程氏遺書》卷17。
㊽ 《河南程氏遺書》卷15。
㊾ 《河南程氏遺書》卷15。
㊿ 《朱子語類》卷1、卷9。

> 窮理旣明，則理之所在，動必由之。無論高而不可行之理，但世俗以苟且淺近之見謂之不可行耳。如行不由徑，固世俗之所謂迂，不行私謁，固世俗之所謂矯，又豈知理之所在，言之雖若甚高，而未嘗不可行哉！理之所在，卽是中道。惟窮之不深，則無所準則，而有過不及之患，未有窮理旣深而反有此患也。(51)

這表明窮理越明，則行之越篤。知是行的根據，能知必能行。

朱舜水從「聖賢之學，俱在踐履」的「實行」觀點出發，從兩個方面對二程和朱熹的「知先行後」說展開了批評。

第一個方面，針對程朱將「知」與「行」相割裂的觀點，朱舜水提出了知在行中的知行統一觀。舜水反對離開「行」去談論所謂的「知」。他說：

> 兼致知力行，方是學，方是習。若空空去學，學個甚底？習，又習個甚底？愼思明辨，卽是此中事。(52)

這裏，他所說的學或習，旣不是指單純的讀書作文(知)，也不是指單純的行，而是包括知、行兩個方面在內的統一。舜水認爲，認識與實踐、致知與力行，是不能分開的，所謂學，就是二者的結合。因此不能將二者對立起來，分割開來，以「知」爲一回事，「行」爲另一回事，亦不能等「知」了之後再去「行」。而程朱的「知先行後」說的要點，就是割裂了「知」與「行」的統

(51) <答程允夫>，《朱子文集》卷41。
(52) <答野節問三十一條>，《朱舜水集》卷11，頁387。

一，以「知」爲「行」的根據和前提。對此，舜水特別指出「聖賢之學，俱在踐履」，意爲知行統一的基礎是「行」。這就是他的知在行中的知行統一觀。基於這種知在行中的知行統一觀，舜水着意批評了朱熹欲窮盡事事物物之理而後致知及治國平天下的格物致知說。舜水認爲人的壽命是有限的，事物之理則是無窮的，爲此舜水主張「隨時格物致知尤爲近之」。這就是說，認識（知）與實踐（行）本來是統一的，離開行就沒有正確的知，更談不到知對行的指導了。這種觀點的實質就是承認知以行爲基礎，行是知的來源。這種知在行中的知行統一觀是與程朱的知先行後說相對峙的。

第二個方面，針對程朱重知的觀點，朱舜水提出了重行觀。他認爲程朱「知先行後」說的實質是重知，即以知爲本、以知爲貴、以知爲難。對於這種重知思想，朱舜水說：

> 若夫汲汲世事，皇皇職務，遂謂荒廢學業，則必明窗淨几，伊吾呫嗶，而後謂之學矣；則身體力行者非學，而吟詩作文者為學矣。是殆不然。(58)

他認爲讀書作文算不得學，算不得知，只有勤於職務、身體力行、躬行踐履才是眞正的學，眞正的知。

這就是他反覆強調的「聖賢之學，俱在踐履」的思想。舜水並不否認書本知識，也不反對向書本學習，但他認爲這只能起「印證」作用，不能視爲依據。不得其意時，取古人之書以印

(58) <答古市務本問二條>，《朱舜水集》卷10，頁379。

之、證之、擴之、充之，「知」的作用惟此而已。正因爲「知」
是從「行」中產生的，所以他主張「重行」。從重行思想出發，
他又特意批評了程頤的「學莫貴於知」、「人謂要力行，亦只是淺
近語」的重知輕行思想，提倡「日用躬行卽是學」、「躬行之外無
學問」，主張在實踐中學習。舜水的重行說，強調了行在認識過
程中的地位和作用。這種觀點是很寶貴的。

對於王陽明的「知行合一」說，朱舜水又以「學問之道，貴
在實行」的理論，進行了批評。

王陽明在悟出「心卽理」的道理之後，接着提出了「知行合
一」的學說。他論述知行合一的基本手法是混淆知和行的界限，
抹煞二者質的區別。如他說：

> 知是行的主意，行是知的工夫；知是行之始，行是知之
> 成。
>
> 知之真切篤實處便是行，行之明覺精察處便是知。❺❹

這些都是強爲分說知行，把它們當作觀念上的不同層次，其實它
們是一體相連、不可分離的，在內容上互相包含，在時間上無先
後可分。二者本來就是一回事，「只說一個知，已自有行在；只
說一個行，已自有知在」。這是王陽明對知行概念的混淆。而他
混淆知行概念的目的則在於合行於知、銷行歸知，否定行的客觀
性及其在認識過程中的決定性作用。

在王陽明看來，所謂「行」就是「良知」向外發動、表現顯
露出來，而不一定要有主觀見之於客觀的活動，良知發動時產生

---

❺❹ <答顧東橋書>，《陽明全書》2，頁54。

的主觀意念、感情、動機，都可以叫作「行」。他認爲「一念發動處，便卽是行」。良知是心之本體，「感應而動者謂之意」，意就是行。他把主觀意念也說成是「行」，這就混淆了主觀和客觀的界限，抹煞了「知」和「行」的差別。這就是王陽明的合行於知，銷行歸知。他常舉的一個例子是:

> 故《大學》指個眞知行與人看，說「如好好色，如惡惡臭」。見好色屬知，好好色屬行。只見那好色時已自好了，不是見了後又立個心去好。聞惡臭屬知，惡惡臭屬行。只聞那惡臭時已自惡了，不是聞了後別立個心去惡。(55)

這是說，「好好色」、「惡惡臭」乃是人天賦地具有的良知良能，人在見好色時自然地產生愛好的感情或意念，在聞惡臭時自然地產生憎惡的感情或意念，這種感情和意念就已經是「行」了。王陽明把好惡的感情和意念都稱爲「行」，就是以知代行，取消了作爲客觀實踐活動的「行」。

針對王陽明「知行合一」的理論，朱舜水以「學問之道，貴在實行」的思想，分兩個層面進行了批評。一個層面是針對王陽明混淆「知」、「行」界限的思想，舜水闡明了「知」與「行」的區別；另一個層面是針對王陽明合行於知、銷行歸知的思想，舜水又闡明了「行」在認識中的重要性。

朱舜水反覆強調的「學問之道，貴在實行」的思想，包含兩重意義：一重意義是想表明「知」與「行」是兩個內容不同的概

(55) ＜傳習錄上＞，《陽明全書》1，頁38。

念。因爲在中國儒學傳統中，「學」是一個與「行」互相區別的概念，如《中庸》以「好學」與「力行」相對。在這裏，「學問」屬「知」，「實行」屬「行」。這就表明「知」與「行」是有區別的，不應該混淆兩者的界限。其另一重意義是想闡明在認識過程中，「行」具有「知」不可替代的重要作用。因爲行不僅是知的基礎，而且行還是知的目的和歸宿。舜水反對空談「天理良知」、「正心誠意」，主張積極踐行。在舜水看來，空洞的理論算不得有用的知識。有用之學必須見諸行事，才算是學。而眞正的知，也必須要見諸實踐，才算是知。決不能只說一個「良知」，就是「知」，更不能以這樣的知去代替踐行。學問之道，「必須身體力行，方爲有得」，即必須付諸行動，切切實實地去作，才算眞正有所收穫。由此可見，「知」必須在「行」中才可獲得，「知」也只有付諸於「行」，才能發揮其作用，才能證明其眞僞。這就深刻地說明了：合行於知，銷行歸知是錯誤的。朱舜水從「學問之道，貴在實行」出發，很重視各種實用科學，他本人亦是一位精通多種技能的實踐家。他曾推崇唐朝著名的醫學家孫思邈：「昔孫思邈功侔造化，德動天地，孰非斯術也哉？」(56)這表明在舜水的思想中，對「行」的重視。

「學問」和「實行」是朱舜水認識思維中的兩個重要範疇。這兩個範疇的展開和運用，顯示了朱舜水認識思想的實踐性。所謂認識思維，就是主體在實踐中對於客觀對象的本質和規律的反映、揭示，也就是實踐方式在人頭腦中的內化。「學問」強調的是主體在實踐中對客體的認識，「實行」強調的是主體在實踐中

---

(56)　<立菴記>，《朱舜水集》卷16，頁486。

對客體的行爲。這二者都以客觀實踐爲認識的基礎和目的，以客觀實踐爲認識進行的載體，故此，稱朱舜水的認識思維爲實踐認識思維。

三、恍惚之事，不入言論

宗教思維是主體按照人的模樣而創造的非人化的形式，是人間的力量採取超人間的一種思維方式。當思維主體運用氣器思維探索鬼神怪異問題時，氣器思維的形下性和實踐性決定了其探索方向更加貼近客觀實踐，貼近眞理，形成了氣器思維無神論的思維定勢。這就是宗教思維的實踐性。這種實踐性反映在朱舜水的宗教思維中，具體表現爲他以無神論反對有神論的鬥爭。

明末清初，伴隨着封建社會的沒落和瓦解，資本主義因素、萌芽的發展，西方宗教和文化的滲入，自然科學有了長足的發展。在天文曆算、農業生產、醫學醫藥等科學文化方面，湧現出了一代學者，如張履祥、梅文鼎、葉天士、王清任、趙學敏等，寫出了一批鴻文巨著，如《補農書》、《梅氏曆算全書》、《傷寒論》、《醫林改錯》、《本草綱目拾遺》等。這些自然科學方面的新成果、新發現，對明清之際的無神論思想產生了直接的重要作用。方以智在研究自然科學的基礎上，完成了《物理小識》這部科學的無神論著作；王清任在研究解剖學的基礎上，提出了「腦髓說」，肯定意識產生於人腦，進一步解決了長期爭論不休的意識與形體的關係問題；王夫之雖然不是自然科學家，但在當時自然科學的影響下，對佛教宗教神學和傳統世俗迷信也進行了系統的批判，達到了中國古代樸素無神論的高峰。在這一歷史時

代背景下，朱舜水也形成了鮮明的樸素無神論思想。這就是他的實踐宗教思維。

朱舜水的樸素無神論思想是針對當時日本社會的舊風陋習而發的。其主要內容爲對世俗迷信的鬪爭和對佛教的揭露。

日本古代社會有一種風俗，男子以四十二歲爲厄，女子以三十三歲爲厄。每逢厄歲之年，便擇逢厄之男女，受兇免災。對此陋習，朱舜水以中國的西門豹爲河伯娶婦的典故，開導水戶侯源光國。西門豹是戰國時魏國的著名官吏。在他任鄴令時，鄴地的官員與巫婆相勾結，利用漳水時常泛濫成災的事實，編造河伯（河神）要娶婦的神話，每年送一女子下河入配，借以騙財害命。在河伯娶婦之日，西門豹親視河伯婦，對巫婆說：「這個女子不好，煩大嫗入河稟報河伯，待求得更好女子，後日送往。」隨卽令吏卒將大巫嫗投入河中。大巫嫗投入茫茫的大河之中便一去不再復返。從而揭露了河伯娶婦的騙局。朱舜水要源光國學習西門豹這種以其人之道還治其人之身的精神，懲治迷信和陋習，教化人民覺醒，作一位將人民從世俗迷信中拯救出來的無神論鬪士。爲此，他勉勵源光國說：「以六十六州之豪傑烈文之辟公，破此數百千年之陋習，覺愚夫愚婦於夢寐困魘，如西門豹之爲河伯娶婦，亦一快也。」(57)這表明他本人亦是一位反世俗迷信的實行家。他曾說：「不佞以人事爲主，其恍惚渺茫之事，不入言論。」(58)在他一生中，不論是顚沛流離還是殘受囚禁，不論是小女早夭還是厄運頻臨，他都始終不怨命、不信神，表現了一位無神論者的情操。當水戶侯源光國面對日本種種世俗迷信而不知所措時，舜水

(57) <與源光國書三十四首・四>，《朱舜水集》卷6，頁120。
(58) <答安東守約問三十四條>，《朱舜水集》卷11，頁395。

又常常用中國歷史上無神論者的傳記勸導他：

> 昔者熒惑守心，為宋分野，太史曰：「熒惑守心，災在君身，勿禳必不免，願禳而移之大臣。」宋景公曰：「大臣災，則吾無股肱；無股肱吾何以為身？」曰：「然則移之歲。」公曰：「歲凶則無民，無民吾何以為君？」於是熒惑退舍。故曰：「宋景公有君人之言，而熒惑退舍。」楚昭王有疾，卜曰：「河為祟。」王弗祭。大夫請祭諸郊。王曰：「三代命祝，祭不越望；江、漢、睢、漳，楚之望也；禍福之至，不是過也。不穀雖不德，河非所獲罪也。」遂弗祭。孔子曰：「楚昭王知天道矣，其永世也宜哉！」二者皆諸侯也，謫見於天，象觀諸卜，尚不為惑，況其無端者乎？⑤⑨

在朱舜水這種無神論思想影響下，日本水戶學派亦具有樸素無神論傳統。

朱舜水既是反對世俗迷信的勇士，又是批判佛教的鬥士。他曾力挽充斥於日本社會的佛教狂瀾，成為日本學術界由佛轉儒的關鍵人物。他的摯友戴笠（西元 1596—1672 年，字耘野，號曼公，法名獨立）為明末杭州人，因痛明朝覆滅，渡日不歸，薙髮為僧。他曾規勸朱舜水同他一起絕滅紅塵，投奔佛門。舜水覆書答曰：「彼時程亦剪髮為頭陀，誠權宜之計，於理無妨，蓋建文王為和尚也。今日普天下俱剃頭，此事大不可草草，蓋類有相似

---

⑤⑨ <與源光國書三十四首・二>，《朱舜水集》卷 6，頁118-119。

也。弟於祖宗祭祀墳墓曠絕十七年，罪不可擢髮數，但欲留此數莖之髮，下見先大夫於九原耳！」(60)朱舜水矢志不爲僧的決心，表明了他對佛教的鄙視和輕蔑。他蔑視葬禮使用浮屠之法者說：「作佛事者，俗人之習也。云是超度亡人，早登極樂，脫離苦厄，以愚弄無知者耳。未有浮屠氏敢挾持士紳民間短長者也。」(61)這是對佛教愚弄民衆本質的淋漓盡致的揭露。佛教以超度天堂的美景誘惑人們，以沉淪地獄的痛苦要挾人們，以此弘揚佛法，匡騙民衆。朱舜水以爲佛釋只可以欺凡庸，而不可以欺豪傑。他所謂的豪傑便是有洙泗之風的儒者。因爲「荒唐迷謬之談學士大夫安敢出諸口？爾之號自謂普賢，何如我堯、舜之道可法而可傳？」(62)篤守堯舜之道的儒者是恥於佛陀之類的荒唐迷謬之言的。這是站在儒者立場上對佛教的揭露。在他這種以儒批佛思想的影響下，他的得意門生、日本大儒安東守約一直堅守着樹儒風，批佛風的宗旨。守約在給舜水的信中，反覆申明了自己的這一觀點：「近世一種陽儒陰佛之輩，塗人之耳目者，不暇枚舉。先生慨然以正學爲己任，敬想天使先生繼斯道之統，故守節不死，將及中興之時也，寧不自愛乎？守約無他長，只好聖賢之學，未至者也。」(63)如果沒有朱舜水及其門徒這種與儒批佛思想的薰習，那麼就沒有日本學術界由佛轉儒的機運。這乃是朱舜水對日本文化的一大貢獻。

正如歷史上衆多的樸素無神論者一樣，朱舜水的無神論思想，

---

(60) <答釋獨立書>，《朱舜水集》卷4，頁58。
(61) <答辻達問>，《朱舜水集》卷11，頁421。
(62) <題普賢畫像爲黑川正直作>，《朱舜水集》卷17，頁516。
(63) <上朱先生二十二首・七>，《朱舜水集》附錄3，頁748。

由於時代條件的限制，不可能是徹底的，在他的無神論思想中尚夾雜着神秘色彩。如他對卜筮的看法，認爲這是聖人的教導，今天卜筮之官雖無，卜筮之法尚存，並將它介紹到了日本。又如他不惑世俗，不信佛陀，但卻篤信儒家神秘的「天人感應」之說。當日本人向他請教雷災之故時，他說：「是天代人君爲政矣。」「成王之時，大風拔木偃禾，木與禾有何罪？是天動威以彰周公也，今不宜殺而殺，天其或者以此警戒人君與執政歟？」[64] 這些是他樸素無神論思想中的污質。

朱舜水的樸素無神論思想發育於明清之際特殊的歷史環境之中，成熟於另一個特殊的異國日本社會之中。故此，它俱有兩個特點。第一個特點是**具有明顯的實用性**。由於中國明清之際經世致用之學思潮蔚然勃興，當時許多重要經世家如黃宗羲、陳確、方以智、王夫之、顏元等，都是在抨擊明代社會弊端陋習之中，形成了他們的無神論思想。因此，這種無神論本身就具有濃厚的實用性。朱舜水亦不例外。又由於朱舜水來到日本之後，批駁當時日本社會的陳俗舊習，是爲了使日本社會達「更化善俗」的目的；他挺身而出，批判瀰漫於日本社會的佛教，是爲了使日本學術界發生由釋到儒的轉機。所以，他的樸素無神論始終沾染着濃烈的實用色彩。這種實用色彩反映在他的宗教思維中，就是宗教思維的實用性。

第二個特點是**具有強烈的儒學性**。朱舜水以儒者自居，以儒風自傲。他批佛教，是站在儒學立場上批佛；批迷信亦是從儒學立場出發。所以，在與儒學相矛盾、相衝突的世俗迷信和佛教面

---

[64] 〈答小宅生順問六十一條〉，《朱舜水集》卷11，頁414。

前，他是無神論的戰士，但在與儒學相合拍的「天人感應」目的
論面前，他又是有神論的信徒。這種矛盾性只能從他無神論的儒
學性中去尋求答案。

第三章　經邦弘化，康濟艱難——事功論

張載云：「爲天地立心，爲生民立命，爲往聖繼絕學，爲萬世開太平。」朱舜水發揚了積極入世的儒學事功觀，把主體身心托付給現實的實踐，一生奔勞於光復明室和宏揚中國文化之事功，期於有爲有用、體用賅備，大而農工之詳，小到制度文物之備，靡不淹貫。故本章以「事功」爲題，闡述朱舜水的政治、經濟和制度文化思想。

一、更化善俗，開物成務

文化是人類在實踐中所建構的各種方式和成果的總體。文化的原初涵義，在中國古代是「文治與教化」的意思。文化之「文」，本義是紋理的意思。《說文解字》說：「錯畫也。」各色交錯的紋理。《禮記・樂記》說：「五色成文而不亂。」這也就是《周易・繫辭上》所說的「參伍以變，錯綜其數，通其變，遂成天地之文」的意思。五色、五聲、五味、五行，參伍錯綜，便構成天地之文。正像文身是人作爲氏族人的成年禮一樣，氏族的一切重要巫術儀式，便是禮。禮作爲禮儀法度的禮樂制度，是社會跨入文明的標誌之一。所以，孔子贊揚周禮「郁郁乎文哉！」此

「文」當作禮樂制度講。到了孔子生活的春秋末年，西周的禮樂制度呈現「禮崩樂壞」的局面，孔子又感嘆道：「文王既沒，文不在茲乎？」既然禮是作為跨入文明社會門檻的標誌之一，當不始於西周。孔子看到了這一點，所以他稱堯舜「煥乎有文章」。「文章」，章炳麟在《國故論衡》中有一個解釋：「孔子稱堯舜煥乎有文章，蓋君臣、朝廷、尊卑、貴賤之序，車輿、衣服、宮室、飲食、嫁娶、喪祭之分，謂之文；八風從律，百度得數，謂之章。文章者，禮樂之殊稱也。」文的內涵就是指尊卑貴賤之序，與依據此倫理等級次序而製定的車輿、衣服的修飾，飲食、娶嫁的儀式等等的分別，引申為文治。

「文化」之「化」，本義是教化的意思。《說文解字》：「匕，變也，從倒人。」含有把倒人變正的意思。「化」字在甲骨文中以人為一倒一正，且相背。因此，不僅需變倒人為正，而且需教其兩人相順而不背，便是變正相順，即含有教化的意思。《老子》記載：「聖人之言曰：『我無為而民自化，我好靜而民自正……。』」「道恒無名，侯王若能守之，萬物將自化。」「化」便是教化遷善，引申為化育。

「文化」作為單一概念或範疇，可見於《易・賁・彖傳》：「觀乎人文，以化成天下。」干寶注：「聖人之化，成乎文章。觀日月而要其會通，觀文明而化成天下。」「文」釋文明，「化」為教化。孔穎達疏：「聖人觀察人文，則詩書禮樂之謂，當法此教而化成天下也。」「文」指包含禮樂法則或制度的文治，「化」指教育化成，兩者相互聯結起來，便含有「文治與教化」，即「文化」之意。漢劉向說：「聖人之治天下也，先文德而後武力。凡

武力之興，爲不服也，文化不改，然後加誅。」❶晉束晳在《文選・補亡詩》中說：「文化內緝，武功外悠。」文化與武功對言。南齊王融說：「設神理以景俗，敷文化以柔遠，澤普氾而無私，法含弘而不殺。」❷這裏的文化，也是指禮樂制度的文治和遷善的教化。

從事功的意義上看，文化是一種在主體人自身和客體自然的基礎上不斷創造的過程，也是一種對人主體自身和客體自然不斷加以改造的過程。正是從文化的這種事功意義出發，可以說文化就是社會存在諸方式如生產方式、組織方式、生活方式、行爲方式、思維方式等的總和。

政治文化的基本內容主要指社會的行爲方式，諸如社會各階層中人的行爲規範，勞心者與勞力者、治理者與被治理者之間的行爲結構關係等，所以，政治文化的核心問題是「人」的問題。

朱舜水的社會政治文化思想也是圍繞著「人」的問題展開的。

朱舜水作爲朱明王朝的忠實遺民和清醒思想家，從明亡這一文化現象出發，提出了治國理民的社會行爲方式 ──「更化善俗」。他說：

> 治國有道，因民之利而利之；豈在博施？《春秋傳》曰：「小惠未徧，民弗懷也。」富民當以禮節之，貧民當以省耕省斂以補助之。但要萬民免於饑寒，亦不必多歷年所。若要更化善俗，非積年不可也。❸

---

❶ ＜指武＞，《說苑》卷15。
❷ ＜三月三日曲水詩序＞，《全晉文》卷13。
❸ ＜答野節問三十一條＞，《朱舜水集》卷11，頁385。

這一社會行為的終極關懷，就是「人」的問題。因為朱舜水認為「民心」的背離、「民力」的相悖，是導致明王朝滅亡最重要的原因之一。他說：

> 崇禎末年，搢紳罪惡貫盈，百姓痛入骨髓，莫不有「時日
> 曷喪，及汝偕亡」之心。故流賊至而內外響應，逆虜入而
> 迎刃破竹，惑其邪說流言，竟有前途倒戈之勢；一旦土崩
> 瓦解，不可收拾耳。❹

朱舜水認為造成這種社會現象的原因，應歸咎於腐敗、害民的「任官」、「鄉官」和士大夫。「莫大之罪，盡在士大夫。」❺因為這些士大夫「語之以趨炎附勢，門戶貪緣則獨工；語之以興利除害，禦災捍患則獨拙。嘗之以朱提白粲，朘削肥家，則攘臂爭首；告之以增陴濬隍，儲糗桑土，則結舌不談。他如飾功掩敗，鬻爵欺君，種種罪惡，罄竹難盡。」❻這裏，針對官僚士大夫的腐敗無能、投機鑽營、圖謀私利、搜刮朘削的種種罪行，朱舜水作了淋漓盡致的揭露，給予了無情的鞭笞。進而，他得出一個重要結論：由於官僚士大夫橫行無法，使得社會道德淪喪，封建秩序被破壞，百姓受其侵削，使社會矛盾激化，導致明王朝的滅亡。他從研討明亡的歷史史實中，悟出了人民在時代變革中的分量。他在回答「中國何以遂淪於虜」的問題時，明確地講：

---

❹ 〈中原陽九述略〉，《朱舜水集》卷1，頁1。
❺ 同❹。
❻ 〈中原陽九述略〉，《朱舜水集》卷1，頁3。

失其民也。居官者不知治理，惟知培趕。一有變故，遂至
土崩瓦解。所以有家有國者，但當悉心撫字，民心若固，
何憂外患？❼

這表明，朱舜水看到了民心向背所起的關鍵作用。因此，他認為
明朝的武器和軍事技術並不弱，但因民力相悖，民心離析，導致
國破山河碎。「大明頗有絕高手，銃炮亦甚多。但民心既背，堅
軍利兵，適足為盜資耳。」❽一旦失去民心，即使有好武器，充
其量也只能充當運輸大隊長。更可貴的是他認為百姓「分而聽之
則愚，合而聽之則神。其心既變，川決山崩。」❾朱舜水之所以
能深刻地看到民力和民心的重要作用，正是他肯於正視社會現實
的結果。

　　沿襲儒家的傳統思想，朱舜水認為「人」的問題，最好用
「仁政」加以解決。於是，他提出了「不忍人之政」。他的「不
忍人之政」來自孟子的「以不忍人之心，行不忍人之政」的仁政
學說。不過，在新的歷史條件下，朱舜水又注入了新的內涵。這
就是以「利民」、「愛民」為其目的，以「功利主義」為其基礎的
「不忍人之政」。

　　首先，朱舜水從仁的「體」、「用」關係上闡明了行仁政的
「利民」、「愛民」目的。當問仁之體用，何物為「體」，何物為
「用」時，他答道：「當以不忍人之心為體，以不忍人之政為用。」❿

❼　〈答小宅生順書十九首・三〉，《朱舜水集》卷9，頁314。
❽　同❼。
❾　〈中原陽九述略〉，《朱舜水集》卷1，頁3。
❿　〈答加藤明友問八條〉，《朱舜水集》卷11，頁381。

卽是說，作爲治理者，需要常懷一點愛民之心，只要時時刻刻將
此念充滿於中，便會自然事事爲百姓計。同時，由於朱舜水生活
在資本主義萌芽已經出現的明淸之際，在人文主義啓蒙思想薰染
下，他主張人與人之間應相親相愛。他說：「『君子以仁存心，以
禮存心；仁者愛人，有禮者敬人。』是他人皆當愛、皆當敬也，
何言之相戾歟？」⓫他提倡的「人人都應該相敬相愛」的觀點，
是在新時代下對孔子「仁者愛人」思想的發展。這個思想在某種
程度上反映了新興市民階層爭取平等的迫切要求。故此，朱舜水
認爲統治者應該有愛民之心和愛民之舉，卽不忍人之心和不忍人
之政。卽有此「體」，必有此「用」。這就是朱舜水體用一源的不
忍人之政。這種不忍人之政的實行，就是理在情中的了，而它實
行的效果，也定會膏澤人民百姓。

其次，朱舜水陳述了行仁政的社會基礎是以有益於天下爲出
發點的功利主義。

> 仁者吾心惻隱之微，而施之天下，則足以保四海。君子未
> 嘗有四海之貴，宜先具足保之體。故曰：「以不忍人之心，
> 行不忍人之政，而仁履天下矣。」⓬

朱舜水強調的是實施仁政的實際效益，追求的是利國利民的功利
主義。進而，爲了保障功利主義的實施，朱舜水反對單純依靠
「法治」（徒法）和「禮治」（徒善）的作法，提出了「法」與「禮」
相須而行的辯證思想，對儒家的仁政學說作了補充。他說：

⓫　＜策問四首・其一＞，《朱舜水集》卷10，頁342。
⓬　＜雜著・仁＞，《朱舜水集》卷17，頁491。

> 獨不聞「徒善不足以為政」乎？「仁心仁聞而民不被其澤」
> 乎？獨不聞「堯舜之道，不以仁政不能平治天下」乎？獨
> 不聞「諸侯之寶三：土地、人民、政事」乎？獨不聞「堯
> 舜之仁，不徧愛人」乎？故曰：「為政以德。譬如北辰，
> 居其所而眾星拱之」。總之，蘊之於躬則為德，設施於事
> 則為政。無仁德以為之本，則為徒法；無政治張弛以紀綱
> 之，則為徒善。二者相須而行，不可偏廢者也。❸

這裏講的是，要治理國家，利國利民，光靠法不行，因為堯舜之
道，不用仁政便不能平治天下；光靠道德教化亦不行，因為徒善
不足以為政，只有仁心，不能使百姓被其恩澤。所以，要禮法兼
施，相互為用。舜水的這個思想是深刻的。其深刻性表現在他從
更化社會之陋習、倡興利民之善俗的功利主義出發，對儒家的仁
政思想進行了發展，使之更加充實和完備。

朱舜水的這種「仁政」觀，在價值導向上趨向於兩個方面：
一是「賢君」思想，二是「大同」思想。

所謂「賢君」思想，是朱舜水在抨擊明朝暴政基礎上，對具
有「仁政」賢明君主的嚮往。這種「賢君」論，顯示了他思想的
深度和時代的特色。

明代是專制主義君權制高度發展的朝代。皇權大肆膨脹的一
個標誌，是皇帝被進一步神化，「每日清晨一炷香，謝天謝地謝
君王。太平氣象家家樂，都是皇恩不可量。」❹明朝後期，以神
化皇帝、崇尚君權為核心的「天地君親師」的牌位，被千家萬戶

---

❸ ＜赤林重政字彝五說＞，《朱舜水集》卷10，頁446。
❹ 石天基：《傳天寶》卷4。

供奉起來。但是，任何一種占統治地位的思想存在，必然會產生
與它相對立的思想。自明中葉後，隨著經濟的發展，資本主義萌
芽開始出現，新興市民階層伴之產生。他們出於自己的切身利益，
開始向傳統的君權挑戰。於是，懷疑、批判君權的思想火花，
在他們中間迸發出來。朱舜水的賢君思想構成了明清之際抨擊君
權、反對專制主義的重要內容。

在朱舜水的賢君思想中，所謂「賢君」，具有三重價值觀。

一是入世觀：

> 人君以百室盈寧、羣黎遍德為福，以民被其澤、法傳後世
> 為壽。是以至誠無息，不息則久，以至悠久無疆。
> 惟望上公（指源光國）推廣此心，惠澤加於百姓，老者得
> 所養而安，少者有所長而懷；至於與邦人交而止於信，此
> 上公固有之明德也。足其衣食，革其故俗，如此則人人在
> 於覆載之中，人人胥慶，水戶一邦之人民，子子孫孫，歌
> 頌如天之德，垂之無窮。⑮

這裏，朱舜水把儒家積極有為的入世觀作為衡量賢君的第一個標
準。君主的賢明首先表現在能以天下之憂為憂，以天下之樂為
樂；老有所養，少有所長；法傳後世，民被其澤；羣黎遍德，百
室盈寧。反之，卽使福祿如茨，子孫眾多，亦不足為賢君。

二是仁義觀：

---

⑮ 〈元旦賀源光國書・三、四〉，《朱舜水集》卷6，頁114-115。

龍非仁義無以為靈，人君非仁義無以為國。昔者趙簡主是
已，樂激事之六年，給使又甚材也，一旦悉明其罪，而明
法飭法，得仁君之大道焉，義也。楊因事君五去，下士羞
興為伍，一旦舉以為相而不疑，有知人之濬哲焉，仁也。
仁義兼施，賞訊明允，國以大治。❻

朱舜水把仁義治國作為他理想中賢君的第二個標準。人君若能以
仁義治理天下，便能作到有賢材不敢棄，有罪惡不敢赦，兢兢業
業，力行善政。

三是孝德觀：

大禹以大孝之德，側陋外聞，登庸熙載，則克盡其為臣。
重華受終，則克盡其為君。六府修，三事治，九功敘，九
敘歌。是以維德動天，無遠弗屆；是以好生從欲，洽於
民心。能使天下後世，觀者聽者，莫不欣欣而興起焉。豈
非至誠之感神乎！❼

朱舜水視孝德為賢君的第三個標準。由於禹帝能以大孝之德治理
國家百姓生靈，所以，當時出現了「六府修，三事治，九功敘，
九敘歌」的國泰民安、風調雨順的盛況。朱舜水認為具備了以上
價值觀的賢哲君主，對於治國理民之事，就易如探囊取物一般。
　　朱舜水之所以主張「賢君」論，是因為人君的好惡關係到國
家治亂的關鍵，是人民禍福的樞機，委實是不可苟焉的大事。故

---

❻　〈源光國字子龍說〉，《朱舜水集》卷13，頁444。
❼　〈源綱條字九成說〉，《朱舜水集》卷13，頁445。

此，從行爲方式上，舜水主張人君應從以下三個方面修身律己。

第一個方面，自強不息。朱舜水說：

> 然舜之德，何以遂至於斯極也？譬之臺然，九成之臺，亦
> 天下之大觀也矣，是果不日而成之，一蹴而可至乎？其始
> 基之也，嘗覆一簣矣，因乎丘陵，進進不已；是猶積德累
> 仁，日新，日日新，又日新，以至於斯也。⑱

舜帝以大孝之德治天下，遂有「賢君」留名後世。其功夫非一朝
一夕，而是他日夜精進、自強不息的結果。因爲自強而不息則德
遠，卽專心致志，不以無稽之言擾慮，不被逸欲之務分心；德遠
則博厚，卽業績不渝，功高愈奮；博厚則高明，卽胸羅千古，博
聞強識。而博厚可以體地，高明可以體天。這樣，人君便鍛鍊成
了俯可以體察民事國情，仰可以洞察風雨豐歉的賢德君主。

第二個方面，廣納賢材。朱舜水說：

> 然君子之一身，上以承天之明命，下以作民之父母，是故
> 以一人勞天下，不以天下奉一人。獨行其道，非平治之規
> 也；澤不下究，非容民畜衆之理也。故曰：「德惟善政，
> 政在養民。」然百姓顛連無告，而吾之耳目有限；晚世理
> 棼多端，而吾之智慮難周；勢不得不籍賢人君子相助爲理
> 已。賢人之處心也公，而持身也廉。公則生明，廉則生
> 威；明以燭閭閻之隱，威以銷奸宄之萌。如是則賢人之耳

---

⑱　同⑰。

目，皆吾之聰明；賢人之智慮，成吾人之睿聖。則已登斯
民於衽席，而保之如赤子矣。養賢以及萬民，古之人豈欺
我哉？❿

要成爲論道經邦的賢君，必須廣納天下之賢材。如春秋之時，晉
文公最強，因有狐偃、趙襄、魏犨、顚頡、司空季子、陶叔孤等
諸賢材轉助；其後，魏文侯最強，他有卜子夏、田子方、段干木
等諸賢材論思於內，又有李克、翟璜、西門豹、吳起等諸賢將宣
力於外。朱舜水試圖通過歷史事實說明人君通過納賢，可以咸知
大義、彌縫闕遺，積賢德於一身。

第三個方面，銳意革新。朱舜水說：

今者小試之，而民風已變，與往時遂相逕庭，非化之必不
可更，非俗之必不可善也。誠能修明其道，使百姓實見其
美，則歡欣鼓舞，家絃戶誦，可彈指而冀矣。❷

時代的變異必招致民風的變化，如果人君沒有革除舊弊的勇氣和
魄力，回互遲疑，逡巡退縮，與舊習同蔽，與頹俗共靡，則治國
之道不明，治民之德不立。反之，聖明君主則順乎潮流，適乎民
心，非化必不可更，非俗必不可善，使百姓見其實惠，國家得其
利益。

朱舜水的賢君思想，既是對昏君暴政統治的抨擊，卻又不能
掙脫君主專制的羈絆；既反映了他把愛民之心寄托於賢君之身的

---

❿ ＜伯養說＞，《朱舜水集》卷13，頁451。
❷ ＜賀源光國四十壽序＞，《朱舜水集》卷15，頁479。

理想，卻又保留了傳統的君爲民主的印記。這種矛盾表明了朱舜水的兩重心理境界，兩重認識層面。也就是說，他雖具有啓蒙思想的因素，但還不是新時代晨曦的歌唱者。一方面，他倡導的賢君說，包含有追求平等和民主的啓蒙思想因素。他提出的關於「賢君」的三重價值觀，從行爲方式上說，就是希求治理者以憂國憂民爲重，以仁慈之心、忠孝之德對待被治理者；而人君修煉的三條途徑，則表明了通過君主自身的行爲規範（自強）、君主與人的行爲關係（納賢）、君主與社會的行爲關係（革新），以企盼開明賢德君主的出現。但另一方面，由於明清之際批判君權的思潮畢竟還是巨石壓身的幼芽。自雍正帝執政後，這股反君權的思潮便逐漸被平息下去了。又由於朱舜水囿於儒家思想和當時社會歷史的局限性，所以不能誇大他「賢君」思想的意義。但他敢於以「賢君」思想向根深蒂固的「君權」思想挑戰，卽使是吉光片羽，也都具有重要的歷史價值。

所謂「大同」思想，是朱舜水對儒家孔孟「仁政」學說的理想化。中國古代「大同」思想始於〈禮運〉，在《公羊》中則爲三世說。西漢大儒董仲舒爲維護大一統封建專制體制，着重發揮了《春秋公羊傳》中的「大義名分」、「尊王一統」思想，使《公羊春秋》的傳播受到王朝的重視和提倡，從而成爲官學。但自東漢後，《公羊》義法早已沉淪，這一封建統治者自救圖存的方案不復爲人所重視。朱舜水時遭國破家亡、顚沛流離之厄，於是，他撫拾《公羊》義以爲自救救人的良策。所以，朱舜水是自漢董仲舒後，第一個注意到〈禮運〉大同學說和《公羊》三世說的人。因此，他醉心於尊王一統，醉心於理想的大同世界。朱舜水效法董仲舒，以大同解太平世。他說：

昔者孔子曰：「大道之行也，與三代之英，丘未之逮也，而有志焉。夫大道之行也，天下為公，選賢與能，講信脩睦。故人不獨親其親，不獨子其子；使老有所終，壯有所用，幼有所長。其不幸不全於天者，皆有所養。男有分，女有歸。貨惡其棄於地也；不必其藏於己；力惡其不出於身也，不必為己。是故纖慝盡閉，至理聿臻，故外戶而不扃，質實而無偽，是謂大同。」夫以禹、湯、文、武、周公之治為小康，而以此為大同。㉑

在朱舜水的大同思想中，人們以「仁義」、「禮制」行為方式對待他人，所以，「是人皆當愛，皆當敬」。這樣，社會中人與人的行為關係就建立在了仁愛基礎上。因此出現了夜不閉戶、路不拾遺、「老吾老以及人之老，幼吾幼以及人之幼」的社會行為規範。這種社會行為方式就是朱舜水所憧憬的理想。

但他知道這一理想在中國無法實現，因而寄希望於日本。舜水根據《公羊》義，認為中國和日本無種族上的界限，只有文化與政治上的區別，倘若日本實施王道則進、則強。這就是「大一統」，是《公羊》最勝義，也是儒家思想的精華。朱舜水信奉這種思想，並樂道之。故此，他說：「若以貴國為褊小，為東夷，謙讓不遑，則大不然。貴國今日之力，為之尚有餘裕。」㉒源光國接受了朱舜水的「大同」思想，遂以「尊王一統」義撰寫《大日本史》，於是有了明治維新，以至有了今天的經濟大國日本。這誠如梁啟超所云：「舜水之學不行於中國，是中國的不幸，然

㉑　＜元旦賀源光國書八首・一＞，《朱舜水集》卷6，頁113。
㉒　＜答加藤明友書二首・一＞，《朱舜水集》卷5，頁74。

而行於日本，也算人類之幸了。」❷

　　在朱舜水倡大同說二百年後，康有為寫《大同書》，並結合《公羊》三世說，「托古改制」，促成戊戌變法。由此可以說，朱舜水的大同思想亦成為中國變法維新運動的理論指南。

　　朱舜水起千古塵埃，目光如炬，千百年來沒人注意到的大同理想境界，被他提出來了。舜水有志於人類大同的實現，開日本維新之端倪，唱晚清變法之先聲，誠氣象萬千，真人傑也哉！

二、經世致用，強國利民

　　所謂經濟文化，就是指人們在生產實踐中所創造的成果的總和，以及生產這些成果的所有制方式和對這些成果進行分配的佔有方式。歸根結底，是指社會的生產方式。從文化角度來看，社會生產方式又表現為衣食住行文化，即生產者的存在方式；經濟物質文化，即生產資料佔有方式；工藝技術文化，即生產樣態方式。

　　朱舜水的經濟文化思想是在總結明亡的慘痛教訓中形成的。他在追溯明朝末年由於經濟凋敝、農民生活困苦而導致農民起義的歷史時說：

> 水旱災荒，天時任其豐歉；租庸絲布，令長按冊徵收。影
> 占虛懸，巨猾食無糧之土；收除飛洒，善柔賠無土之糧。
> 敲骨剝膚，誰憐易子；羨餘加派，豈顧醫瘡！
> 百姓者，黃口孺子也，絕其乳哺，立可餓死。今乃不思長

---

❷　<兩畸儒‧朱舜水>，《中國近三百年學術史》，頁83。

> 養之方，獨工培尅之術，安得而不窮？既被其害，無從表
> 白申訴，而又愁苦無聊，安得不憤懣切齒，為盜為亂，思
> 欲得當，以為出爾反爾之計？ ❷❹

這表明朱舜水已意識到經濟不振，人民貧窮的必然結果，是引起農民起義的爆發，封建統治者江山的動搖。由此，朱舜水認爲要使國家江山穩固，必須從經濟問題入手，即視經濟爲治國安邦的首要問題，其他問題爲末節。不然，以末節圖治，就猶如理絲而棼之，徒勞而無益。爲此，朱舜水提出了經世致用的安邦理論，即他所主張的社會生產方式。

> 君臣、父子、夫婦、昆弟、朋友，天地間之定位也。士、
> 農、工、商，「國之石民也」。男耕而食，女織而衣，民生
> 之常經也。所謂本根者，如斯而已。而又「壯者以暇日修
> 其孝悌忠信」，國何患不治？何患不富？ ❷❺

這種社會生產方式包括三方面內容：第一，朱舜水認爲士農工商是國家的基幹，在衣食充足的基礎上，對他們修以孝悌忠信。這是指生產者的存在方式，即衣食住行文化。

衣食住行文化就其本質來說，是指人類爲了自身的生產和延續，而必須滿足人們衣食住行方面的欲望與需求。這就是說，人的生命存在必須有一定的物質條件，即衣、食、住、行，以便饑有所食，寒有所衣，夜有所宿，行有所乘。而人們對衣、食、住、

---

❷❹ ＜中原陽九述略＞，《朱舜水集》卷1，頁2、3。
❷❺ ＜答野節問三十一條＞，《朱舜水集》卷11，頁388。

行的這種欲求，也就是「利」。生活於明清之際的朱舜水，目睹資本主義萌芽在封建經濟內部的持續發展和新興市民階級勢力的日益壯大，使他認識到滿足人民物質生活條件的「利」，關係到國家江山的穩固。卽他把人民的物質生活條件 ── 「利」作爲治理國家的基礎。由此出發，他對重義鄙利的理學，進行了抨擊。

中國傳統文化的特點之一是將經濟觀點依附於倫理道德規範。所以，經濟問題是通過「義利」這對倫理範疇表現出來的。中國文化史上的儒宗孔子認爲倫理規範對財富的獲得具有限制的作用，卽意味着財富的獲致要服從於倫理標準。這樣，相對倫理規範而言，經濟財富則退居於次要地位。因此，他「罕言利」。在此基礎上，他又認爲統治階級，包括爲統治階級服務的「君子」，天生就通曉「義」，卽天生的好義；而直接從事生產的人則爲「小人」，是天生只知「利」，只好利的。這就是爲後世儒家奉爲經典的「君子喩於義，小人喩於利」❷❻之說。西漢大儒董仲舒將孔子的這種倫理財富觀深化爲儒家的基本經濟觀點 ──「正其誼（義）不謀其利，明其道不計其功」❷❼。這樣，孔子關於「罕言利」這個對待經濟問題的基本態度，經董仲舒推崇而形成了儒家經濟思想的基本格局，並支配中國社會達兩千餘年。中國封建社會後期，經濟發展停滯的諸多重要原因中，儒家的這種經濟思想對社會經濟基礎所起的反作用亦是其中之一。

以朱熹爲代表的理學家推崇孔子和董仲舒超越功利，維護道義的思想，進一步從理論上完善了「義利」範疇，並提出了「重義輕利」說。朱熹對義利範疇作了這樣的規定：義是「天理之所

---

❷❻ 《論語・里仁》。
❷❼ 《漢書・董仲舒傳》。

誼」，利是「人情之所欲」。他在解釋《論語・里仁》「君子喻於義，小人喻於利」章時說：「義者，宜也，君子見得這事合當如此，卻那時合當如彼，但裁處其宜爲之，則無不利之有，君子只理會義，下一截剩處更不理會。」「小人則只計利害，如此則利，如此則害。」❷❽「宜」即「適合」、「合當」之義。君子不顧利害，只看是否「天理」所當作，這便是「天理之所宜」，「義」也；小人不管當作不當作，只取利而爲之，這便是「人情之所欲」，「利」矣。稟承儒家「罕言利」的思想脈絡，朱熹倡導「重義輕利」說。他不僅把「重義輕利」思想作爲〈白鹿洞書院學規〉揭示出來，敎導他的門人弟子，而且還將「重義輕利」說與他哲學體系的基本範疇──「理」聯結起來，訴諸本體論的論證。他以爲君子之學，不能專在利害上計較，巧智上使用，而應該「窮理而守之」，「唯理是從」，極言之，便是「正義」、「明道」之論。這正如他在〈拙齋記〉中所云：「嘗聞之天下之事不可勝窮，其理則一而已矣。君子之學，所以窮事理而守之也。其窮之也，欲其通於一；其守之也，欲其安以固，以其一而固也，是以近於拙。蓋無所用其巧智之私，而唯理之從。極其言，則正其宜不謀其利，明其道不計其功，是亦拙而已矣。」❷❾這樣，便把哲學（理）與道德倫理（義利）統一起來，使「理」帶上濃厚的道德色彩，也使「重義」具有至高的地位。在「重義輕利」說的基礎上，朱熹與事功派首領陳亮展開了南宋歷史上有名的「王霸義利」之辯。

陳亮（西元1143─1194年）是「浙學」中「永康學派」的創

---

❷❽　《朱子語類》卷28。

❷❾　〈拙齋記〉，《朱文公文集》卷78。

始人。他出於改革社會弊政，提倡功利的目的，與朱熹展開了一場激烈的論戰，長達三年之久，涉及到義理與功利之爭、王霸之爭、動機與效果之爭等哲學問題。其中，關於「義理」與「功利」之爭，朱熹強調「存天理，去人欲」，以天理與人欲不兩立。他在〈答陳同甫書〉中說：「至若論其本然之妙，則惟有天理而無人欲。是以聖人之敎，必欲其盡去人欲而復全天理也。」❸⓿ 又說：「學者須是革盡人欲，復盡天理，方始是學。……人欲與天理，此長彼必短，此短彼必長。」❸① 天理與人欲，兩者不能並存而只能是一方戰勝一方。在朱熹看來，天理卽是義理，人欲卽是功利；義理就是講仁義道德，功利就是講利欲。因此，「革盡人欲」，就是去利欲，去功利；「復盡天理」，就是只講義理，只講仁義。

朱熹所說的人欲，旣包括物質欲望要求，也包括陳亮所說的功利之學。朱熹不僅以功利是出於「計功謀利之私」，而且指責陳亮是「在利欲膠漆盆中」❸② 所以，他對於陳亮功利之學的傳播十分憂慮：「江西之學（陸九淵的心學）只是禪，浙學卻專是功利。禪學後來學者摸索一下，無可摸索，自會轉去。若功利，則學者習之便可見效，此意甚可憂！」❸③ 「習之便可見效」說明陳亮的功利之學在當時是行之有效的。

陳亮在論戰中，以「堂堂之陣，正正之旗」，公開反對朱熹空談義理，而主張「義利雙行」。陳亮在〈問答・七〉中說：「耳之於聲也，目之於色也，鼻之於臭也，口之於味也，四肢之於安

❸⓿ 〈答陳同甫書〉，《朱文公文集》卷36。
❸① 《朱子語類》卷13。
❸② 《朱子語類》卷123。
❸③ 同❸②。

佚也。性也,有命焉。出於性,則人之所同欲也;委於命,則必有制之者不可違也。」人的耳、目、鼻、口的私欲就是性,性是不可違背的,因此,也可以叫做命。陳亮以人的私欲爲人的本性或天性,這就一反朱熹以理爲性的說教。既然私欲是人的本性,是不可違抗的,那就是合理的,是不能去的。由此看來,朱熹要「盡去人欲」,豈不是違背天性嗎?

陳亮雖然以利欲爲天性,主張利,但他並沒有如朱熹那樣,以「人欲」否定「天理」,以「利」否定「義」。他認爲既然肯定利欲爲天性,也要講義理。他說:「諸儒自處者曰義曰王,漢唐做得成者曰利曰霸。一頭自如此說,一頭自如彼做;說得雖甚好,做得亦不惡;如此卻是義利雙行,王霸並用。如亮之說,卻是直上直下,只有一個頭顱做得成耳。」❸「義利雙行」就是天理與人欲並行不悖,這顯然與朱熹的義利不兩立,「存天理,滅人欲」相對立。

朱舜水以這一場論戰爲鏡,明鑒大明江山傾倒的原因,使他反對理學家脫離實際的義理之學,而旗幟鮮明地公開提倡功利主義。因此,舜水同情陳亮,而不以朱熹爲然。他支持陳亮說:

> 僕謂治民之官與經生大異,有一分好處,則民受一分之惠,而朝廷享其功,不專在理學研窮也。晦翁先生以陳同甫爲異端,恐不免過當。❸

舜水斥責理學是無補實際的無用之學。他批評宋儒雖「辨析毫釐,

---

❸ 陳亮:《又甲辰秋與朱元晦秘書》。
❸ <答野節問三十一條>,《朱舜水集》卷11,頁386。

終不曾做得一事」，不僅對社會毫無用處，而且還會使「後生小子」變得空話連篇，「於天理人欲義利公私之際，與之辨析毫芒」，竟不知自己說了些什麼，接觸實際，更是瞠目結舌，無所適從。

　　朱舜水進一步揭露說，理學家的重義輕利之學，不僅無用，而且是禍國殃民的大害。自明中葉以來，「講道學者，又迂腐不近人情」，「而國家被其禍」，造成了國家的破亡。作爲明朝遺民的朱舜水，與同時代的許多開明進步學者一樣，從明朝覆滅的切膚之痛中，悟出了只研窮義理之經、而無經世理民之學，徒講義理、恥談功利，必定引起經濟的崩潰，進而導致國家的滅亡這樣一條經濟原則。在經濟原因中，探索政治結果，這是朱舜水經濟文化思想具有的光彩。

　　朱舜水最後揭掉了理學家不講功利的所謂「清高」、「超脫」的假面具，還其虛僞、狹隘的眞面目。他說：

　　　以八股爲文章，非文章也。志在利祿，不過借此干進。彼尚知仁義禮智爲何物？不過鉤深棘遠，圖中試官已耳，非眞學問也。❸

他嚴屬地斥責那些「浮夸虛僞以文其奸，以售其術」的無恥「小人」，以爲「君子」絕不能爲。因爲他們口頭上不談功利，但絕不是不要功利。相反，它正掩蓋了最狹隘的功利，最虛僞的功利。這就深刻揭露了理學家反對利國利民之功利的實質。

　　朱舜水通過對重義鄙利理學思想的批判，繼陳亮之後舉起了

---

❸　〈答安東守約書三十首・三〉，《朱舜水集》卷7，頁173。

功利主義的旗幟，提出了「實利」（功利、益利）和「實用」（效用、功用）的重要思想。他認爲儒者出任國家職務，就應該「以臨民爲業，以平治爲功」。當吉永太守向他請教「格物致知」時，他開導太守要在經世中隨時隨地格物，才能致治民之知。這樣，才能使百姓澤其惠，朝廷享其功，實現國強民富的宏願。否則，欲窮盡天下事事物物之理，然後再致知以及治國平天下，則人壽幾何？河清難俟。朱舜水從國家和人民的「實利」、「實用」出發，改造了朱熹窮研經理的「格物致知」說，注入了講究經濟利益的思想，也就是衣食住行文化思想。

從衣食住行文化思想出發，他認爲評判一種學說，要看它是否能產生實際效果，實際利益，即國家能否得到好處，人民能否得到利益。爲此，他指出爲學應當有實功、有實用，尤如布帛菽粟對於穿衣吃飯一樣，衣之即不寒，食之即不饑，可以解決實際問題。像這樣，如賢君能主實利、實用之學於上，宰相能行實利、實用之學於下，不出數年，則不論上下、男女、智愚、賢與不肖者，皆可享其功利。反之，那種於字句之間標新立異的學問，或說玄說妙而千年萬年無人能見的學問，其實質是未有一句一字真實，徒使無數聰明人被欺騙。朱舜水力圖以社會效用、人民功利、經濟利益這一衣食住行文化思想爲標準，來衡量學問的真偽、虛實、功弊。這在當時歷史條件下，確實難能可貴。

更爲可貴的是朱舜水又從衣食住行文化思想出發，提倡「取益」說。與他同時代的黃宗羲明確提出「自利」說。黃宗羲反對封建君主專制也以此立論，認爲「君」的「自利」妨礙了「人民」的「自利」。這種思想道出了承認「自利」是新興市民階層的特點。舜水的「取益」說雖然沒有明確提出「自利」概念，但

這種思想已蘊含在其中了。他指出，君主是取人之財，益在帑藏；取人之善，益在一身。因此，舜水提倡人人都應「取益」，其實質就是提倡人人都應「自利」。爲了倡明「取益」說，舜水特爲他的日本學生菅原綱利取字爲「取益」。

> 昔者舜自耕稼陶漁以至爲帝，無非取諸人以爲善者，故曰：「大舜有大焉。」然而善取者取之天，善益者益夫天下萬世；即耒耜之利，以敎天下，本取諸益；使天下獲耕稼之利，以養萬民，則天施地生，其益無方矣。無方之利，誠天下萬物之綱也已。由是而五敎，曰「衛、匡、直、振、德。」皆所以紀焉者也。

> 今天下人君之所爲，取諸其民者皆損也，非益也。取人之財，益在帑藏；取人之善，以爲益在一身一國。若夫取天之道，地之利，則益在萬世，民惟恐其取之不多也。字之曰取益，亦以道之至大者廣之爾。❸❼

朱舜水主張的「益在萬民」的「取益」說，是頗具創見性的。

他的另一創見思想是以衣食住行文化思想爲準繩，對中國傳統的「巨儒」標準加以修正。朱舜水認爲「巨儒鴻士者，經邦弘化，康濟艱難者也」❸❽。指出了眞正的碩儒不是皓首窮經、空談心性、無所事事的儒生，而是身兼經邦弘化之材和康濟艱難之學、擅長經國理民的人，卽指那些能夠治國安邦、利國富民、開物成

---

❸❼ <加賀中將菅原綱利字取益說>，《朱舜水集》卷13，頁441。
❸❽ <答林春信問七條>，《朱舜水集》卷11，頁383。

務、窮經致用的英才。朱舜水能夠從經濟效益出發，評判鴻士巨儒，這種觀點是對世俗看法的糾正，亦是資本主義萌芽的反映。這種經世論思想是他與一般儒者相殊的一個鮮明標記。他痛惜明中葉以後，巨儒鴻士者幾乎無有，故將培養經國理民人才的希望寄托於日本，並以此思想反覆開導日本友人。他對源光國和加藤明友說：「惟望上公加意民生日用，以周家積德累仁爲法，百姓登於春臺，則人君之福壽，操左券而取之矣。」❸「臺下經國理民，以愚言之，爲學當見其大，實實有裨於君民，恐不當如經生尋章摘句也。」❹他希望源光國注意百姓衣食日用，只有濟民、富民，才能經世、治國。他深望加藤明友勿學尋章摘句的宋儒，只相信書上注腳，敎導他治學之道應在國計民生彝倫日用中學經國理民的宏才。

以上思想表明朱舜水倡導的這種「實利」、「實用」的衣食住行文化思想反映了市民社會傾慕經濟實利、社會實用、人民實功的眞實思想。

朱舜水所主張的社會生產方式的第二方面內容是土地問題，卽他所說的「男耕」的本根。土地問題的中心內容是生產資料的占有方式，其重心是土地的占有方式。關於土地的占有方式，從文化角度來看，屬於經濟物質文化。朱舜水的經濟物質文化思想，主要表現在他的「棄井田之法，效井田之制」的土地論。

明朝末年，土地問題成爲最嚴重的社會問題。這主要表現在土地集中達到了空前的程度。王公勛戚和地主豪紳瘋狂地兼倂土地，北京、河北、山東、山西、河南、陝西、湖廣等地的絕大部

---

❸　＜元旦賀源光國書八首・八＞，《朱舜水集》卷6，頁117。
❹　＜答加藤明友問八條＞，《朱舜水集》卷11，頁381。

分賑田，都被他們侵占。

與土地問題相關聯的是賦役問題。明末封建國家的賦稅和徭役也很嚴重。萬曆四十六年（西元 1618 年），明政府藉口遼東戰事緊急，向人民加派「遼餉」，前後三次，共徵銀五百二十萬兩，相當於全年總賦稅額的三分之一以上。以後又有各種名目的加派，而且無論地方豐歉，土地肥瘠，皆一概按田徵銀，再加以強徵丁銀，濫派差役，使得更多的貧苦農民拋棄自己的小塊土地，淪爲地主的佃農、雇工和奴婢，或成爲流民、饑民。

面對這一社會問題，清貴族占領北京後，爲了緩和社會矛盾，提倡所謂的「均田」、「均役」說。對此，朱舜水認爲這是一種欺騙。他揭露說：

> 逆虜乘流寇之訌而陷北京，遂布散流言，倡爲「均田」、「均役」之說。……豈知逆虜得國之後，均田不可冀，賦役不可平，貪黷淫污，慘殺荼毒，又倍蓰於搢紳之禍哉！ **❹**

朱舜水看到了土地問題的嚴重性，從而揭露了清政府的欺騙宣傳，這說明他的思想是敏銳的。但朱舜水揭露的只是清統治者欺騙人民的「均田」論，並不意味著他反對「均田」論。**❷**

與「均田」論有密切關係的是「井田制」。對此，朱舜水有明確的看法。

---

❹ ＜中原陽九述略＞，《朱舜水集》卷 1，頁 3−4。
❷ 鑒於《朱舜水集》中未涉及朱舜水本人關於「均田」的看法，故不論爲宜。

> 井田之法，固後世萬萬不能行；而井田之制，溝塗封洫，
> 旱潦蓄洩，制度詳盡，則田官所不可不知者也。㊸

這就是他「棄井田之法度，而效井田之制度」的看法。如要進一步理解朱舜水這種「井田制」的經濟物質文化思想，就必須探求中國歷史上關於「井田制」這一經濟物質文化思想的發展及明清之際思想家們對「井田制」的看法。

　　在中國歷史上，「井田制」作爲一種經濟物質文化，主要通過人們對土地分配方案的爭論表現出來。例如，最早出現的井田制是周代奴隸制度的一種用於監督奴隸勞動的形式。奴隸主把土地劃成一些方塊，做爲計算奴隸勞動的單位。周王朝規定每方塊爲百畝（約合現在 31.2 畝）稱爲「一田」。這就是「一夫」耕種的面積。九百畝爲一方里，構成一個「井」字形，所以叫「井田制」。

　　戰國時代的大思想家孟子，爲了實現他的「王道」、「仁政」政治，提出「制民之產」的經濟思想。這一經濟思想的具體實行方法是「井田制」。但孟子的井田制已與周朝井田制截然不同。孟子的井田制理想是：「方里而井，井九百畝，其中爲公田，八家皆私百畝，同養公畝；公事畢，然後敢治私事。」㊹在奴隸制時代，奴隸是一無所有的，根本無所謂「私田」。孟子主張把土地分給農民，每家各有「私田」百畝。中間的「公田」一百畝，八家共同耕種，這就是勞役地租。孟子說：「耕者助而

㊸　〈答平賀舟翁（平賀勘右衛門）書二首・二〉，《朱舜水集》卷5，頁90。

㊹　《孟子・藤文公上》。

不稅」❹。「助」就是使人民代耕「公田」，榨取勞役地租。孟子
的這種井田制體現了農民的土地要求，所以，這種經濟物質文化
思想具有歷史進步性。後代思想家，不論是否贊成實行「井田
制」，一般都把「井田制」看成是消除貧富不均現象的理想土地
分配方案。

隨著地主政權的建立，土地兼併矛盾日益尖銳化。董仲舒第
一個指出「井田制」很難實施。董仲舒死後三十年，有人主張恢復
「井田制」，而桑弘羊則認為「是民何必井田」，於是出現了關於
井田問題的一次大辯論。這之後，歷代都有思想家對「井田制」
進行分析批判。總括而言，漢唐關於「井田制」的爭論，反對者
說不清難於實行的理由，而擁護者又盲目加以美化，無視其中的
矛盾。宋以後，又有許多學者提出各種論點，論證「井田制」不
可能實行，但贊成恢復「井田制」者也不乏其人。這兩種對立觀
點一直持續到明末清初。

明末清初的王夫之認為「歸田授田」，古代絕無其事，並對
八家共耕「公田」之說作了駁斥。作為啓蒙思想家，王夫之反對
「井田制」的思想具有時代進步意義。因為他指出土地是自然
物，「非王者之所得私」；用自己的「力」開墾土地的人，才是土
地所有者，「不待王者以授之」。這一思想代表了他為地主土地
私有財產制辯護的時代精神，也反映了廣大農民對土地的迫切要
求。

而同為啓蒙思想家的黃宗羲卻主張恢復「井田制」。其主張
的基本內容是使一些無地農民獲得同等份額的土地，交納一定量

---

❹ 《孟子·公孫丑上》。

的實物稅。至於這一主張的具體方案，他未能提出。所以，他主張恢復井田，只是徒有其名而已。但黃宗羲強調將官田分配給農民，這意味著他的井田思想是主張和封建皇室及官府爭奪土地，是市民階層反封建鬥爭的一種形式，亦具有鮮明的時代感。因此，他和王夫之又實是異曲同工，殊途同歸。

通曉了王夫之和黃宗羲關於「井田制」的態度後，便不難理解朱舜水的井田觀點了。一方面，他與王夫之有同感，懷疑歷史上所謂井田法度的真實性（不過他的態度不像王夫之那樣明朗、堅決）。同時，出於他「經邦弘化，康濟艱難」的思想，他反對復古、模擬古人的所爲，所以發出了「井田之法，固後世所萬萬不能行」的呼聲。——這是他「棄井田之法」的觀點。再一方面，朱舜水基於自己豐富的農業生產經驗，深感歷代農民總結出來的「溝塗封洫，旱澇蓄洩」等具體制度是有利於農業生產的。從發展生產的實際出發，他又主張「井田之制，溝塗封洫，旱澇蓄洩，制度詳盡，則田官所不可不知者也」。——這是他「效井田之制」的觀點。

朱舜水所主張的社會生產方式的第三方面內容是關於社會生產樣態的方式。他說：

　　男耕而食，女織而衣，民生之常經也。

「男耕女織」是中國封建社會的基本生產樣態方式。生活於明清之際的朱舜水，在資本主義啓蒙思潮影響下，不僅認爲男耕女織是一種基本的生產樣態方式，而且還將工程建築、農藝園林、衣冠裁製等歸屬於社會生產樣態方式。從文化角度來看，不論是種

地、織布，還是建築、園藝、裁技等，其實質都是把主體（人）的智慧、能力，在實踐過程中，轉化爲生產成果，如稻穀、布匹、房屋、花果、衣帽等。所以，社會生產樣態方式又稱爲工藝技術文化。

朱舜水的工藝 技術文化思想 主要表現 在他對工 藝技術的重視，並將中國的科學技術、工藝技能 —— 工程設計、建築技術、農藝園林、地理知識、衣冠裁製等介紹到日本，促進了日本的文明開化。

朱舜水從經國理民的角度出發，不沉溺於儒家的經書典籍之中，而熱衷於治國安邦的實踐。這就決定了他對關係國計民生的工藝技術、科學技能的重視。他不僅思想重視，而且還親身實踐。無怪乎他的弟子安積覺在〈舜水先生行實〉一文中，稱讚他的賅博精密說：「農圃梓匠之事，衣冠器用之制，皆審其法度，窮其工巧。識者服其多能而不伐，該博而精密也。」[46]

朱舜水富有巧思，嫺習技術。他曾在江戶（今東京）的小石川，模仿中國的西湖和廬山風景，爲德川光國設計了「後樂園」（取范仲淹的「後天下之樂而樂」之意），成爲日本的著名園林之一。此外，朱舜水商榷古今，剖微索隱，將養蠶製絲的技術、醫藥種痘的處方、農田水利的規劃、道服紗帽的剪裁等，一一傳授於他的日本學生。爲此，源光國稱讚他是一位「經濟家」，說倘若在曠野無人的地方，士農工賈各業，舜水都可兼而通之，大至禮樂行政，小到田園、酒食、鹽醬諸事，他都可以勝任愉快。

朱舜水的工藝技術文化思想，一方面反映了明清之際的新興

---

[46] 〈舜水先生行實〉，《朱舜水集》附錄1，頁624。

市民階層強調工藝技術和科學技能重要性的進步心理，另一方面他的這一經濟文化思想大大加速了日本社會文明開化的進程。這誠如梁啓超所言：

> 舜水不獨爲日本精神文明界之大恩人，卽物質方面，所給於他們的益處也不少了。**❹**

三、多識典章，通達政事

制度是在一定歷史條件下，要求社會成員共同遵守的。按照一定程序辦事的規則或規範社會成員生活、行爲的準則。從這重意義上講，制度文化就是人類社會生活方式的一切表現，諸如名分制、婚喪制、禮儀制等等。這表明以血緣爲軸心的宗法關係是中國制度文化的核心。朱舜水的制度文化思想正是這種宗法關係的具體表現。

關於朱舜水的制度文化思想可以從以下三個方面加以說明。

第一，尊卑等級。尊卑等級制度是中國封建社會宗法制的具體體現，也是儒家所提倡的名分制的現實表現。對宗法制的維護和遵守，直接關係到對封建國家政權的穩固。所以，作爲大明遺民的朱舜水對此嚴格遵守，並弘揚於日本。如舜水在教日本人如何寫信封稱謂時，就特別強調對不同等級的人，要採用不同的稱呼。他說：

---

❹　〈兩畸儒・朱舜水〉，《中國近三百年學術史》，頁33。

先生曰大臺柱，卽銓卿，推官至縣皆可用，監察御史亦可
用。非上宰相者，卽宰衡、卽揆端，詹事府，正詹、少
詹，翰林院，諭德春坊以上吏禮部侍郎可用，非宰相稱
呼。❹

又說：

凡稱國老，曰大鈞衡、大柱國、大台輔、大保衡，皆可
用。❹

此外，對於婦女和無官爵的人，舜水認爲對他們的稱呼也應按照
嚴格的尊卑等級規定。他對日本人講，在書寫牌位時，凡居官的
人，要按其官爵稱呼；而婦女則按其夫的官位品第稱呼，如其夫
一品、稱一品夫人，其夫二品、稱夫人，其夫三品、稱淑人，其
夫四品、稱恭人，其夫五品、稱宜人，其夫六品、稱安人，其夫
七品、稱孺人，其夫八品、九品或散官、稱孺人或庶人；男子不
仕者曰處士，無官無學者曰郎等。而對於先師孔子的牌位，朱舜
水更加強調它的高低尺寸和樣式。他說：孔子的牌位要「長三尺
三分，幅六寸五分，厚八分半。趺高九寸五分，下橫幅一尺五
寸，上橫幅一尺三寸，上豎幅五寸六分，下豎幅七寸五分。形上
隘下廣也。牌位趺塗黑漆，鏪金。」❺對於同一家族間的關係，

---

❹ 《朱氏舜水談綺》，華東師範大學出版社影印本，頁29。印本爲西
元1708年（日本寶永五年、清康熙四十七年），書林茨城多左衞門
壽梓，神京書鋪柳枝軒茨城方道藏版。

❹ 同上書，頁30。

❺ 《朱氏舜水談綺》，頁207。

朱舜水認爲也要嚴格遵循上下長幼的尊卑等級秩序。他在回答日本賀州人中村子知問碑式排行式時，說：「無行則世次不明，不排則長幼雜亂」，並列出下面的排行式表，以明尊卑長幼的等級關係[51]。（表一、表二）

表　一

	排　行			
元	一	二	三	四
光	一	二	三	四
先	一	二	三	四
世	一	二	三	四
業	一	二	三	四
祐	一	二	三	四
啓	一	二	三	四
後	一	二	三	四
人	一	二	三	四
謨	一	二	三	四

（排行式）　　（無行則世次不明不排則長幼雜亂）

從朱舜水以上制度文化思想中，可以看出他對宗法制嚴格維護的

[51]　《朱氏舜水談綺》，頁112、113。

表　二

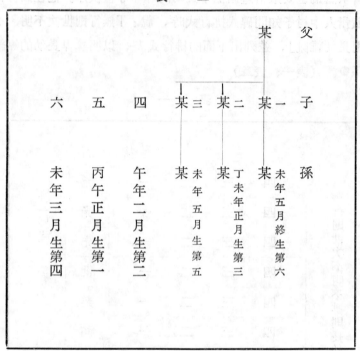

態度。這種態度反映了他竭力維護封建國家政權的心境。

第二，人倫關係。人倫關係是宗法制的一個重要方面。它的基本內容包括人與人之間的血緣關係、親屬關係、友人關係、主僕關係、師徒關係等。朱舜水將這些逐一介紹到日本。在《朱氏舜水談綺》中，關於「人倫」，舜水涉及到的人倫關係名稱達一百多個。如從父母到兄弟、從窗友到摯友、從使婢到佃戶、從女婿到贅婿、從繼妻到繼子、從僚友到嚴友……等。在這些人倫關係中，朱舜水特別注意的有兩點。一點是他強調人倫關係中的宗法關係。這是出於他企盼恢復大明江山的渴望心情。另一點是他突出了具有技藝的工匠。如他所提到的百工技藝名稱有庖人、屠

戶、冶工、鍛工、裁縫、畫工、舵工、筆工、木匠、鋸匠、泥匠、石匠、皮匠、漆匠、銀匠、貨郎等，並對他們從事的工藝技能情況，進行了介紹。這一點反映了朱舜水對工藝、技能、生產等經世技術的重視，同時這也是他事功思想的具體表露。

　　第三，婚喪禮儀。婚喪制度和禮儀制度是宗法制的貫徹和實

圖　　一

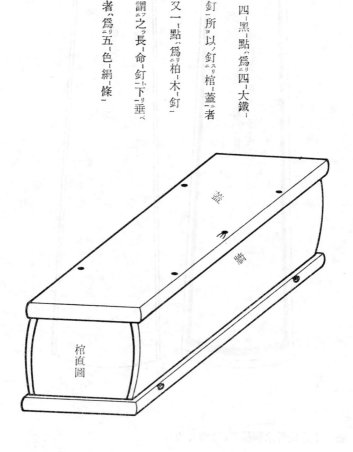

四黑點爲四大鐵
釘所以釘棺蓋二者
又一點爲柏木釘
謂之長命釘下垂
者爲五色絹條

蓋

牆

棺直圖

施，並且與封建社會的政治、經濟關係密切。為此，朱舜水出自經國理民的事功思想，對婚喪禮儀制度十分重視。《朱氏舜水談綺》一書中，記載了他這方面許多思想。例如舜水把棺製和墳製的製作方法介紹到了日本。關於棺材的製作方法，如圖一、二[52]：

圖　二

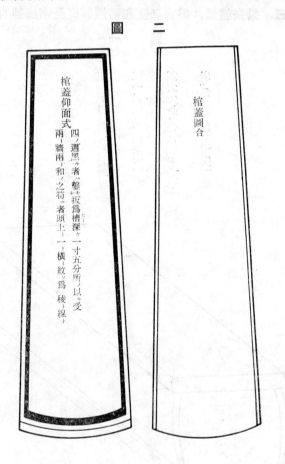

[52]　《朱氏舜水談綺》，頁98、99。

其中，朱舜水特別強調只有士大夫才可用黃腸法，即松木油心。關於墳的製作法，如下圖❸：

圖　三

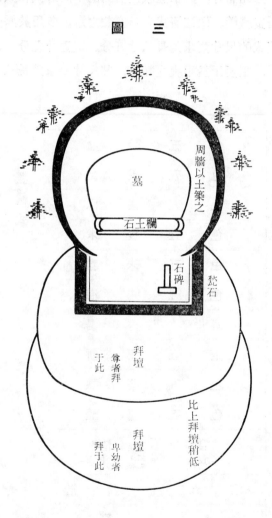

其中，朱舜水指出墳高四尺，呈圓形，三面環植楸檜柏，以蔭其墳，

---

❸　《朱氏舜水談綺》，頁107。

墳前面呈開敞狀，有兩層拜壇，一層高，爲尊者拜；一層低，爲卑幼者拜。除此而外，舜水還談到信封的不同形式和顏色，代表著不同的婚喪禮儀，像紅簽式表示慶賀之意，多用於婚娶之類的喜事。紅簽式的尺寸要求是長八寸五分、寬壹寸九分。藍簽式表示弔慰之意，主要用於弔喪之類事，其尺寸要求爲長八寸五分，

表　三

饗禮式			
盆	景	五	色
黏	果	五	色
水	果	五	色
米	食	五	色
臕	味	五	色
海	味	五	色
湯		五	道
餅	餌	五	道
熱	菜	五	色
醯	醬	五	色
渣斗	魚鳥，骨ヲ取テ、入ル器		嘗食
撦	盆	十	五　色
筯	臺盤		

寬壹寸六分。此外，還有禮帖，用於送禮。此帖爲紅色，長八寸七分，寬三寸七分。謝帖，用於答謝。此帖爲紅色，長八寸七分，寬三寸七分。而儒生用的信封則長壹尺，寬四寸三分，封面畫有花木魚鳥。這種信封，做官人不能使用。又如，關於大明俗禮，朱舜水向日本人介紹了「饗禮式」。這種禮儀主要用來招待尊貴客人。其禮式爲（表三至表七）:

表　四

盆	景	五	色

黏	果	五	色	
棐子（カヤ）	核桃（クルミ）	榛子（ハンバミ）	銀杏（ギンアン）	龍眼（リウガン）

水	果	五	色	
九年母（クチシホ）	蜜柑（ミカン）	栗子（クリ）	藕（ハスノ子）	慈菇（クハヘ）

表　五

米　食　五　色
炒(サウ)米(ベイ)糕(カシ)

臘　味　五　色				
鹿(ロク)肉(ニク)	臘(ラフ)鴨(アフ)	臘(ラフ)雞(ケイ)	火(カ)腿(ラン)	風(シホ)魚(ビキ)

海　味　五　色				
徹(ク)者(ラ)徹也(ゲ)	鳶(スズメ)飛(トフ)魚(ナ)躍(ト)	鼈(ニ)鴬(ト)山(ヒ)來(ト)	來(カ)牟(トア)厥(ワヒ)明(ト)	萬(サル)事(ル)盡(ボ)理(ウ)

表　六

湯	五			道
麵（メン）	粉湯（フンタウ）	象牙湯（ザウゲタウ）	肉丸湯（ニククヘンタウ）	魚酸湯（ギョサンタウ）

餅	餌	五		道
饅頭（マンヂゥ）	春餅（シュンベイ）	豆沙糕（アウカン）	鶉鶉餅（ウツラヤキ）	軟落甘（ラクガン）

熱	菜	五		色
春盤（シュンバン）	鹿筋（ロンキン）	鼈（カメ）	肚肺（ブヌノワタ）	魚（ウヲ）

表　七

醯	醬	五	色
醬油	肉桂 胡椒	醋	山椒 鹽 蒜

嘗食
渣斗

揸	盆	十	五	色
魚翅【フカノヒレ】	臘雞【ラフケイ】	火腿【ブタノラカン】	燕窩【エンス】	海竹【ウミタケ】
蜜餞【ミツヅケ】	橘餅【ミカンヅケ】	牛皮糖【ギウヒアメ】	蜜餞【ミツヅケ】	柿餅【ツリガキ】
炖掌【ブタノ・タナゴロ】	心腰舌【ブタ】	海蜇【クラゲ】	蝦【エビ】	鰒魚【アワビ】

筋

「迎歲式」。這種儀式用於大年初一拂曉之時，先灑酒半個小時，然後四面拜，再祝潑淨水、頓首、禮畢。其禮式為[55]：

圖　　四

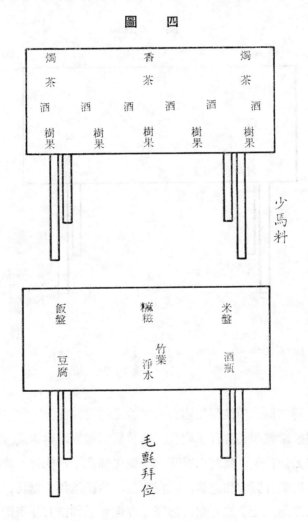

---

[55]　《朱氏舜水談綺》，頁120。

「祭竈式」。這種儀式用於除夕，先灑酒滿盃，然後四面拜、祝潑水、頓首、禮畢。其禮式爲❺⑥：

圖　五

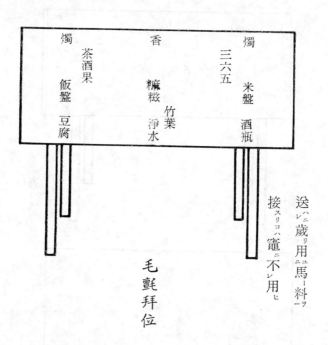

再如，舜水爲水戶侯源光國寫的〈改定釋奠儀注〉一文，闡明了中國儒家禮儀和謁拜孔子廟規。關於儒家禮儀，舜水說：禮拜的程序首先是孔子。當贊引唱「詣至聖先師孔子初位前」時，麾生舉麾，唱樂合奏寧和之曲，擊柷作樂，然後跪拜、搢笏、獻帛、獻爵，再拜。孔子禮拜完，再拜「復聖顏子神位」、「宗聖曾子神

---

❺⑥　《朱氏舜水談綺》，頁122。

位」、「述聖子思子神位」和「亞聖孟子神位」。關於孔廟廟規，
舜水講有：

> 不許謔浪笑傲；不許涸擾諠譁；
> 不許跂倚怠惰；不許侮慢忿爭；
> 不許失伍離次；不許跳躍呼號；
> 不許代庖越俎；不許作過擧非；
> 不許棄職誤事；不許附耳傾飲。❺❼

這些思想揭示了朱舜水視嚴格履行封建禮儀規章制度是安定江
山、鞏固政權關鍵的心理。

　　朱舜水制度文化思想的核心是對封建宗法制的維護和宣揚。
他通過對名分制的提倡、等級制的鼓吹、禮儀制的宣傳，試圖達
到治國理民、穩定社會的事功目的。

---

❺❼　＜改定釋奠儀注＞，《朱舜水集》卷22，頁611。

第四章　得史求經，下學上達——尊史論

章學誠云：「六經皆史也」，「六經皆先王之政典也」，「六經皆器也」。由此，被梁啓超稱爲「歷史哲學家」。而先於章學誠一百年的朱舜水早就說過：「殊不知經簡而史明，經深而史實，經遠而史近。……得之史而求之經，亦下學而上達爾。」舜水一生，在史觀、史意、史法方面頗有建樹。故本章以「尊史」爲題，闡釋朱舜水的歷史哲學思想。

一、鑽研史籍，通經致用

浙東是中國傳統的素負盛名的文化之邦。南宋時期，一個與理學相對立的「浙東學派」曾在這裏誕生。清朝初期，這裏又興起了一個新的「浙東學派」，主張「六經皆史」、「六經皆器」，在史學方面取得了顯著成績。「浙東學風，從梨洲、季野、謝山起，以至於章實齋，蔚然自成一系統。而其貢獻最大者，實在史學。」❶故這個「浙東學派」又稱「浙東史學」。它以黃宗羲爲「開創者」。梁啓超曾經指出：「清初講學大師中州有孫夏峯，關中有李二曲，東南則黃梨洲。三人皆聚集生徒，開堂講道。其形式與中

---

❶　梁啓超：《中國近三百年學術史》，頁93。

晚明學者無別。所講之學，大端皆宗陽明，而各有所修正。三先
生在當時學界各占一部分勢力，而梨洲影響於後來者尤大。梨洲
爲清代浙東學派之開創者。其派復衍爲二，一爲史學，二卽王
學。」❷他還認爲：黃梨洲是清代史學的開山之祖，清代的第一
位「史學大師」。而清代的第二位「史學大師」則是黃宗羲的學
生萬斯同。萬斯同是黃宗羲史學思想的傳受者。「浙東第三位史
學大師」是全祖望。關於全祖望，錢穆先生稱他爲「浙東史學大
柱」。「鄞縣有全祖望紹衣，學者稱謝山先生。」「謝山又謂四明
之學，會通於朱子、張子、呂子，而歸宿於陸子，其推論鄉邦文
獻，溯極象山，意嚮居可知。故謝山之學，以躬行實踐爲主，以
歷史文獻爲用。世第謂謝山上承南雷二萬，下啓二雲實齋，爲浙
東史學大柱。然言其淵源切磋之所自，其與穆堂關係，實至深
切。江西陸學之復興，與浙東姚江之紹述，其意境極相近，而尤
相關。此亦言浙東史學流衍者所不可不知也。」❸浙東史學的「殿
軍」是章學誠。對於章學誠在浙東學派中的地位，梁啓超評價他
說：「實齋可稱爲歷史哲學家，其著作價值更高了。」❹錢穆對章
學誠在「浙東史學」中的地位，評價也很高。他說：「會稽章實
齋於乾嘉考證學極盛之時，獨持異論。論浙西尚博雅，浙東尚專
門，各有其是。而謂爲學須本性情，自謂卽陽明良知薪傳。其言
足爲梨洲扶翼。若爲學而一本諸性情，則卽是陽明〈拔本塞源論〉
宗旨。而梨洲所謂讀書多必求之於心者，若以實齋說爲發明，卽

---

❷ 梁啓超：《中國近三百年學術史》，頁40。
❸ 錢穆：《中國近三百年學術史》，中華書局影印本 1986 年版，頁
302、304。
❹ 梁啓超：《中國近三百年學術史》，頁93。

在使人自求之於其性情之誠，則博約可以兼盡。統整之中，仍不害有分析之精。而專家之學，亦自與梨洲所譏爲纖兒細士者不同矣。故余謂晚近世浙學，基址立自陽明，垣牆擴於梨洲，而成室則自實齋。合三人而觀，庶可以得其全也。」❺ 在這裏，章學誠被置於「晚近世浙學」「成室」者的地位。

以上就是被後人所稱道的「清代浙東史學」學派。

而與黃宗羲同里的朱舜水亦主張「重史」、「尙史」、「評史」的「尊史」論，有與浙東史學派相似的歷史觀。如果稱黃宗羲爲清代「浙東史學」的「開創者」，那麼，冠朱舜水爲這一學派的「鼻祖」，亦不爲過。百年來，朱舜水被埋沒的這一歷史榮譽應當恢復。

之所以說朱舜水是清代「浙東史學」的「鼻祖」，可以從他歷史哲學思想形成的時代背景中，考釋其與黃宗羲的相同處。

黃宗羲，浙江餘姚人，生於明萬曆三十八年（西元1610年），比朱舜水小十歲。他們倆人同生長、活動在明清之際浙東地區特殊的社會環境中。梁啓超曾明確指出：

> 黃梨洲、顧亭林、王船山、朱舜水，便是這時候的代表人物。他們的學風，都在這種環境中發生出來。❻

這是因爲他們所處的浙東地區具有優越的地理條件。清代乾隆元年刊刻進呈的《浙江通志》卷一有關於浙東地域劃分和地理狀況的記述：

---

❺　錢穆：《中國近三百年學術史》，頁31。
❻　梁啓超：《中國近三百年學術史》，頁14。

> 元至正二十六年，置浙江等處行中書省，而兩浙始以省稱，領府九。明洪武九年，改浙江承宣布政使司。十五年割嘉興、湖州二府屬焉，領府十一。國朝因之，省會曰杭州，次嘉興，次湖州，凡三府，在大江之右，是為浙西。次寧波、次紹興、臺州、金華、衢州、嚴州、溫州、處州，凡八府，皆大江之左，是為浙東。

這裏所說的「大江」，指的是錢塘江，即浙江的下游。大江之左的「浙東」，即所謂「上八府」；大江之右的「浙西」，即所謂「下三府」。而浙東地區，山清水秀，土地肥沃，物產豐富，水運暢通，都邑盛麗。紹寧一帶，更有「魚米之鄉」美稱。尤其是寧波，內河與海運都很便利，經濟也很發達。早在兩漢、三國時期，寧波與海外已有交往，舟師出海，多從寧波出發。隋唐時期，明州（即寧波）與日本、朝鮮及南洋諸國，已建立了通商關係，成為對外通商、通航的主要港口。由此促進了寧波的製造（特別是造船業）、貿易、交通和金融事業的發展。所以，浙東各地被稱為「財賦之上腴」。這種優越的經濟地理條件，對於文化和學術思想的發展是極為有利的。而出生在浙江餘姚的朱舜水和黃宗羲，他們史學思想的形成，就有賴於這種天時地利。

另外，朱舜水和黃宗羲史學思想的形成，還有賴於浙東地區悠久的文化傳統。紹興（會稽）是春秋末期越國國都。兩宋數百年間，浙東各地學者輩出，講學論道之風頗盛。誠如全祖望所說：「吾鄉自宋元以來，號為鄒魯。」❼兩宋以來，浙東地區永嘉、金

---

❼　《鮚埼亭集》外編卷16，〈槎湖書院記〉。

華、寧波三地，學術活動頻繁。北宋神宗元豐年間，就有所謂「永嘉九先生」。清末孫詒讓曾說道：「宋元豐間作新學校，吾溫蔣太學元中，沈彬老躬行，劉左史安節，劉給諫安上，戴教授述，趙學祿煇，周博士行已，及橫塘許忠簡公景衡，同游太學。以經明行備知名當世。自蔣、趙、張三先生外，皆學於程門，得其傳以歸，教授鄉里。永嘉諸儒所謂『九先生』者也。」❽宋室南遷以後，「中原文獻之傳，聚於金華」❾，形成了以呂祖謙爲代表的金華學派和以陳亮爲代表的永康學派，統稱「婺學」。對此，近人金毓黻說：「考浙東學派起於宋，時有永嘉學派、金華學派之稱。永嘉之著者爲陳傅良（止齋）、葉適（水心）；金華之著者爲呂祖謙（東萊）、陳亮（同甫）。祖謙與朱子同時，於朱陸二派之歧異，則兼取其長，而輔之以中原文獻之傳。」❿寧紹地區學術思想的發展，比金華、永嘉地區更早一些。早在東漢時期，上虞就出現了著名的哲學思想家王充。北宋仁宗慶曆年間，寧波就有「慶曆五先生」從事講學活動。「有宋眞仁二宗之際，儒林之草昧也。……而吾鄉楊杜五先生者，駢集於百里之間，可不謂極盛歟？夷考五先生皆隱約草廬，不求聞達，而一時牧守來浙者，如范文正公，孫威敏公，皆摳衣請見，惟恐失之。最親近者，則王文公。乃若陳（執中）賈（昌朝）二相，非能推賢下士者也，而亦知以五先生爲重。文公新法之行，大隱、石臺、鄞江已逝，西湖、桃源尚存，而不肯一出以就功名之會。年望彌高，陶成倍廣，數十年以後，吾鄉逐稱鄒魯，邱樊緼褐，化爲紳纓，其功爲

---

❽　《許景衡橫塘集》跋。
❾　《鮚埼亭集》外編卷14，〈淳熙四先生祠堂碑文〉。
❿　《中國史學史》第9章，〈近代史家述略〉。

何如哉！」⓫所謂「慶曆五先生」卽指楊適、杜醇、王致、王說、樓郁五位學人。《宋元學案》卷六有他們的傳略，全祖望在案語中指出：「慶曆之際，學統四起」，「浙東則有明州楊杜五子」。宋室南渡以後，寧波一帶學風更盛，當時又湧現出了「淳熙四明四先生」，卽鄞縣人袁燮、慈溪人楊簡、定海人沈煥、奉化人舒璘。他們都是陸象山的門人，將陸學傳入浙東，對於明代陽明心學的興起，產生了一定作用。這種良好的學術條件，有益於考究歷史的變遷發展，對朱舜水、黃宗羲歷史思想的形成，至關重要。

此外，朱舜水和黃宗羲歷史思想的形成，也有賴於浙東地區特殊的社會歷史條件。明清之際，是中國歷史上「天崩地解」的時代。在全國範圍內，階級矛盾和民族矛盾普遍存在。而浙東地區，則是這些矛盾的集中表現處所。正如梁啓超所言：

> 滿洲人的征服事業，初時像很容易，越下去越感困難。順治朝有十八個年頭，除閩粵桂滇之大部分始終奉明正朔外，其餘各地擾亂，未嘗停息。就文化中心江浙等省，從清師渡江後，不斷地反抗。鄭延平（成功）、張蒼水（煌言）會師北伐時（順治十六年），大江南北，一個月間，幾乎全部恢復。……不久又有三藩之亂，擾攘十年，方纔勘定（康熙十二年至二十一年）。所以，滿洲人雖僅用四十日工夫便奠定北京，却須用四十年工夫纔得有全中國。他們在這四十年裏頭，對於統治中國人方針，積了好些經驗。他們覺得用武力制服那降將悍卒，沒有多大困難，最

⓫ 《鮚埼亭集》外編卷16，〈慶曆五先生書院記〉。

難纏的是一班「念書人」──尤其是少數有學問的學者。因為他們是民眾的指導人，統治前途暗礁，都在他們身上。滿清政府用全副精神對付這問題。……那時滿廷最痛恨的是江浙人。因為這地方是人文淵藪，輿論的發縱指示所在，「反滿洲」的精神到處橫溢。所以自「窺江之役」（即順治十六年鄭張北伐之役）以後，借「江西奏銷案」名目大大示威。被牽累者一萬三千餘人，縉紳之家無一獲免。這是順治十八年的事。其時康熙帝已即位，鰲拜一派執政，襲用順治末年政策，變本加厲。他們除糟蹋那等下等念書人外，對於真正智識階級，還興許多文字獄，加以特別摧殘。最著名的，如康熙二年湖州莊氏史案。一時名士如潘力田（檉章）、吳赤溟（炎）等七十多人同時遭難。此外，如孫夏峯於康熙三十年被告對簿，顧亭林於康熙七年在濟南下獄，黃梨洲被懸購緝捕，前後四回。這類史料，若仔細搜集起來，還不知有多少。這種政策，徒助長漢人反抗的氣燄。⑫

梁啓超捕捉到了浙東地區矛盾鬥爭的異常尖銳性和複雜性，並特別指出浙東地區多有民族氣節的愛國學者。「他們對於明朝之亡，認爲是學者社會的大恥辱大罪責。於是拋棄明心見性的空談，專講經世致用的實務。他們不是爲學問而做學問，是爲政治而做學問。他們許多人都是把半生涯送在悲慘困苦的政治活動中，所做學問，原想用來做新政治建設的準備，到政治完全絕望，不得已

---

⑫　梁啓超：《中國近三百年學術史》，頁14、15。

纔做學者生活。」[13] 在浙東地區這種特殊的社會條件下，做爲學
者的朱舜水和黃宗羲，他們研究歷史、撰寫歷史，是爲了政治鬪
爭的需要；同時，浙東地區尖銳的政治鬪爭，又奠定了他們的歷
史觀。

以上史實說明了朱舜水和黃宗羲歷史思想的形成，具有共同
的地理條件、文化條件和社會條件。

之所以說朱舜水是清代「浙東史學」的鼻祖，更可以從他與
「浙東史學」學術旨趣的共性中得到印證。朱舜水的歷史哲學思
想，其特質有三。

第一個特質是**「鑽研史籍，通經致用」**的史觀。所謂史觀，
卽治史的基本觀點。朱舜水的史觀，包括三方面內容。卽：

（一）研史所以得道

關於社會歷史發展的動力問題，是歷史觀最基本的和最重要
的問題。對於這個問題，朱舜水從研討明亡的歷史敎訓中而悟
道。他在流寓日本期間，潛心研究明朝覆滅的歷史，用血淚寫
出了總結明亡敎訓的警世篇——〈中原陽九述略〉。在這篇文章
中，表現了朱舜水重視民心、民力的作用，信任人民力量重要性
的歷史觀。他認爲明朝滅亡的根本原因是：

> 百姓者，分而聽之則愚，合而聽之則神。其心旣變，川決
> 山崩。以百姓內潰之勢，歆之以意外可欲之財；以到處無
> 備之城，怖之以狡虜威約之漸。增虜之氣以相告語，誘我

---

[13] 梁啓超：《中國近三百年學術史》，頁14。

以眾以為先驅。所以逆虜因之，溥天淪喪。非逆虜之兵強
將勇、真足無敵也，皆士大夫為之驅除難耳！ ❹

這裏的士大夫，指的是明末的官僚貴族。由於這些官僚貴族的倒
行逆施，使「民心背離」，為清統治者做了清道夫。而民心的「背
離」、「變異」，則可以直接導致國家山河的「土崩瓦解」，既使有
銃砲軍器，一旦「民心既背，堅甲利兵，適足為盜資耳」。朱舜
水重視「民心」、「民力」思想的實質，是認為人民的力量可以主
宰歷史的變動。這是一種進步的歷史觀。這種進步的歷史觀，還
反映在朱舜水曾懷疑史書、資料的可靠性，而強調人應該自信、
自重。這在客觀上是一種主張歷史由人民自己創造的觀點。如朱
舜水說：

> 陶氏《輟耕錄》云：「蒙古入中國，中國方有木棉。」是
> 鑿鑿有據也。然書籍言布非一，豈盡非木棉乎？猶曰無有
> 指實。漢公孫弘布被，必非麻也、葛也、紵也。杜詩云：
> 「布衾多年冷如鐵，嬌兒惡臥踏裏裂。」必非麻、紵、葛為
> 之矣，是以元以前中國已有木棉矣。深衣為次等禮衣，取
> 其冠裳，天子諸侯公卿皆服之，麻既不可為已。紵葛遇秋
> 風交，則卷如繩索，此豈冠冕禮服，無冬無夏可以服之者
> 乎？不辨自明矣。褐為毛布，註者何不並以此註之也。 ❺

這說明，古書資料並非絕對可靠、可信，人應該相信自我、相信

---

❹　〈中原陽九述略〉，《朱舜水集》卷1，頁3。
❺　〈答野傳問三條〉，《朱舜水集》卷10，頁360。

客觀史實。這一思想反映了朱舜水看到了人民在歷史中的重要作用。

（二）得史所以求經

朱舜水的史觀， 最突出的部分表現在文化史觀方面 。 關於「史」與「經」的關係，他認爲「史」最益人神智， 得「史」所以求「經」。

> 一部《通鑑》明透，立身制行，當官處事， 自然出人頭也。俗儒虛張架勢， 空馳高遠， 必謂舍本逐末， 沿流失源。殊不知經簡而史明， 經深而史實， 經遠而史近，此就中年為學者指點路頭， 使之實實有益， 非謂經不須學也。得之史而求之經， 亦下學而上達耳。❻

這裏，朱舜水大膽地將中國封建社會所崇拜的六經敎條， 從神聖的寶座拉下來， 依據歷史觀點， 指出「經」爲「史」之源流演變， 所以經簡史明、 經深史實、 經遠史近， 必須得史求經， 下學上達。

爲此， 他勸誘中年學者， 讀史是一種事半功倍的簡易讀書法。「中年尚學， 經義簡奧難明， 讀之必生厭倦， 不若讀史之爲愈也。《資治通鑑》文義膚淺， 讀之易曉， 而於事情又近。日讀一卷半卷，他日於事理脗合， 世情通透， 必喜而好之。愈好愈有味， 由此而《國語》， 而《左傳》， 皆史也，則義理漸通矣。」❼

---

❻　<答奧村庸禮書十二首‧十一>，《朱舜水集》卷8，頁274。

❼　<與奧村庸禮（奧村壹岐）書二十二首‧二>，《朱舜水集》卷8，頁256、257。

朱舜水反對人們崇拜「離事而言理」的經，更反對離開歷史觀點而通經，主張寓經於史之中。這種文化史觀是朱舜水在反對純弄虛脾、空馳高遠的義理之學過程中逐漸形成的。所以，這種寓經於史的文化史觀與朱舜水哲學思想的「聖賢之學，俱在踐履」和「聖賢要道，止在彝倫」的思想，又是密切相關聯的。

（三）博古所以通今

　　朱舜水文化史觀的另一方面表現在關於「古」與「今」的問題方面。他認為不知「古」是可恥的，只有專心致志地刻苦學史，才能於「今」有所成就，即博「古」可以通「今」。

　　朱舜水認為求學的方法有兩種：一種是實驗的方法，即向實踐學習；一種是歷史的方法，即向歷史學習。對此，他說：

> 《書》曰：「學古有獲。」《志》曰：「憒前經而不恥，語當
> 世而解頤。」是言不知古之可恥也。可恥則宜恐宜懼矣。
> 氣恒奮而不靡，志恒苦而不弛，何脚跟之不能立定，而聖
> 賢之不可幾及哉？[18]

他倡導世人學史、知古的目的不是為古而古，而是要明古而知今。這是一種「古為今用」的文化史觀。在這種文化史觀指導下，朱舜水一方面主張應把治史、博古同國家之興亡聯繫起來。「讀書之有益於治理」[19]，這表明讀史書的目的是為了總結歷史的經驗敎訓，以利於今世的現實需要。朱舜水這種鑽研史籍，經世

---

[18]　<答明石源助書>，《朱舜水集》卷5，頁83。
[19]　<答奧村庸禮書十二首・十>，《朱舜水集》卷8，頁273。

致用的思想，來自於他把自己的「半生涯送在悲慘困苦的政治活動中」的經歷。在當時激烈的社會政治活動中，他不可能「爲學問而做學問」，而是「爲政治而做學問」。所以，他研窮歷史，都是爲反對清朝封建統治的政治鬥爭服務的，亦都是爲尋求治國治民、富國富民的道路服務的。

另一方面，朱舜水又主張應把古人的學行當作一種歷史實際的參考，明其源而知其變，鑒往知來以了解一切事情的因果本末關係。環境不同，歷史有異，則學問事功就有區別。如他在回答有關朱（熹）、王（陽明）學術思想之相殊問題時說：

> 來問朱、王之異，不當決於後人之臆斷。……愚謂此當爭
> 其本源，不當爭其末流。孟子於伯夷、伊尹、柳下惠尚曰
> 「不同道」。周公、召公分陝而治，德教相似，治效相方，
> 猶且不相悅。……是故古今人惟無私而後可以觀天下之
> 理，無所爲而爲而後可以爲天下之法。❷

所以他在日本講學時，對於日本當時的政教，以爲可以有爲，但須明古知今。《朱舜水集》載他和德川光國的函件，居首一篇即以〈禮運〉大同之說爲本，以史爲鑑，說明日本政治改革的道理，後又成爲明治維新的先聲。

朱舜水「鑽研史籍，通經致用」的史觀，與清代浙東史學的歷史觀有許多相通之處。反對空談心性，倡導參證史迹而經世致用是浙東史學的治史特色。黃宗羲在「身遭國變，期於速朽」的

---

❷ 〈答佐野回翁書〉，《朱舜水集》卷5，頁84、85。

愛國主義思想指導下，撰寫出了《明夷待訪錄》和《明儒學案》等不朽的巨著，將史學研究與國家之興亡相聯繫，具有強烈的經世致用之色彩。而他把治史同萬民之憂樂相聯繫的思想與朱舜水的古爲今用史觀實是脈脈相通。萬斯同秉其師教，措意於治亂，每與人議論史事，飆發雲峯，凡古今之興衰消長，莫不抉其利弊，源其始終。這種思想同朱舜水的博古而知今的主張頗爲相似。章學誠在清代漢學極盛之時，獨主史學之說。他的《文史通義》一書，集中反映了他的歷史觀。「章學誠有他的古代史論，他對於人類歷史的起源，好像洞察到一些由原始公社、氏族公社至文明史的演變。他對於社會的演進，都是基於客觀的必然之勢這一公式來說明的。」「有時候他曾懷疑古史資料的可靠性，大膽地提出歷史是勞動人民創造的，不一定要歸之於聖人。」❷¹這些思想都可以在朱舜水的進步史觀中找到淵藪。「學誠在史學上的重要見解，是在於他的古代文化史論。清初學者，如傅山，已經有五經乃王制的命題。學誠則更進一步，演爲『六經皆史』、『六經皆先王之政典』和『六經皆器』諸命題。這些是在當時被認爲最放肆的學說，也是他被後人所最注意的學旨。」❷²這些思想又與朱舜水的「得史求經，下學上達」的文化史觀有機地聯繫著。

二、自開手眼，供我驅策

朱舜水歷史哲學思想的第二個特質，是「自開手眼，供我驅

---

❷¹　侯外廬：《中國早期啓蒙思想史》，人民出版社 1956 年版，頁507、508。

❷²　同上書，頁509。

策」的史意。史意包括治史的意義和目的。朱舜水認爲治史的意義在於破除人們對君權和聖人先哲的迷信，治史的目的是要將人們的思想從封建社會的淸規戒律中解放出來。這種思想具有先進的啓蒙色彩。他主張破除迷信、解放思想的啓蒙思想，有三方面表現。

第一方面表現於專制思想的衝決。朱舜水是一位具有強烈愛國意識的政治改革家。他看到了淸朝封建專制統治的黑暗，以爲只要羣策羣力，就可以衝決滿淸的專制統治，把敵人逐出中原。所以，他號召：

> 民之憔悴於虐政，未有甚於此時者也。立功成名，聲施萬世，未有易於此時者也。時乎時乎！遇此千萬年難遇之期，而棄之輕於鴻毛，吾謂智者之所不爲也，仁者義者之所不爲也，有志者之所不爲也！❷❸

在千萬年遇難之際，他號召志士仁人奮起抗擊淸朝專制統治。這一思想還反映在他提出的「賢君」主張中。他的「賢君」論具有向「君權」挑戰，企求民主主義的啓蒙思想因素（詳見本書第三章第一節）。爲此，梁啓超將朱舜水與黃宗羲、顧炎武、王夫之、顏習齋並列爲淸初五大師並贊譽他們思想的歷史意義說：「淸初幾位大師 —— 實卽殘明遺老 —— 黃宗羲、顧亭林、朱舜水、王船山……之流，他們許多話，在過去二百多年間，大家熟視無覩。到這時，忽然像電氣一般，把許多靑年的心絃震得直跳。」❷❹

---

❷❸ ＜中原陽九述略＞，《朱舜水集》卷1，13。
❷❹ 梁啓超：《中國近三百年學術史》，頁28、頁29。

　　第二方面表現於對權威的揶揄。朱熹號稱理學集大成者，他的思想被封建統治者欽定爲官方御用哲學，他的著述被規定爲科舉考試的標準答案。朱熹是中國封建社會後期統治權力和學術權威的集中代表。如果說朱熹是性理學權威的化身，那麼，王陽明以他精深的心學哲學體系成爲明代心性學的絕對權威。面對這二尊偶像，世人士子只有畢恭畢敬，豈敢有非分之想。惟有朱舜水敢於蔑視權威，反對權威。在《朱舜水集》卷十九〈贊〉中，朱舜水對中國歷史上的許多名人大家，極盡贊美之語，卻惟獨沒有提到朱熹和王陽明。而在《朱舜水集》中，對朱、王兩位權威的指責之詞，倒處處皆是。他認爲「伊川先生及晦菴先生，但欲自明己志，未免有吹毛求疵之病。」[25]批朱熹的《文公家禮》是自相矛盾；批朱熹「以龍註寵者非，天子美諸侯之詩，如何註作寵字？」[26]批朱熹「借絲粟之說，以爲委曲出脫，此道學先生之病。」[27]對於王陽明的指責更甚。他認爲「王文成公亦有病處」，其病主要結症是「高視闊步，優孟衣冠」。並指出「王陽明先事之謀，使國家危而復安；至其先時擊劉瑾，堪爲直臣；惜其後多坐講學一節，使天下多無限饒舌。」[28]對於王陽明心學中的佛教思想，朱舜水更是給予一針見血的批評。他譏笑王陽明是「淫老佛」。此外，自從漢朝「罷黜百家，獨尊儒術」以來，孔子逐漸被封建統治者尊奉爲聖人、「大成至聖先師」，成了人們頂禮膜拜的偶像。朱舜水的學術思想雖來源於先秦儒家，但他對孔聖人卻不盲

---

[25]　〈答安東守約問三十四條〉，《朱舜水集》卷12，頁402。

[26]　〈批毛詩〉，《朱舜水集》卷18，頁517。

[27]　〈雜評四條・五珪魏徵〉，《朱舜水集》卷18，頁550。

[28]　〈答小宅生順問六十一條〉，《朱舜水集》卷11，頁405。

目崇拜。他大膽地講：「孔子之道，宜可萬世無弊已。」❷認爲由於歷史變異，社會發展，孔子之道有些不合時宜，後世之人不應死守前世權威之道，否則會帶來弊端。朱舜水從硏求歷史角度出發，教導人們應自信、自重，不要迷信所謂權威、先聖。這是一種極可寶貴的思想。

第三方面表現於對敎條的衝破。他開導讀書人應從「書本」、「八股文」和「注釋」的敎條框框中解放出來。他認爲書本是供人印證之資，如果沒有在實踐中的體驗，就不會知道書上的道理。他說：

> 孟子云：「盡信書不如無書」，非不要書也，但當以理推斷，不可刻舟求劍耳。書如人之杖，老者、力不足者倚此而行，若兩足不能步履，而竟以杖行，此必無之理也。❸

這種思想在皓首窮經的思想界，如同閃電霹靂，起到了解放思想的作用。那些志在利祿，圖八股文試官的士子們，視八股文爲永恒不變的敎條。對此，朱舜水批評他們說：「以八股爲文章，非文章也」、「非眞學問也。」❸繼而，他從明亡的歷史敎訓中指出，正是由於人們思想被八股敎條所羈絆，不知仁義禮智爲何物，亦無意於修身、齊家、治國、平天下，才招致了明朝的滅亡。還有一些碌碌書生常常被注釋、注腳牽著走，對此，朱舜水說：

---

❷ ＜答佐野回翁書＞，《朱舜水集》卷５，頁85。
❸ ＜答野傳問三條＞，《朱舜水集》卷10，頁360。
❸ ＜答安東守約書三十首・三＞，《朱舜水集》卷７，頁173。

註脚離他不得，靠他不得。如魚之筌，兔之蹄；筌與蹄却不便是魚兔，然欲得魚得兔，亦須稍藉筌蹄，太繁太多，到究竟處，止在至約之地，所謂「博學而詳說之，將以反說約」也。若義理融會貫通，真有「活潑潑地」之妙，此時六經皆我註脚，又何註脚之有？❸❷

這與「非聖則不讀」的迂腐說教，正好相反，是富有解放思想意味的說法。總之，朱舜水認爲人們通過學史、治史，便能夠明白事理，開拓思想，達到「至能自開手眼，則六經皆供我驅策」❸❸的治史目的。

　　清代浙東學派的史學思想亦具有鮮明的反封建專制的啓蒙色彩，這是歷史的定論。由於這個學派是在封建專制統治和民族壓迫異常深重的條件下形成的，所以這個學派的一些代表人物，本身就參與過抗清鬥爭，經受過封建專制勢力的種種迫害。黃宗羲的生平事迹就頗具代表性。對此，侯外廬曾在《中國早期啓蒙思想史》中作過這樣的概述：「宗羲堅持了對當時魏忠賢逆黨曹欽程、李實、許顯純、崔應元、馬士英、阮大鋮黑暗勢力的鬥爭，親眼看到中國農民二十年的暴動，並身受清朝的統治和壓迫。他從十九歲替父尊素（東林名士）草疏申寃起，到復興證人書院（原爲劉宗周所設），自云『瀕於十死』。」❸❹錢穆在《中國近三百年學術史》中也說：宗羲所處的時代，「外族入主，務以芟薙爲治，賢奸忠佞之辨無所用。一二遺老，留身草澤，驚心動魄於時

❸❷　〈答安東守約問八條〉，《朱舜水集》卷10，頁369。

❸❸　〈與小宅生順（小宅安之）書三十六首・一〉，《朱舜水集》卷9，頁299。

❸❹　《中國早期啓蒙思想史》，頁144。

變之非常，遊神太古，垂意來葉。既於現實政治，無堪措慮。」[35]
於是，黃宗羲轉向總結歷史敎訓，方有《明夷待訪錄》及《明儒
學案》等史書問世。所以，「今讀其書者，驚其立說之創闢，而
忘其處境之艱虞，則亦爲善讀古人書矣。」[36]黃宗羲通過對歷史
的總結這一方式，來開導世人對封建專制進行抨擊和反抗。這表
明，以黃宗羲爲首的清代浙東學派史學思想的啓蒙作用，是由於
明清嬗代之際那個特殊的歷史時代所決定的。關於清代浙東學派
啓蒙思想的歷史作用，可以從梁啓超等一輩青年時代的親身感受
中得到證明。梁啓超回顧說：黃宗羲《明夷待訪錄》中「這類
話，的確含有民主主義的精神 —— 雖然很幼稚 —— 對於三千年專
制政治思想爲極大膽的反抗。在三十年前 —— 我們當學生時代，
實爲刺激青年最有力之興奮劑。」[37]還說：他們反抗滿清的壯烈
行動和言論，「驀地把二百年麻木過去的民族意識覺醒轉來」。
他們對於「君主專制暴威作大膽的批評」，激起人們「從事於推
翻幾千年舊政體的猛烈運動」。此外，梁啓超還認爲清代浙東學
派的史學思想，「能令學者對於二百多年的漢宋門戶得一解放，
大膽地獨求其是」。而他們痛斥八股科舉汩沒人才的思想「引起
一般人要和這種束縛思想，錮蝕人心的惡制度拼命」。總而言之，
「最近三十年思想界的變遷，雖波瀾一日比一日壯闊，內容一日
比一日複雜，而最初的原動力，我敢用一句話來包舉他，是殘明
遺老思想之復活。」[38]梁啓超在這裏把現實生活中幾十年的思想
變遷，一概歸結爲「殘明遺老思想之復活」，未免有些絕對化。

[35]　錢穆：《中國近三百年學術史》，頁35。
[36]　同[35]。
[37]　梁啓超：《中國近三百年學術史》，頁47。
[38]　同上書，頁29。

但當時廣大追求進步的青年學子，力圖從浙東學派的史學思想中吸取反封建統治的精神力量，卻是無可置疑的事實。

三、治史之道，遴其粹然

朱舜水歷史哲學思想的第三個特質，是「**治史之道，遴其粹然**」**的史法**。這裏所說的史法，即指朱舜水治史的方法。

在研究歷史的方法上，朱舜水主張堅守所學，兼取諸家之長。在日本，他常對門人說：

> 學問之道如治裘，遴其粹然者而取之。若曰吾某氏學、某氏學，則非所謂博學審問之謂也。❸

他主張兼收並蓄各家之長，而不應沉溺於某種學術派別之中，更不應熱衷於學術派別的相互攻擊之中。他批評朱陸門徒的互相駁難說：

> 是朱者非陸，是陸者非朱，所以玄黃水火，其戰不息。譬如人在長崎往京，或從陸，或從水。從陸者須一步一步走去，由水程者一得順風，迅速可到。從陸者計程可達，從舟非得風，累日坐守。只以可京為期，豈得曰從水非，從陸非乎？❹

---

❸　〈舜水先生行實〉，《朱舜水集》附錄，頁624。
❹　〈答安東守約問三十四條〉，《朱舜水集》卷11，頁396。

他以爲各家學說，各有所長，亦各有所短，故此，反對樹立門戶，反對學術壟斷，認爲只有兼採諸家之長，才是治史的正確途徑。朱舜水這種取長補短、虛懷若谷的治史治學精神，是很可貴的。他本人更是身體力行。如他早年學經學、古學，中年又轉趨於經世致用的實學；又如他尊孔孟但又不迷信之，主程朱但又有所指責，贊陽明事功但又批其學旨。朱舜水兼收並蓄，儼然形成以標榜「實理」、「實用」、「實功」、「實行」、「實學」爲榮，以傳播華夏文化於東瀛爲樂，自成一體的「舜水學」。這誠如湯壽潛對他的評價：「先生生餘姚，而講學不宗陽明，不交太沖，信乎能自立者。」[41] 在治史方法上，朱舜水一直遵循著這樣一條多元價值觀。

與朱舜水相偶，清代浙東學派大多能學博而不定一尊，道高而不主門戶。章學誠在〈浙東學術〉一文中，開宗明義地指出：「浙東之學，雖出婺源(指朱熹)，然自三袁之流(指袁燮及其子袁肅、袁甫)，多宗江西陸氏（指陸九淵），而通經服古，絕不空言德性，故不悖於朱子之敎。至陽明王子揭孟子之良知，復與朱子牴牾；蕺山劉氏(指劉宗周)，本良知而發明愼獨，與朱子不合，亦不相詆也；梨洲黃氏出蕺山劉氏之門，而開萬氏弟兄經史之學；以至全氏祖望輩尙存其意，宗陸而不悖於朱者也。惟西河毛氏（指毛奇齡），發明良知之學，頗有所得；而門戶之見，不免攻之太過，雖浙東人亦不甚以爲然也。」[42] 可見，浙東學派的學者們，雖然各有自己的宗主，但都頗留意於涉取別家之長。以浙東學派宗祖黃宗羲而言，不論是治史還是著書，都能兼取朱陸之

---

[41] 〈舜水遺書序〉，《朱舜水集》附錄4，頁798。

[42] 《文史通義》卷2。

所長，兼蓄漢宋之精華。他崇尚王學，但他又能理智地取陽明學所長而棄其所短，並能對程朱學派加以公允地批評。他在《明儒學案》一書的凡例中說：「此編所列，有一偏之見，有相反之論，學者於其不同處，正宜著眼理會，所謂一本而萬殊也。」明確表示，做學問，對於不同學派都應一視同仁加以研究。無怪乎全祖望說他是「舉凡橫渠（張載）之禮教，康節（邵雍）之象數，東萊（呂祖謙）之文獻，艮齋（薛季宣）、止齋（陳傅良）之經術，水心（葉適）之文章，莫不旁推交通。」[43]黃宗羲真可謂是個堅守所學，而又兼取諸家所長的代表人物。萬斯同在學術上無門戶之見，勝過其師黃宗羲，且受到世人之評美。《四庫全書總目提要》說：「明以來談道統者，揚己凌人，互相排軋，卒釀門戶之禍，流毒無窮。斯同目擊其弊，因著其書《儒林宗派》。……凡漢後唐前傳經之儒，一一具列，除排擠之私之消朋黨，持論獨爲平允。」[44]全祖望對於漢宋門戶之見，更是破除無餘。他替黃宗羲續《宋元學案》，對各家各派都能平等看待。章學誠對於互相攻擊、自我標榜的風氣十分氣憤，撰寫了〈言公〉、〈說林〉諸篇，希望對於改變「紛爭門戶，勢將不可已」的「風俗人心」有所補益。總之，浙東學派在治史的風度和方法上，能堅持不定一尊、不主門戶的持平觀點。這與朱舜水的兼眾家之長、收先儒之美、並朱陸之精、蓄漢宋之英的觀點，是非常相似的。

朱舜水史學思想的特質與清代浙東學派的共性，證實了這樣一個歷史事實：朱舜水與黃宗羲應被一併視爲清代浙東史學的祖師。

---

[43]　《鮚埼亭集・黃梨洲先生事略》。
[44]　《儒林宗派》，《史部・傳記類》2。

　　同時，朱舜水不僅是中國浙東史學的祖師之一，而且也是日本水戶學派（尊史派）的創始人。日本水戶學派在朱舜水史學思想指導下，修纂成了日本第一部正史 —— 《大日本史》。《大日本史》中的史學思想和政治思想，爲日本社會的明治維新運動奠定了思想和理論基礎。從朱舜水 —— 日本水戶學派 —— 《大日本史》—— 明治維新運動這條線索中，可以明晰地看到朱舜水史學思想對日本近代社會維新運動的指導價值。

第五章　性成於習，德立於誠——德性論

王夫之云：「性者，生也；日生而日成也。」「合知、仁、勇於一誠，而以一誠行乎三達德者也。」不獨有偶，朱舜水以「德立於誠」的道德觀和「性成於習」的人性論而與王夫之共鳴。故本章以德性論爲題，從道德的起源和本質、道德的風格和規範、道德的修養和教育三個方面，闡釋朱舜水的道德理性思想。

一、性成於習，善始於性

要了解朱舜水的道德理性思想及其歷史意義，尚需明晰中國道德理性思想的發展和演變。下面，圍繞道德的起源和本質這一基本問題，進行闡釋。

關於道德的起源和本質問題，在春秋時期還未能擺脫天命鬼神的影響。如虞國宮之奇認爲：「鬼神非人實親，唯德是依。」❶這種思想在一定程度上否定了血緣關係和宗法制度，但又肯定了鬼神與道德的關係。晏嬰也說過：「忠信篤敬，上下同之，天之道也。」❷在他看來，道德是天意的表現，是天帝鬼神所賦予的。

---

❶　《左傳・僖公 5 年》。
❷　《左傳・襄公22年》。

除此而外，還有一些思想家，試圖把道德的根源說成是人心──
人的主觀意念。他們認爲「心」是人身上的關鍵部分，是政治、
法律和道德的根源及操縱者，也是人們一切行爲的主使者。「心能
制義曰度」❸，「受享而惰，乃其心也」❹ 等。這些把「心」當
成道德根源的思想家，看到了人類思維和心理的作用，卻又誇大
了這種作用，把它看成決定性的因素。

　　戰國時代的孟子凸顯了這種視「心」爲道德起源的思想，提
出了「仁、義、禮、智根於心」的道德起源說。他認爲每個人都
存在着道德本心，卽「不忍人之心」的「仁心」。因爲心不但是
思維的器官，「心之官則思」，而且還是道德的根源，「君子所性，
仁義禮智根於心」❺。仁心產生道德，就如同口、耳、目產生感
覺一樣。「口之於味也，有同嗜焉；耳之於聲也，有同聽焉；目
之於色也，有同美焉。至於心，獨無所同然乎？心之所同然者何
也？謂理也，義也。聖人先得我心之所同然耳。故理義之悅我
心，猶芻豢之悅我口。」❻ 這表明孟子不知道，人的口、耳、目
等感官，不能自生感覺。感覺是人的感官對客觀事物的刺激所產
生的反映。人的道德觀念也是一樣，它是對客觀存在的道德關
係、道德現象的反映。正由於孟子不了解這一點，所以，《孟子‧
公孫丑上》有這樣的記載：

　　　　所以謂人皆有不忍人之心者，今人乍見孺子入井，皆有怵
　　　　惕惻隱之心，非所以內交於孺子之父母也，非所以要譽於

───────────────

❸　《左傳‧昭公28年》。
❹　《左傳‧襄公28年》。
❺　《孟子‧盡心上》。
❻　《孟子‧告子上》。

鄉黨朋友也，非惡其聲而然也。由是觀之：無惻隱之心，
非人也；無羞惡之心，非人也；無辭讓之心，非人也；無
是非之心，非人也。惻隱之心，仁之端也；羞惡之心，義
之端也；辭讓之心，禮之端也；是非之心，智之端也。

孟子這裏所說的「惻隱之心」、「羞惡之心」、「辭讓之心」、「是
非之心」，便是「仁、義、禮、智」四種道德本心或道德生命的
自覺，這也是「不忍人之心」的「仁心」的基本內涵。而這四心
來源於四端，即「仁之端、義之端、禮之端、智之端」。「四端」
又發自每個人內心自然，是一種道德無意識。比如，突然看見小
孩將落入井中，任何人都會有驚駭憐憫之心。這種憐憫的心理是
油然而生的，並非爲了一種已有的目的，如有交於小孩的父母，
博取自己在鄉里朋友中的名譽等。這種事先無計畫、無目的、不
受意識控制而產生的心理和行爲，稱之爲無意識心理或無意識行
爲。作爲個人來說，由憐憫小孩落入井內的心理，而產生救小孩
的行爲，都是一種油然而生的道德心理或道德行爲，並非爲追求
外在的補償而產生。但是，我們不能把孟子的「四端」，稱爲道德
非理性。這是因爲孟子的道德論是建立在「類」概念基礎上的。
他說：「麒麟之於走獸，鳳凰之於飛鳥，太行之於丘垤，河海之
於行潦，類也。」❼「舉凡同類者，舉相似也。」❽孟子指出人
與禽獸異類，他們的本性也不同。由此否定了人性是生物性的本
能，肯定了人性與道德的聯繫。所以，孟子認爲：人若無惻隱、
羞惡、辭讓、是非之心，就簡直不是人。換句話說，人之所以爲

---

❼　《孟子·公孫丑上》。
❽　《孟子·告子上》。

人，就是因爲具有惻隱、羞惡、辭讓、是非之心和仁、義、禮、智四端。它是一種道德理性或主體道德自律的能動性。而這種道德理性又是天賦的，不是後天經驗的產物。《孟子‧告子上》講的「仁義禮智，非由外鑠我也，我固有之也」說的就是這個意思。

與孟子的這種「性善論」相反對，戰國時代的荀子提出了「人性惡」的道德起源說。關於道德的起源，他說：「立君上，明禮義，爲性惡也。」❾這種「性惡論」其實只解答了道德產生的必要性。荀子認爲，人的性就是它的自然本性。

> 今人之性，饑而欲飽，寒而欲暖，勞而欲休。
> 若夫目好色，耳好聲，口好味，心好利，骨體膚理好愉佚，是皆生於人之情性者也。❿

由此看來，人性不但不是道德的基礎，而且包含着與道德對立的傾向。「今人之性，生而有好利焉，順是，故爭奪生而辭讓亡焉；生而有疾惡焉，順是，故殘賊生而忠信亡焉；生而有耳目之欲，有好聲色焉，順是，故淫亂生而禮義文理亡焉。然則從人之性，順人之情，必出於爭奪，合於犯分亂理而歸於暴。」⓫爲了防止這些惡端的蔓延發展，就需要有社會道德來糾正人性中的這種傾向，這是維持社會存在和保證個人的合理欲望得到滿足所必需的。荀子說：

---

❾　《荀子‧性惡》。
❿　同❾。
⓫　《荀子‧性惡》。

> 禮起於何也？曰：人生而有欲，欲而不得，則不能無求；
> 求而無度量分界，則不能不爭。爭則亂，亂則窮。先王惡
> 其亂也，故制禮義以分之，以養人之欲，給人以求。使欲
> 必不窮乎物，物必不屈於欲，兩者相持而長，是禮之所起
> 也。❷

這表明荀子認識到禮義的產生是爲了「養人之欲，給人以求」，
即滿足人們的物質欲望和要求。所以，人之性惡，產生了對道德
的需要。可是，關於道德產生的可能性問題，荀子只能和孟子一
樣，用先驗論來解釋。「凡性者，天之就也，不可學，不可事。」
「堯舜之與桀紂，其性一也；君子之與小人，其性一也。」❸認
爲性是先天而來的，不學而會、不事而能，所有的人在性上相
同。因此，道德的起源是先驗的。荀子「人性惡」的道德起源說
也是一種先驗論。

　這種先驗論的道德起源說，一直延續下來，到北宋的張載，
在理論上進入一個新階段。張載通過兼有道德屬性和自然屬性的
「氣」，把人性分爲「天地之性」和「氣質之性」，並認爲前者是
善的，後者有善有惡，以此試圖挖掘出道德形成的更深厚的基
礎。他說：

> 合虛與氣，有性之名。❹

---

❷　《荀子·禮論》。
❸　《荀子·性惡》。
❹　《正蒙·太和》。

虛即指太虛，指氣散未聚的本然狀態；氣指陰陽二氣。太虛本性
與陰陽二性相結合，便構成人性。他認為，氣有善惡、正偏、清
濁、剛柔、緩速、通塞等自然的與道德的屬性。人之「愛惡之情
同出於太虛」，道德來自氣之本然。

> 虛者，仁之原，忠恕者與仁俱生。
>
> 虛則生仁。
>
> 天地以虛為德，至善者虛也。**⑮**

這樣，由氣形成的人，一生下來就有先驗的道德思想。人既有在
氣尚未聚合成他的形體之前，在太虛清氣中已存在的本性，他稱
之為「天地之性」，由於太虛未聚之氣，是氣之本、氣之正，清
澈純一，無欲無求，至善至公，所以它是善的來源；人又有在氣
聚合成他的形體之後，在自己身上存在的特殊本性，他稱之為
「氣質之性」，由於氣稟之故，氣有偏、濁、蔽、欲，所以又產
生了惡。這就是張載的「氣有善惡」的道德起源說。這一觀點對
宋以後的中國社會產生了重大的影響作用。

　　程顥和程頤發展了張載的道德起源說。二程視「天理」為道
德的本質。理「在天為命，在義為理，在人為性，主於身為心，
其實一也。」**⑯**「理」體現在天為命，表示萬物和人都不能違背
它；體現在人的道德方面稱性，表示善為人所固有；體現在人的
身體方面稱心，表示人有靈明知覺。在此基礎上，二程沿襲張載
的「天地之性」和「氣質之性」的說法，把體現天理的性稱為「天

命之性」，是純粹的善、絕對的善；把人生而具有的性稱爲「氣稟之性」，有善與惡之區別。但不論是「天命之性」，還是「氣稟之性」，都是先天具有的。

朱熹考察了中國古代思想家的各種道德說，在二程道德思想基礎上，將張載的道德起源說加以理論化、體系化。

首先，朱熹考察了「性善說」和「性惡說」。對於孟子的性善論，他持肯定態度，但又指出孟子對惡的來源，沒有講清楚。「孟子說性善，但說得本原處，下面卻不曾說得氣質之性，所以亦費分疏。」❼而對於荀子的性惡論，則多持否定態度。「荀子只見得不好底性，便說做惡。」❽其缺點是「論氣不論性」，只看到氣質之性，而不知天命之性，因而說不明白善從何來的問題。

其次，對於秦漢以來的思想家們的人性論，進行了評判。朱熹說：「秦漢以來，傳記所載，只說是夢。」❾如揚雄「只見得半善半惡人底性，便說做善惡混。」又說：「荀、揚、韓愈諸人，雖是論性，其實只說得是氣。」❿他們諸人的人性論思想，雖是論性，但其實都是論氣不論性。

第三，朱熹高度評價了張載和二程的人性論思想。他認爲，張載與二程的天地之性（天命之性）和氣質之性提出來後，便彌補了孟子性善論的不足，也糾正了荀子性惡論的偏誤，使人性善惡問題得到了圓滿的解決。他說：「諸子說性惡與善惡混，使張、程之說早出，則這許多說話，自不用紛爭。故張程之說立，則諸

---

❼　《朱子語類》卷4。
❽　《朱子語類》卷59。
❾　《朱子語類》卷4。
❿　《朱子語類》卷59。

子之說泯矣。」❷在性善論中引入了氣質之性，這就從人性中找到了惡的來源。從而在邏輯上解決了惡的來源問題。所以朱熹對此極爲讚賞、推崇，「以爲極有功於聖門，有補於後學。」❷

　　第四，朱熹在繼承張載和二程人性論思想基礎上，構建了較完備的道德起源說。朱熹認爲「人之所以生，理與氣合而已」。人稟理以爲性，稟氣以成形，並用天地之性與氣質之性來說明人性的善惡和道德的來源。關於「天地之性」（天命之性），朱熹說：

> 性即天理，未有不善者也。❷
>
> 純粹至善而已，所謂天地之性者也。❷

這裏的「人性即天理」，「性於人無不善」的思想，是對孟子性善論的繼承，也是對張載「天地之性」理論的發展。關於「氣質之性」，朱熹提出了「氣稟有定」論。他的這一思想，在《朱子語類》中是這樣記載的：

> 稟得精英之氣，便爲聖爲賢，便得理之全，得理之正；稟得清明者，便英爽；稟得敦厚者，便溫和；稟得清高者，便貴；稟得豐厚者，便富；稟得久長者，便壽；稟得衰頹薄俗者，便爲愚、不肖、爲貪、爲賤、爲夭。❷

---

❷　《朱子語類》卷 4。
❷　同❷。
❷　《孟子集注》卷11。
❷　《朱子四書或問》卷17。
❷　《朱子語類》卷 4。

這就是說，倘若禀得「清明之氣」或「精英之氣」，就是「得理之全」或「得理之正」，就是「聖人」或「賢人」；若禀氣「清」而「高」者，就會「貴」；禀氣「豐厚」，就會「富」；「禀氣長久」，就「長壽」。反之，如果由「衰頹薄濁」之氣構成，就是愚蠢無知的人，「不肖」的人。他們生來就是貧苦、下賤和短命的。將這種「氣禀有定」論推而廣之，朱熹認爲不僅聖愚、貴賤、貧富、壽夭由「氣禀」而定，而且人們的「善」、「惡」，也由「氣禀」決定。他說：

> 人之性皆爲善。然而有生下來善底，有生下來惡的，此是氣禀不同。……日月清明，氣候和正之時，人生而禀此氣，則爲清明渾厚之氣，須做個好人。若是日月昏暗，寒暑反常，皆是天地之戾氣，人若禀此氣，則爲不好底人何疑。……看來吾性皆善，何故不能爲聖賢？却是被這氣禀害。如氣禀偏於剛，則一向剛暴；偏於柔，便一向柔弱之類。㉖

這表明人性的「善惡」，取決於氣的「清明」、「昏暗」。朱熹「性禀於氣」的觀點仍然是一種先驗的道德起源說。這種觀點伴隨着朱熹哲學的統治地位，流傳綿長、影響久遠。

從孟子到朱熹，都提倡一種先驗的道德起源說。對此，朱舜水指出這種先驗道德起源說的要害是主張人性由天賦而來，抹煞了人性形成過程中的客觀因素。因此，這種天賦的人性論是與事

㉖　《朱子語類》卷4。

實相違背的。朱舜水首先揭露了這一點。他在回答奧村庸禮詢問「性稟於氣」問題時，有一段精彩的議論。他說：

> 賢者受其清，愚者受其濁，儒者固有是說，不足異也。然此天賦之乎，抑人受之乎？既有受之者，則必有予之者矣。果爾，則天地常以清氣私賢智，而以濁氣困愚不肖，如種瓜得瓜，種豆得豆。然則愚不肖之為不善，乃其理所應爾，是則天地有過，而愚不肖無罪也。又何以天則降之百殃，而人主則施之刑戮耶？至於「雖愚必明，雖柔必強」者，或有改行從善者，又何以稱焉？豈清濁氣相雜而稟歟？抑前稟其濁而後稟其清歟？亦有素行皆賢，一旦為利回，為害怵，不保其末路者，又何以稱焉？堯、舜之民，比屋可封，桀、紂之民，比屋可誅。豈堯、舜之民氣皆清，而桀、紂之民氣皆濁哉？試觀孩提之童，無不知愛其親，無不知愛其兄，乳之則喜，咸之則啼，薄海內外，天性無少異也。及其長也，父母之教訓也無方，世俗之引誘也多故，習之既久，靈明盡蔽，昏惑奸狡橫生，相去遂有萬萬不侔者。《書》曰：「巧言令色，孔壬。」蓋大為奸惡之人，言必巧，色必令，其所以營私敗俗者，心思無所不至。若夫禮義道德之訓，昏昏而不知，是皆習俗之害也。子思子曰：「天命之謂性。」則既莫不與之以仁義禮智矣。劉康公曰：「民受天地之中以生，所謂命也。」如是則天地豈有偏私厚薄於其間哉？人自取其清，人自取其濁耳。譬之水然，渭之源，至清也，及其支流派別，入於潢汙，小穢者小濁，大穢者大濁，是豈渭之有所區別

哉？❷

這裏，朱舜水指出，「性禀於氣」的理論是不能解釋歷史和現實中諸多人性問題的。如堯舜之民比屋可封，難道全是禀「清氣」，而桀紂之民比屋可誅，難道全是禀「濁氣」嗎？生活中那些改過從善之人，又難道是由於先禀「濁氣」、後禀「清氣」的緣故嗎？他認爲人性善惡決不是根據先天禀賦，而是後天形成的，是由環境、習俗、教育等條件決定的，是隨着後天各種條件的變化而變化的。這是對先天道德起源說的批評。

　　其次，朱舜水在批評先天道德起源說的基礎上，針對宋儒的「性禀於氣」說，提出了「性成於習」的觀點。他所謂的「習」卽「見」（習見、常常見到）、「聞」（習聞、常常聽到）、「染」（習染、沾染）之意。他反對宋儒以禀氣清濁來區別人性善惡的觀點，主張「習」爲人性形成的決定者。他講：

　　　　性非善亦非惡，如此者，中人也。中人之性，習於善則善，習於惡則惡，全藉乎問學矣。學之則爲善人，爲信人；又進而學之，則爲君子；又進而學之不已，則爲聖人。❷

這裏的「中人」，是泛指大多數人或一般人的意思。他認爲中人之性是無所謂善惡的，人性的善惡完全由後天的「習」所決定。卽被後天的習見、習聞、習染所決定。如初生嬰兒，天性無異，但後來由於環境、教育的相異，決定了長大後的絕然相殊。因

❷　＜答奧村庸禮問二條＞，《朱舜水集》卷10，頁377-378。
❷　＜答古市務本問二條＞，《朱舜水集》卷10，頁379。

此，他強調只要志氣感奮、竭力習行，就可能成爲君子、智者或
聖人。朱舜水從「性成於習」的理論出發，不僅肯定環境對於人
性善惡的影響，而且敢於揭露社會現實，指出富貴之子多爲不
善，批評了富貴者生而性善、貧賤者生而性惡的血統論。「又思
天下能言之士恒少，而富貴之子受病恒多，非富貴之子生而不善
也，其所與遊者使之然也。其所與者，軟熟諧媚，奔走趨蹌者己
耳！」[29]

這表明人性的善惡，絕非來自天賦氣稟，而取決於社會環境
和人們之間相互影響的作用。所以，傳統的富貴者性善、貧賤者
性惡的理論是無根據的。這是朱舜水「性成於習」理論的重要社
會意義之所在。

朱舜水「性成於習」的觀點不僅是對宋儒「性稟於氣」思
想的批評，而且也是對自孟子以來各種各樣先驗道德起源說的指
責。

與此相關，在道德本質問題上，朱舜水又對宋儒提倡的「性
卽理」觀點進行了批評。

程朱都認爲，在物質世界與人的意識之外獨立地存在着一個
最高的精神實體，這就是「理」。

　　有理然後有象。[30]

　　有理則有氣。[31]

　　萬事皆出於理。[32]

---

[29] ＜答奧村德輝書九首＞，《朱舜水集》卷8，頁280。
[30] 《河南程氏遺書》卷21。
[31] 《河南程氏粹言》卷2。
[32] 《河南程氏遺書》卷2。

> 未有天地之先，畢竟也只是理。有此理，便有此天地。若
> 無此理，便亦無天地，無人無物，都無該載了。有理便有
> 氣流行發育萬物。㉝

這表明，他們都把「理」作爲宇宙本體。在這種思想指導下，他
們又提出:「性卽理也」── 標示着宇宙本體與道德本體的合一。
程朱的道德觀念就是獨立存在的「理」。如程朱認爲，一切封建
倫理道德三綱五常等都是理:

> 父子君臣，天下之定理，無所逃於天地之間。㉞
> 禮卽是理也。㉟
> 仁者天下之正理，失正理則無序而不和。㊱
> 未有這事，先有這理。如未有君臣，已先有君臣之理；未
> 有父子，已先有父子之理。㊲

在這裏，做爲宇宙本體的理，同時又是道德本體。這就是說，程
朱的整個道德理論，是以對「理」的解釋爲其基礎的。所以，在
程朱的思想中，理在實質上是一個道德實體，而道德的本質則是
理的體現。道德觀念是不依賴於經濟關係、物質生活和社會實踐
而獨立存在的。這是一種形而上論的道德觀。

　　對於這種形上論的道德觀，朱舜水從「性成於習」，卽從强

㉝ 《朱子語類》卷1。
㉞ 《河南程氏遺書》卷5。
㉟ 《河南程氏遺書》卷15。
㊱ 《河南程氏經說》卷6。
㊲ 《朱子語類》卷95。

調後天環境對道德的決定性影響立場出發，提出「衣食足而後禮義生」的觀點。

生活在明清之際的朱舜水，由於目睹了資本主義萌芽在封建經濟內部的持續發展和新興市民階級勢力的日益壯大，所以注意到了經濟與道德的密切關係。他繼承了《管子》中「倉廩實則知禮節，衣食足則知榮辱」[38]和西漢史學之父司馬遷「倉廩實而知禮節，衣食足而知榮辱。禮生於有，而廢於無。故君子富之，好行其德；小人富之，以適其力。淵深而魚生之，山深而獸往之，人富而仁義附焉」[39]的思想，指出:

> 衣食足而後禮義生。[40]
>
> 伏以治道有二，教與養而已。養處於先，而教居其大。蓋非養則教無所施，此奚暇治禮義之説也；非教則養無所終，此飽食暖衣，逸居無教之説也。[41]

這裏，朱舜水明確指出，道德思想應該根植於社會經濟之中，即必須在一定的物質生活基礎之上，道德才得以形成。基於這樣的思想，他強調在人民的衣食富裕之後，「禮義」等道德思想才能產生，才會發揮其作用。這樣，就將抽象的道德思想全部建築在社會經濟和人們的物質生活條件之上。這就意味着道德不是憑空產生的，道德思想和道德行爲是社會經濟和人們物質生活條件的

[38] 《管子・牧民篇》。
[39] 《史記・貨殖列傳》。
[40] <答平賀舟翁（平賀勘右衞門）書二首・二>，《朱舜水集》卷5，頁90。
[41] <元旦賀源光國書八首・六>，《朱舜水集》卷6，頁 115-116。

反映。爲了進一步說明這一點，朱舜水又闡述了「敎」（道德思想）與「養」（物質生活）的辯證關係。一方面，他感覺到了道德思想是經濟生活的必然反映，道德根源於經濟之中。所以，他認爲要人們接受封建的道德規範，就必須首先滿足人們起碼的物質生活的需要。如果人們連衣食都成了問題，那怎麼談得上禮義呢？此即「非養則敎無所施」之義。另一方面，他又觸及到了道德精神對於經濟發展的影響作用。他指出，如果不施行封建道德規範的敎化，人們就會一味地追求飽食暖衣，而無所適從。此即「非敎則養無所終」之義。在道德本質問題上，朱舜水強調了道德的形下性，卽認識到了道德與社會經濟和人們物質生活的必然聯繫。他的這一思想是非常深刻的。

在道德的起源和本質問題上，朱舜水提出的「性成於習」和「衣食足而後禮義生」的思想，具有重要的歷史意義和社會意義。然而，由於歷史和時代的局限性，他從「性成於習」理論，又引繹出了「赤子之心」的思想。他以爲人性原本是無善無惡的，是純潔自然的。它「渾然天眞，絕無一毫私僞。惟知父母爲當愛、兄長爲當敬而已。」[42]他把初生時的自然屬性說成是美好的「天性」，這是一種自然人性論。以後，由於知識漸多，虛僞狡詐隨之而起，「習染日深，眞淳日斲。赤子之心，盡爲外物所鑠。」[43]所以，他主張「復初」，卽恢復天然美好的「赤子之心」。「誠能幡然改悔，自邃其初，則其直如矢者，反身而具足矣。」[44]他把後天的某種社會屬性說成是醜惡的，以爲去掉它，就能恢復

---

[42] ＜答加藤明友問八條＞，《朱舜水集》卷11，頁382。
[43] ＜野村重直字邃初說＞，《朱舜水集》卷13，頁448。
[44] 同[43]。

「赤子之心」。這就又陷入了他自己曾批評過的先驗人性論之中。這是朱舜水道德理性思想中的缺陷。

二、德立於誠，敬聚於德

在道德規範上， 朱舜水沿用了 中國古代傳統 道德範疇 ——「誠」、「敬」、「禮」，但卻注入了新鮮的實踐論思想，構成了別具特色的道德風格 —— 道德實踐論。

朱舜水道德實踐論的基本範疇是「誠」。在中國古代思想史上，「誠」之學說，首見於《中庸》，引申於《大學》，推衍於李翱和周敦頤。《中庸》以「誠」為天下之道，認為天有一根本特徵，即「誠」。以此說明天的真實無妄。天之所以為天，正在此誠之中。但《中庸》未嘗以「誠」為人之性。李翱推衍《中庸》視「誠」為天之道的思想，以「盡性」或「復性」為「誠」。他認為人之本性純粹至善，但為「情」所昏，性乃不見；作聖之道，在於去情以復性。如能復其性，便達到了「誠」的境界。周敦頤更直以「誠」為人之本然之性。他說：「誠者，聖人之本。大哉乾元，萬物資始，誠之源也。乾道變化，各正性命，誠斯立焉。純粹至善者也。」⑤周敦頤把「誠」作為人們所稟受的宇宙本根的純善本性，而這個純善的本性，便是成聖的基因。一切道德，皆源於「誠」。至此，「誠」成為了人生之至道，人性之至善。

朱舜水很欣賞周敦頤的這一思想， 亦視「 誠 」為人道的基礎，即道德的源泉。他說：

---

⑤ <通書・誠>，《周子全書》卷7。

世降俗薄，生質漸漓；不患不巧，獨患不誠。誠者作室之基，培築鞏固，則堂構壺奧，凌雲九層，皆於斯託始焉。❹

他認爲「誠」是一切做人的本基，基礎穩固，則做人的道理才可通行無礙，從而使人成爲光明磊落的君子。這就如同大廈一般，根基如果鞏固堅實，那麼堂構壺奧，凌雲九層，都依靠這個根基；倘若沒有這個根基，雖有梗楠豫章，凌雲巧構，也無法蓋起摩天大廈。所以，「誠」是一切行爲的原動力。

朱舜水認爲「誠」的基本內涵是「實」，卽眞實無僞，終生實行。所以，他主張爲人學道，其根本則在於「誠」。因爲誠則勿欺，勿欺乃是忠之本；誠則進達善良，屏絕敗類；誠則潛心好學，不荒於嬉，專心致一。所以能誠，就可以做到始終如一、言行致一、表裏統一、敬信純眞、往而必孚。而這也就是爲人忠信、善良、勤勉的本因。反之，如果不誠，自欺欺人，就會理性盡泯、放辟邪侈、無所不爲。而朱舜水本人便是實現誠的典範。他平日言行之間，內不欺己，外不欺人。他的知己安東守約稱讚他說：「先生爲人嚴格雍穆，望之可畏，卽之有可親近之意思，一言一行，以誠爲本。守約初見，謂曰：『我無它長，只一誠而已矣。』其常言曰：『一生不僞。』世誠有名眞實假者，有口乎堯、舜，心乎桀、紂者，聞斯言則方當泚顙焉。」❹

朱舜水爲了力矯明代的虛僞風氣，不僅繼承了周敦頤視「誠」爲人之道的思想，把「誠」作爲一切進德的根基，而且還發展了

---

❹　<誠齋——贈奧村德輝>，《朱舜水集》卷17，頁501。
❹　<舜水先生文集序>，《朱舜水集》附錄4，頁784。

周敦頤的思想，強調「至誠之道」在於人的努力和實踐，提倡一種積極的入世觀 ── 「自強而不息」。他說:

> 自強而不息則久，久則徵，徵則悠遠，悠遠則博厚，博厚則高明。博厚體地，高明體天，悠久無疆。故至誠之道，上下與天地同流，豈特百年而已哉?⓭

人要達到至誠的理想境界，必須努力奮鬥、持之以恒（久），勤於驗證、勇於探索（徵），付諸實行、堅持不懈（遠），從而達到事理精通（博厚）、高瞻遠矚（高明）的境界。這就是一條自強不息的至誠之路。

如果說朱舜水強調至誠在於發揮人的主觀能動性，持一種積極的入世觀，推崇自強不息的精神，以此突出「誠」的實踐品格的話，那麼，當這種主體的「誠」轉化爲客體的「敬」和「禮」時，它的實踐性格就更加明顯了。在朱舜水的道德實踐論中，「敬」和「禮」這對範疇分別作爲基本範疇 ── 「誠」的體和用表現出來。

「敬」在《易傳》中指一種心上功夫。「敬以直內，義以方外」。《易傳》中的「內」指「心」，「外」指「身」，所以「敬內」講的是心法，卽一種內在的涵養。這種「敬內」的心法工夫，至宋明時期得到了深入而全面的發展。如二程提倡「主敬」說。「敬只是主一也。主一，則旣不之東，又不之西，如是則只是中。旣不之此，又不之彼，如是則只是內。存此，則自然天理明。」⓮

⓭ ＜賀源光國四十壽序＞，《朱舜水集》卷15，頁479。
⓮ 《河南程氏遺書》卷15。

這裏的「敬」，不單指外貌端正，舉止規矩，而主要是指內心不分散，專一於「天理」，經常打點自己，恪守封建禮敎。朱熹又進一步將這種「敬」的工夫發展爲「居敬」。他講：「敬之一字，萬善根本，涵養、省察、格物致知，種種工夫皆從此出，方有依據。」[50]「敬字工夫，乃聖門第一義，徹頭徹尾，不可頃刻間斷。」[51]因此，朱熹認爲這種「敬」的工夫，正是「夫子所以敎人造道入德之大端」。在儒家思想中，「敬」是進德的根本工夫。

　　朱舜水沿襲了這一傳統的儒家觀念，認爲「敬」是聖人相傳之心法。

　　　若夫敬之一字，堯、舜至於文、武，心法相傳惟此耳。[52]

當聖聖相傳的心法，以外化形式表現出來時，便是作爲一切德行根本的「敬」。因此，朱舜水把「敬」譽爲「德行之體」：

　　　敬者，德之聚也。
　　　能敬必有德。
　　　敬者，禮之輿也。[53]

儒家經典著作《中庸》解釋：智仁勇三體，天下之大德。實行三德，卽達到了眞實無妄的「誠」的境界。所以，「敬」旣是「誠」本體的一種具體表現形式，也是「誠」之體。

----

[50]　《朱文公文集・答潘恭叔》。
[51]　《朱子語類》卷12。
[52]　＜答野傳書十一首・二＞，《朱舜水集》卷8，頁246。
[53]　＜敬六首・一＞，《朱舜水集》卷17，頁493。

在朱舜水的道德實踐論中，作爲誠之體的「敬」，亦具有強烈的實踐性。這種實踐性是通過「敬」與「學」，「敬」與「嚴」的關係體現出來的。

關於「敬」與「學」的關係，朱舜水說：

> 豈有不敬而可言學哉！
>
> 爲學之道，舍敬何適哉？ ❺❹

這裏，他把道德範疇「敬」和實行範疇「學」結合在一起，表明不敬則無以從事於學習實踐。「敬」是學之實際活動的前提和條件。這樣，「敬」與「學」便水乳般地交融在一起。進而，朱舜水又結「敬」注入一種生命力 —— 「強」。「敬則心強，強則心敬，二者相須爲用，分之則爲二，合之則爲一也。」❺❺敬與強的關係是二而一、一而二，相須相用。由此，便能自強而不息，勤於事功而不怠，勵於實行而不倦。

關於「敬」與「嚴」的關係，朱舜水說：

> 嚴者，敬也。敬則未有不勝者矣，不敬則未有能勝者矣。 ❺❻

這裏，朱舜水賦予「敬」以「嚴」的意義，「嚴」使「敬」達到了至勝的完善程度。故此，朱舜水認爲「敬」關係到國家政治與

---

❺❹ ＜敬六首・一＞，《朱舜水集》卷17，頁493。

❺❺ ＜敬強齋序爲奧村庸禮作＞，《朱舜水集》卷15，頁475。

❺❻ ＜勝齋＞，《朱舜水集》卷17，頁501。

隆衰亡的大事:「天子能敬，萬國歸仁；民淳俗厚，風動如春。公侯能敬，敷政優優；兆民有賴，荷天之休。大夫執事，敬貴身先；為民最率，孰不勉旃。賞僭則濫，刑過則淫；善人是懼，奸宄生心。成人小子，惟敬為事；子臣弟友，君子道四。庶人之敬，節用謹身；勤供租賦，善養二親。」❺❼只要舉國上下都能以「敬」修身，即從「嚴」律己律人，以「嚴」治國治民，那麼就國可泰平，民可樂生。

　　如果「敬」是「誠」之體，那麼「禮」則是「誠」之用。誠是內在的主體，禮是外在的功用；只有以誠為基礎，禮才具有眞實性；誠也只有通過禮的作用，才能表現出它眞實的本質。在朱舜水的道德實踐論中，作為誠之用的禮，更是直接付諸於實踐。朱舜水認為「禮」是人事的儀則，國家的楨幹。「禮」是經國家、定社稷、衞人民、利後嗣的大事。它「不特為國家之精神榮衞，直乃為國家之楨幹。在國家為國家之幹,在一身為一身之幹。」❺❽因此，對國家而言，只有講「禮」，方可長治久安,若禮節不行，必上下昏亂，社稷不保。他認為明亡的一個重要原因，就是禮敎崩壞。對個人而言，能夠講究禮節，則一切行為都能合乎規矩準繩。朱舜水專門研究了歷代禮儀制度，為水戶侯源光國作諸侯五廟圖說，並親自敎授日本儒學生學習禮儀。

　　在朱舜水的道德理性思想中，他主張以自強不息、積極的入世態度修身修己，以達人生的最高理想——誠。這樣，作為道德規範的「誠」，就具有了實踐性的品格。而作為誠之體和用的「敬」與「禮」，亦染上了這種品格。因此，中國傳統道德範疇

❺❼　＜敬齋箴並序＞，《朱舜水集》卷20，頁576。
❺❽　＜答明石源助書＞，《朱舜水集》卷5，頁83。

——誠、敬、禮在朱舜水的道德理性思想中，具有了濃厚的實踐色彩。這是朱舜水別具一格的道德風格，也是他批評宋明理學空言心性，無務實事習氣的需要。

正是由於朱舜水把「誠」作爲他道德規範的基本範疇，也正是由於這個「誠」體現了他實踐性的道德風格，所以，朱舜水一生特色，以「誠」爲宗，眞實無僞。（詳見本書第一章。）

三、建學立師，忠君愛國

朱舜水的道德實踐論是與他的道德教育思想緊密聯繫在一起的。正是由於朱舜水在道德風格上強調實踐、實行，所以他主張道德教育要對社會有利、有用。

爲使道德教育有益於社會，朱舜水十分重視道德教育與治國安邦的關係。他考察了虞、夏、商、周以至於明的興衰史，總結出道德教育與國家興廢關係的規律。卽：

> 庠序學校誠爲天下國家之命脈，不可一日廢也。非庠序之足重，庠序立而庠序之教興焉，斯足重爾。虞、夏、商、周以至於今，未之有改也。是故興道致治之世，君相賢明，其學校之制，必蔚然具擧，煥乎可觀。於是人才輩出，民風淳茂，而運祚亦以靈長。至若衰世末俗，不念經國大猷，事事廢弛，以致賢才鬱湮，民風偷薄，弱肉強食，姦宄沸騰，而國運亦以隨之矣。⑨

---

⑨ <學校議>，《朱舜水集》卷14，頁462。

這就是說，如果聖教興盛，卽仁義禮智道德教育興旺，則人才輩出、民風淳茂；如果聖教隳廢，則奔競功利之路開，而禮義廉恥之風息。他認爲八股文、科舉制正是適應人們奔競功利的一條道路。因而，它是與仁、義、禮、智道德教育相違背的。由於道德教育與治國安邦有著密切關係，所以，朱舜水在總結明亡敎訓時，曾精闢地將八股文、科舉制作爲導致明朝覆滅的罪因之一。他說：

> 大明之黨有二：一爲道學諸先生，而文章之士之黠者附之，其實蹈兩船，占望風色，而爲進身之地耳。一爲科目諸公，本無實學，一旦登第，厭忌羣公高談性命。一居當路，遂多方排斥道學，而文章之士亦附之。僕平日曰：明朝之失，非韃虜能取之也，諸進士驅之也。進士之能舉天下而傾之者，八股害之也。[60]

這裏，朱舜水視道學先生和八股文爲禍國殃民的妖孽。他以爲明朝以制義取士，士子們只以功名爲心，不務實學。正由於人們將八股文作爲進爵升官的敲門磚，主司以時文得官，典試以時文取士，所以父之訓子、師之教弟，探獵詞華、埋頭經典、競標新豔，以剽竊爲功、掇青紫爲志，其名亦曰文章，其功亦窮年皓首，誰還知道讀書是爲了治國安邦的道理呢？鑒於此，朱舜水試圖通過道德教育，將世人從道學的義理和經學的奧秘中解放出來，也從八股的迂腐和科舉的功名中解放出來。他企圖通過對八

---

[60] 〈答野節問三十一條〉，《朱舜水集》卷11，頁390。

股科舉制的積極批評，來提倡仁、義、禮、智的道德教育。他指出：科舉制的弊端在於以功名利祿籠絡人心，以典籍經文鉗制思想，最終使人心日非，思想日僵，致使國破家亡。基於這種批評，朱舜水強調改皓首談經的教育，施以濟國濟民的禮智教育；革空議高談的風氣，樹致力於治國理民的仁義學風。這種衝破道學束縛、解放思想、務求利國利民的思想，是朱舜水道德教育的基礎。

在這種道德教育基礎上，他主張培養對國計民生有用的巨儒鴻士，提倡推薦對社會改革有用的濟世英才。朱舜水平生最反對那些只會「咕嗶讀經」、紙上空談的迂腐儒生，而認為「興賢育才」是維繫著國家興榮、政教修明、風俗淳美的首要大事。故此，他特意寫了〈勸興賦〉，以明他建學育才的急切心情。〈勸興賦〉云：

> 敦教勤學，建國之大本；興賢育才，為政之先務。寧有舍此而遑他事者乎？舍此而營他事，則僻邪誕慢之說，競進而雜揉之矣。欲求政教修明，風俗淳美，何可得哉！ ⑥

他在給張定西侯的書信中也奉勸說：

> 得郡得縣，惟以得士為先。 ⑥

朱舜水對人才重要性的深刻認識，是頗有見地的思想。關於「人

---

⑥　〈勸興賦〉，《朱舜水集》卷17，頁501。
⑥　〈致張定西侯書〉，《朱舜水集》卷4，頁40。

才」的標準，他一反中國傳統的唯知讀書窮經、高談闊論、不識民情、不理國政的迂腐書生準則，認爲「所稱得士者，明古今，知興廢，直躬讜論，爲藩臺所敬而事之之人，非僅讀書識字事藩臺之人也。」⑥

由此可見，朱舜水所說的「人才」，既有明古知今的博聞強識，又有懂得以仁義治國安邦的卓越見解；既有治世的才能，又有折衷的道德。總之，他所謂的賢者即爲興國之賢士，他所說的才子即爲改革之良才。爲培育這樣的賢士良才，朱舜水多次奉勸日本當權者，能謹庠序之教，申孝悌之義，培育英才，方爲一世之豪，萬古之光。如他對木下貞幹說：

> 建國君民，敎學爲先，非欲其文辭遒暢，黼黻皇猷而已，誠欲興道致治，移風而易俗也。自非然者，經綸草昧之初，日給不遑，何賢聖之君必以學校爲先務哉？《禮》曰：「學則善人多，而不善人少。」夫善人多所以興道；不善人少所以致治。今貴國君英年駿發，慨然有志於聖賢之學，斯貴國之福也。⑥

朱舜水認爲，國君施行道德敎育的結果，既是立志求實、經世致用的益世之舉，又是學以致用、躬行淑世的讀書勵行過程。而兩者的統一，方能培養和造就眞正的儒者。這眞正的儒者，即朱舜水所謂的賢良人才。爲文，則「文章匡翼世敎，必使宜乎義，合

---

⑥　同⑥。
⑥　＜答木下貞幹書六首·四＞，《朱舜水集》卷8，頁202。

乎禮，協乎萬人之情，非徒以媚悅一二人而已」❻。「文章之貴，
立格立意，練氣練神。……而其要務使有關於世道人心。」❻為
官，則「為學當見其大，實實有裨於君民，恐不當如經生尋章摘
句也。」❻「先儒謂當官之法，惟有三事：曰清，曰慎，曰勤。
知斯三者，則知所以持身矣。孰謂知所以持身而非學哉？但問日
夕之所以汲汲皇皇者，公私利欲之間何如耳！苟或背公植黨，營
其私家，則罪也；如果勤思職業，宣君德，達民隱，訪賢良，
察姦慝，卹鰥寡，賙困窮，則汲汲皇皇，乃學問之大者，又何
病焉！」❻為了培育更多的這種賢良人才，朱舜水在日本講學期
間，更是以身作則，努力施以人倫道德教育。這誠如他的學生安
積覺所說：

> 而其教人，未嘗高談性命，憑虛騖究，惟以孝弟忠信，誘
> 掖奬勵。其所雅言，不離乎民生日用彝倫之間。本乎誠而
> 主乎敬，發於言而徵於行。涵育薰陶，亹亹不倦，務欲成
> 就人才，以為邦家之用。❻

朱舜水「興賢育才」主張的要點是把人才與社會改革緊密聯繫起
來。他認為惟有善於經邦弘化的人才，才能安國安民；惟有窮於
變革的鴻士巨儒，才能富國利民，人才是社會變革成敗的關鍵。

---

❻ <與野節（野竹洞）書三十五首・一>，《朱舜水集》卷8，
　頁205。
❻ <與宅生順（小宅安之）書三十六首・一>，《朱舜水集》卷8，
　頁298。
❻ <答加藤明友問八條>，《朱舜水集》卷11，頁381。
❻ <答古市務本問二條>，《朱舜水集》卷10，頁379。
❻ <舜水先生文集後序>，《朱舜水集》附錄4，頁786。

爲此，他將畢生的心血，用於培育人才，推舉賢才。朱舜水不愧是一位愛才、惜才、育才、樹才的有識之士。

　　爲培育能夠經邦弘化的賢士良才，朱舜水主張道德教育的內容以「禮教」爲主。他所謂的「禮教」，又是以「孝」爲其核心思想。

　　　聖賢千言萬語，無非教人以孝而已。夫豈無他道之可言哉？蓋以孝之道，大而能周，約而能博，微而能著，積厚而生生不息，足以與天地而無斁也。譬諸樹木之有根本，黍稷之有嘉種，枝幹飾節葉華實，無不於此具焉。君子豈不濬其源，而徒沿其流乎？故曰：「君子務本，本立而道生。孝弟也者，其爲仁之本與。」豈惟仁哉？人心之德，盡於仁義禮樂智信。仁之實爲事親，義之實爲從兄，而智爲知斯二者，禮爲節文斯二者，樂爲樂斯二者。又曰：「事親弗悅，弗信乎朋友。」然則千變萬化，皆所以發明此孝弟，而弟又所以廣其孝也。若舍親親而侈言仁民愛物，是之爲悖德，是之謂不知務，況敢言仁哉？
　　　然則孝者止於事其親而已乎？曾子曰：「居處不莊非孝也，事君不忠非孝也，涖官不敬非孝也，朋友不信非孝也，戰陳無勇非孝也。五者不遂，災及其親，敢不敬乎！」故「孝始於事親，中於事君，終於立身」，誠以「立身行道，揚名於後世，以顯父母」，足以爲孝之終也。
　　　……孝之爲道大也！孝之爲道，治平天下之極則，非止於獨善其身而已，君子可不知所務乎？⓻

　　⓻　〈孝說──爲伊藤友次作〉，《朱舜水集》卷13，頁438。

由於「孝」與修身、齊家、治國、平天下有著密切關係，所以，朱舜水主張人們通過對以「孝」爲中心的「禮敎」的學習，應該達到移風易俗、更化善俗、治國理民的目的。因此，他認爲以「孝」爲中心的禮敎學習，又寓於對國濟民生有益的下學功夫之中。

朱舜水把這種對國濟民生有益的下學功夫，稱爲「實學」。這種實學的特點，可以用「明白平常」四字標宗。即「先儒將現前道理每每說到極微極妙處，固是精細功夫。不佞舉極難重事，一概都說到明明白白平平常常來，似乎膚淺庸陋。」⑦這表明，他的「實學」學問，不像理學家那樣專門講究雕文刻鏤、錦綉纂組的學問，而是存在於木豆瓦登、布帛菽粟這些實用的東西之中。

進而，朱舜水又以儒家聖人孔子和顏淵爲例，闡明了「實學」學問不在乎玄妙高遠，關鍵是於日用能事有益。他贊美不離民生日用彝倫之間的「下學功夫」，譏笑吟詩作賦和宋明理學一類的所謂「精微妙理」。朱舜水說，「空梁落燕泥」，工則工矣，但對於治理國家，有何益哉？「僧推月下門」，核則核矣，但對於國計民生，有何補哉？「鷄聲茅店月，人迹板橋霜」，新則新矣，但對於事理機緣，有何當哉？朱熹的理學更不可行於人世。「足容必重，手容必恭，《禮》特言其大要爾。自朱子言之，儼然泥塑木雕，豈復可行於世！」⑫朱舜水這種反對脫離社會、鄙棄玄妙高遠之言的學風，始終貫徹不渝。他在日本講學時，許多日本人想要和他討論宋明理學方面的問題，均遭他婉言謝絕。他在給安東守約的書信中，屢次斥責空談性命天理而不卽事以求理

⑦　＜答安東守約書三十首・十一＞，《朱舜水集》卷7，頁181。
⑫　＜答安東守約書三十首・二十＞，《朱舜水集》卷7，頁190。

的錯誤。他拿良工與宋明理學作一比喻：古時候，有位非常巧妙
的工匠，能夠在棘端雕刻沐猴，耳目口鼻刻得十分相像，連身上
的毛髮都可以看得到。這種工藝雖然巧妙，可是對人類社會有什
麼益處呢？朱舜水通過這個生動的例子，以表明自己的學問在不
用時便退藏起來，萬一能夠大用，就可以使時和年豐、政治還
醇、風俗歸厚，而絕不像宋儒一般，辨析毫釐，不曾做得一事。
這種返諸實事的學風，決定了朱舜水所弘揚的是一種可望可即、
實實在在的學問。

> 行之則必至，為之則必成。譬之農夫然，深耕易耨，則堅
> 好穎栗；鹵莽而布之，則滅裂而報之矣。非若他道之荒
> 繆，可望而不可即，可喜而不可食也。❼

他以為傳授這種學問的結果，就如同農夫耕種一般，種瓜得瓜，
種豆得豆。弘揚「實學」，一定會取得有益於國政，有補於民生
的社會效益。

正因為朱舜水提倡的「實學」內容明白簡易，人人皆可在實
際中學到，而且不說妙說玄、騖遠騖高，而是根植於民生日用彝
倫之間，有益於國家社稷，具有廣泛的社會價值。所以，這就決
定了他施以道德教育的廣泛性和社會性。

其廣泛性表現在朱舜水認為不論出身，不管貴賤，只要好
學，都應對其施以道德教育。

---

❼　<答木下貞幹書六首·四>，《朱舜水集》卷8，頁202。

> 古來為學，不問其貧富貴賤，不問其事冗事簡，惟問其好
> 不好耳。好則最煩最不足者，偏有餘力餘功。不好則千金
> 之子，貴介之冑，祇以嗜酒漁色，求田問舍，何復有一念
> 及於學問！且學問者亦何必廢時荒業，負笈千里，而後為
> 學哉？❼

這說明，朱舜水主張不管求學者的出身如何，唯看他是否好學？
好學，則時時處處有仁義禮智道德學問，皆可受到道德教育，皆
可成就為大器。例如茅容，是個樵夫。郭林宗勸令為學，卒為大
儒。由此推論，世上沒有不可授以道德教育的人；只要認真學習
倫理道德；農夫之子，可以升為司馬司徒，辨論官材；陶匠之
徒，可以進為將材、帥材，揮戈躍馬。這表明，只要人們發憤求
學，便可成德達材。為此，朱舜水提倡「學者求師當如海」❼。
好學，則稠人羣聚之時，必有我師；事務紛錯之際，皆有其學，
無地無時非學問。朱舜水還舉「一字為師」的例子，闡述「求師
當如海」的道理。

> 昔有一名公元老，命吏書牘曰「于寶」，其吏跪而復曰：
> 「命是晉臣，合是干寶。」此老瞿然起敬，改容稱謝，與
> 各部堂曰：「此吾一字之師也。」若能如此，則何學不成？
> 傲然自足，則何德不隳？故曰：「學者立志當如山，求師
> 當如海。」以此思學，無弗得矣。❼

---

❼ 〈答小宅重治書〉，《朱舜水集》卷9，頁297-298。
❼ 〈答奧村德輝書九首・五〉，《朱舜水集》卷8，頁283。
❼ 同❼。

朱舜水道德教育的廣泛性旨在強調道德教育的必要性。

其社會性表現在朱舜水認爲仁義禮智信的倫理道德規範，滲透於社會的各個方面，各個層次之中。

> 家有母，學爲孝；家有弟，學爲友；家有婦，學爲和；出而有君上，學爲忠慎；有朋友，學爲信；無往而非學也。[77]

朱舜水提倡：在家庭生活中，因爲要與父母、兄弟、妻兒接觸，所以，在家庭實踐中，可以自覺地學到孝悌、仁和等倫理道德；在社會生活中，又因爲要與君主、朋友交往，所以，在社會實踐中，又可以主動地學到忠信等道德倫理。這表明，社會生活和社會實踐是對人們施以道德教育的大課堂。人們只要有心學習，就可以在社會這個大課堂中，受到應有的道德教育。朱舜水道德教育的社會性旨在強調道德教育的實踐性。

朱舜水在強調道德教育的廣泛性和社會性的同時，又積極主張寓道德修養於道德教育之中。他指出，受教育者必須具備四德，卽一德爲「實」、二德爲「虛」、三德爲「勤」、四德爲「恒」，方能在實踐中學有成效。

> 一則實。不實則不成，如作室而無基，雖有梗楠豫章，凌雲巧構，無地可施。二則虛。不虛則先自滿，假敎之亦不能受。「甘受和，白受采。」不甘不白，鹽梅黼黻，著於何所？三則勤。讀書全要精勤，懶惰遊戲作輟，必無有成

---

[77] 〈答小宅重治書〉，《朱舜水集》卷9，頁298。

之理。四則恒。士人第一要有恒。「人而無恒，不可以作
巫醫」，況乎學問修身，為第一等事？若希冀近功，必非
真心實學之人。先要檢點此四者有無，然後可以言學。❼❽

在這裏，朱舜水指出，「誠」、「虛」、「勤」、「恒」是人們從事
道德修養的四個必備條件。其中，「誠」是道德修養的基礎條件。
如上所述，朱舜水認為「誠」是人們為善成聖的第一基本條件，
它就如同築屋的地基一樣重要。沒有「誠」，則一切無從談起。
「虛」是道德修養的態度條件。在誠的基礎上，人們要想成聖為
善，還要具備「虛心」、「謙虛」的條件。因為只有虛以待人、
虛以處事，才能從自己周圍的人和事中，學到無盡的知識。「勤」
是道德修養的實踐條件。人只有勤於實踐、奮於實踐，才能在實
踐中不斷精進、不斷奮進。「恒」是道德修養的意志條件。因為
學問修身是第一等重要之事，所以人們還必須要具備堅忍不拔的
意志，一往直前的恒心，才會在學問知識和道德修養方面，收到
效益。

除此「四德」而外，朱舜水又指出，「立志」和「竭力」也是
人們在道德修養中要注意的兩個問題。朱舜水所謂的「立志」，
是指通過道德學習和道德實踐，樹立正心修身、擴充知識、不斷
進步的信念。而他所謂的「竭力」，是指努力調動和發揮人的主
觀能動性，使人在道德修養方面百尺竿頭，精進不已。如他所
言：

---

❼❽　〈諭五十川剛伯規〉，《朱舜水集》卷20，頁579。

慨焉激勵者，其憤悱者也。慨然也，志者；激勵而竭力
者，氣也。志氣感奮，其學有不成者乎！竭力二字，受用
無窮。竭力以事君必忠，竭力以事親必孝，竭力以讀書修
己，則必為賢為聖。人之所以不肖者，皆不能竭其力者
也；或竭其力於無用之地耳。**⑦**

為學非難，立志為難。志既堅定，則寒暑晦明，貧富夷險，
升沉通塞，均不足以奪之矣。如此而學有不成者乎？然學
者，所以祈進者也，所以基大者也。而自以為進者恒退，
自以為大者並其小而失之。足下進寸退尺，學小遺大，即
此欲然不自滿之念，真善為學也，善立志也。**⑧**

「立志」和「竭力」是道德修養過程中兩個十分重要的問題。朱
舜水認為，之所以說它們重要，是因為通過「立志」和「竭力」，
人們可以充分發揮自己的主觀能力，將主觀的精神、意志、信念
變為客觀的行動、業績、功勛，由此而成聖成賢，造福人類和社
會。

在道德修養方面，除上述內容而外，作為引鑒之用，朱舜水
又提出「廢學五端」。這五端是：

一曰躭嗜麴蘗，恒舞酣歌。二曰嬈童豔妾，馳騁漁獵。三
曰志存乾沒，貪得無厭。四曰營營官途，苟求尊顯，攀附
奧援，趨鶩容悅。五曰朋比匪人，巧中所欲，誘入荒迷，

---

⑦　〈答奧村德輝書九首・一〉，《朱舜水集》卷8，頁280。
⑧　〈答矢野保菴書〉，《朱舜水集》卷5，頁86。

　　流連喪志。五者皆害學者也。 **㉛**

沉醉於歌舞、迷溺於漁獵、流連喪志、苟且求官、誘入迷途——
朱舜水認爲這五者是道德學習的大忌和道德修養的大敵。人們如
果沉陷其中，則性情昏蔽。性昏則於知識無所得，於德行無所
求，而最終導致終身無所獲。

　　進爾，朱舜水又提出道德修養的目的不可追求名利人爵。因
爲若以學爲市，修其天爵，以要人爵；旣得人爵，棄去天爵；名
之爲學，實以學爲戲。這種人只能是「終身爲學，終身未之學
也」。

　　在道德教育和道德修養方面，朱舜水高瞻遠矚，將其與儒家
的「內聖外王」之學緊密地聯繫在一起。

　　「內聖外王」是儒家的傳統主張。而「內聖外王」的概念最
早見之於《莊子・天下篇》：「內聖外王之道，闇而不明，鬱而
不發」。「內聖」，指主體的內在修養，卽對善的領悟，對仁義道
德的把握。用孟子的話說，就是養至大、至剛的「浩然之氣」。
「外王」，指把主體的內在修養所得，推廣於社會，使天下道一
風同。用儒家自己的話來說，就是通過修身來齊家，進而治國平
天下。可以說，「三綱八目」的內涵及其相互關係，正是內聖外
王的具體化。所謂「三綱」，卽列爲「四書」之首的儒家經典
《大學》一開章就提出的「明明德、親民、止於至善」。其中，
「明」，是指明白、把握、學習之意，「明德」是指封建的倫理道
德，「明明德」卽領會、把握、學習仁義禮智等封建倫理道德。

　　㉛ ＜與奧村德奧（奧村兵部）書八首・一＞，《朱舜水集》卷8，
　　　頁277。

「親民」，即推己及人的意思。「止於至善」，就是要修身養性，達到把握仁義禮智等綱常名教的境界，執著不放。可以說，「三綱」的實質內容，講的就是如何對人施以儒家的倫理道德教育。所謂「八目」，就是：格物、致知、正心、誠意、修身、齊家、治國、平天下。《大學》說：「古之欲明明德於天下者，先治其國；欲治其國者，先齊其家；欲齊其家者，先修其身；欲修其身者，先正其心；欲正其心者，先誠其意；欲誠其意者，先致其知。致知在格物。物格而後知至，知至而後意誠，意誠而後心正，心正而後身修，身修而後家齊，家齊而後國治，國治而後天下平。」

　　其中，「誠意、正心、修身」，講的是道德修養，「齊家、治國、平天下」談的是政治實踐。總之，「三綱八目」的中心思想就是通過道德教育和道德修養，以實現治理國家和社會的政治抱負。因此，「三綱八目」就是儒家爲了實現「內聖外王」的境界而倡導的道德教育論和修養論。

　　朱舜水忠實地繼承了儒家這一傳統思想。他積極地提倡興學育才，施以儒家的倫理道德教化和道德修養，這就是「內聖」的自我完善。但他又認爲不能陶醉於道德的自我完善，倫理情趣不能只停留於主體本身，「內聖」之後，還要「外王」，即他主張的巨儒鴻士要能夠「經邦弘化，康濟艱難」，要有對國計民生有用、對社會改革有益的遠大抱負。

第六章　殷殷慈心，東瀛朱子

——朱舜水與日本朱子學

一、朱門之廁，濟濟英才

古諺有云：文翁西來，巴蜀向化；柳州南竄，嶺表同文；蘇子瞻闢儋耳之蓁狉，陳永華開臺灣之洪荒。與此相仿，朱舜水東渡日本，「爲建學，設四科，闡良知之教，日本於是始有學，國人稱爲朱夫子。」❶朱舜水以淵淵之學術、燁燁之文彩、篤篤之實情、殷殷之慈心，爲中日文化交流做出了重要貢獻。對此，梁啓超說：「朱舜水以極光明俊偉的人格，極平實淹貫的學問，極純摯和藹的感情，給日本全國人民以莫大的感化。」❷當代日本著名史學家木宮泰彥亦高度評價朱舜水對日本精神文化的影響。他說：「給日本精神文化以最大影響的是明朝遺臣朱舜水。……凡當代學者無不直接間接受到他的感化，給日本儒學界以極大的影響。」❸

朱舜水在日本收徒講學，歷經二十二個春秋，堪爲日本教育史上的一位大教育家。他以自己畢生的心血哺育了滿園桃李，被

---

❶　＜明遺民所知錄傳十七朱舜水＞，《朱舜水集》附錄1，頁640。
❷　梁啓超：《中國近三百年學術史》，頁81。
❸　《日中文化交流史》，商務印書館1980年版，頁703-704。

日本人民尊稱爲日本的孔夫子。在日本，朱門弟子，英才輩出。
他們其中有：日本國宰相、水戶侯德川光國（源光國），關西碩
儒安東省庵（安東守約）、天下學者四面歸之的一代儒宗伊藤維
楨（伊藤仁齋），日本古學開山鼻祖山鹿素行，幼師朱舜水，後
成名震四方的大儒安積覺（安積澹泊）等等。在《朱舜水集》中
出現的日本學者近百人，其中或是與朱舜水書問筆談、切磋學
問，或是恭候拜師、欲厠朱舜水門下，而讀其書慕其人，直接間
接蒙其感染的所謂私淑弟子尤衆。

從日本學術發展來看，不論日本朱子學、古學，還是水戶
學，都與朱舜水的思想有着密切關係。日本朱子學從宏觀上可分
爲兩大派系：一爲主氣派（以安東守約、貝原益軒、新井白石爲
代表），一爲主理派（以山崎闇齋爲代表）。日本朱子學主氣派着
重繼承，發展了朱舜水的經世致用思想。經世濟民是其主要宗
旨，主博學、尊知識、倡實行、蓄經驗是其基本特徵，由此構成
了有別於中國朱子學而別具風姿的日本朱子學。日本古學沿着朱
舜水批評宋明理學的道路，發展爲具有無神論思想的樸素唯物主
義學派，爲實證科學在近代日本社會的傳播奠定了基礎。日本水
戶學發揚了朱舜水重史、尙史、尊史的史學思想，結合日本國
情，演繹爲忠君愛國、倒幕維新的社會思潮，成爲明治維新原動
力之一。在日本思想史上，這三大學派各以其獨特的思想，形成
了一股注重科學實證、講究經世致用、倡導改革致強的思想潮
流，推動着日本社會向前發展。由此，朱舜水可以稱得上是日本
歷史上彪炳千古的人物。爲此，梁啓超說：

　　朱舜水與日本近代文化極有關係。當時卽已造就人才不少。

　　我們要了解他影響之偉大，須看他的朋友和弟子跟着他活動的情形。❹

　　現將朱舜水與朱門弟子有卓然成就者的關係，列表如下：

朱舜水日本學系略圖

朱舜水

- **日本古學派**
  - 山鹿素行
  - 伊藤仁齋 ── 伊藤東涯
  - 荻生徂徠
- **日本水戶學派**
  - 安積覺
    - 粟山潛峰、佐佐十竹、藤睞仙潭、人見懋齋
    - 小宅生順、人見野壹、吉弘元常、秋山久積
    - 前田綱紀、五十川剛伯、奧村庸禮、奧村德輝
  - 德川光國 ── 德川齊昭
    - 菊池南汀 ── 菊池南洲
    - 德田錦江 ── 青山瑤溪
    - 松村芳洲 ── 藤田東湖
    - 鈴木白水 ── 會澤正志齋、藤田幽谷
    - 鈴木廉泉、谷田部東壑
- **日本朱子學派（主氣派）**
  - 木下順菴
    - 新井白石
    - 南部南山
  - 安東守約
    - 伊藤春林
    - 安東侗菴

二、力闢空疏，排佛興儒

　　日本朱子學是中國朱子學的移植和嬗變。在中國朱子學走上衰落之時，別具一格的日本朱子學宛如一朵奇葩，怒放在日本哲

---

❹　〈朱舜水先生年譜〉，《朱舜水集》附錄1，頁729。

學的百花園中，對日本社會的政治、經濟和日本國民性的形成，發生了重要作用。而辛勤培育這株有別於中國朱子學的日本朱子學之花的園丁，就是朱舜水。

中國朱子學最初傳入日本是在鎌倉幕府的初期。在傳播過程中，起重要作用的是中日兩國的僧侶。據說朱子學的最初傳入者是日本禪僧俊芿。俊芿法師於西元1199年由兩位弟子陪同，來到中國。先在四明（今浙江省鄞縣）學禪學，後到華亭（今上海市松江縣）跟北磵禪師學習朱子學。他於西元1211年回到日本。回國時他携帶了大量書籍，其中儒家書籍就有 236 卷。「宋書之入本邦，蓋首乎俊芿等，多購儒書回自宋。」❺此外，還有一種說法。認爲在日本，朱子學的首倡者是入宋僧巴爾。他於西元1241年回國時帶回大量儒佛書籍，其中有朱熹著作多卷。如《晦庵大學或問》、《晦庵中庸或問》、《論語精義》、《孟子精義》等❻。自巴爾後，禪僧天佑、淨雲等陸續入宋又歸日。

與此同時，中國僧侶也前往日本，在傳授朱子學中起了很大作用。其中著名的僧人有道隆、普寧、正念、祖元、一山等。這些人都是通曉朱子學的禪僧。他們在日本一面傳授禪學，一面傳授朱子學。

日本室町時代（西元1362—1602年）京都成了文化中心。號稱京都的五山禪僧（天龍、相國、隶仁、東福、萬壽）等寺院的僧侶們，經常在一起學習、研討朱子學，並用禪宗思想解釋朱子學。由此，使中國朱子學在日本得到了廣泛、深入的發展。

中國朱子學在日本的傳播期整整用了四百年時間。然而朱子

---

❺ 《漢字紀原》第 3 卷。
❻ 和島芳男:《中世儒學》，吉川弘文館1965年版，頁46。

學在其傳播的四百年間，始終從屬於佛教，沒有擺脫佛教的束縛。這就決定了日本朱子學脫離實際的僧侶主義傾向。對此，朱舜水力矯朱子學的空虛之弊，使重行尚實蔚爲風尚。而協助他完成這一偉業的，就是朱舜水的知己和高徒——安東守約。

安東守約（西元1622—1701年）字魯默，號省庵，筑後（今福岡縣）人，仕柳河侯。守約出身於柳川藩的名門大家，初學於松永尺五先生，後拜朱舜水爲師，學益富，行益修，漸成爲文武全才、名德悠重的醇儒。

朱舜水和安東守約情如父子，具有知己般的深情厚愛，成爲中日文化交流史上的一大高誼。

當朱舜水爲抗清復明奔波忙碌於日本和舟山之間時，安東守約聞其事，慕其人，作詩贊他：

> 遠避胡塵來海東，凜然節出魯連雄。
> 勵忠仗義仁人事，就利求安衆俗同。
> 昔日名題九天上，多年身落四邊中。
> 鵬程好去圖恢復，舟楫今乘萬里風。❼

當朱舜水決定定居日本，苦於日本禁留外人，因而輾轉徘徊時，安東守約苦苦懇留，四處央人，八方求情，最後使日本當局特爲朱舜水開四十年不留外國人的禁令。對此事，友人贊譽安東守約：「其留住先生於崎港一事，尤彰灼在人耳目。其間多少窒

---

❼ ＜朱舜水和安東省庵＞，《朱舜水紀念會刊》，神田印刷所1912年版，頁91。

礙，多少調停，悉心經營，遂成搢紳美談。」❽但他卻說：

> 守約嘗讀文丞相「我亦東隨煙霧去，扶桑影裏看金輪」詩，
> 慨歎以爲假令丞相來日本，則雖爲之執鞭，所忻慕焉。然
> 惜丞相不來，又不得同時也。今先生之來，蓋丞相之意，
> 而幸得同時，然不得供役承敎，則向之所慕，亦葉公之龍
> 耳。先生索知守約之丹心，勿以爲虛飾也。❾

　　當朱舜水初來長崎，時人未知其學時，安東守約前往就師，
成爲朱舜水的第一位日本學生。

　　當朱舜水生活貧困，受災遇難時，安東守約將自己的薄俸之
半相奉。他說：

> 先賢有以麥舟救朋友之急者。古人稱師與君父，所在致
> 死，況其餘哉！然則義當悉獻年俸，自取其三之一；然辱
> 愛之深，恐不許之，故今取其中，以分其半。若非其義，
> 非其道，則奉者受者猶之匪人。老師高風峻節，必不受不
> 義之祿。豈以守約之所奉，爲不義之祿乎？守約百事不如
> 人，惟於取與，欲盡心以合理。若拒之則爲匪人也，豈相
> 愛之道哉！❿

西元1663年，長崎發生一場大火。朱舜水的住所被焚毀殆盡，只

---

❽　＜與山崎玄碩書＞，《朱舜水集》附錄3，頁762。
❾　＜上朱先生書二十二首・四＞，《朱舜水集》附錄3，頁747。
❿　＜舜水先生行實＞，《朱舜水集》附錄1，頁617。

好寄居於皓墓寺的屋檐下，風雨不避、盜賊充斥、不保且夕，處境十分狼狽。安東守約聞訊後說：「我養老師，四方所俱知也。使老師餓死，則我何面目立乎世哉？」⑪於是，不顧病危的妹妹，立卽趕到長崎，替老師另籌新居，情意綢繆。

安東守約懇留朱舜水於日本的歷史意義，得到了日本一代儒宗伊藤仁齋的重視和肯定：

> 承聞明國大儒越中朱先生，躬懷不帝秦之義，來止長崎。台下忽執弟子禮，師事之；且不蓄妻子，不恤衣食，奉廩祿之半，以作留師之計。其志道之高，行義之潔，非不待文王而興者，豈能然乎。……儻若先生之道，得大行於玆土，則雖後來之化，萬萬於今，實台下之力也，豈不偉哉！豈不偉哉！⑫

這一段史實遂成爲中日友好的美談。

朱舜水對他的這位日本高足亦關懷備至，感激不已。對安東守約的苦留、分俸之事，朱舜水終身不忘，並在給孫男毓仁的信中告誡他的子孫後代永遠銘記：「此等人中原亦自少有，汝不知名義，亦當銘心刻骨，世世不忘也。」⑬

舜水做了水戶侯的賓師後，亦不忘守約傾心之篤，常寄黃金衣物，以表情愫。對於安東守約與他脈脈相通、心心相印的情緣，朱舜水將不輕易許人的「知己」二字送給他，表示師徒二人

---

⑪　同上，頁618。
⑫　〈答安東省庵書〉，《朱舜水集》附錄3，頁781。
⑬　〈與孫男毓仁書〉，《朱舜水集》卷4，頁48。

志同道合的趣向。他在給安東守約的書信中說：

> 不佞年逾六十，平生不敢傲妄。至於「知己」兩字，他人
> 以為尋常贈遺語，不佞絕不肯許人。兩老師如少宰朱閬
> 老，大宗伯吳霞老，骨肉之愛，最真最切，不佞亦未嘗用
> 此。惟少司馬完勳王先生足以當之，今得賢契而再矣。如
> 武林張書紳，庶幾近之，而未可必。微友陳遵之者，有無
> 相共，患難相恤，胤息相子，未嘗有形骸爾我之隔。不佞
> 往時面謂之云：「若足下可稱相厚矣，不可言相知也。」
> 他若威虜侯黃虎老，知之而未盡。其餘比比，皆知敬愛，
> 或者稱許過當，總未能相知。不佞於二字之嚴如此。❹

　　朱舜水對於安東守約「只好聖賢之學」的精神和刻苦精進的
學風，稱讚道：「柳州安東省庵者，真貴國豪傑之士，學行俱超
超足尚；其苦心刻志，更不可及。」❺
　　安東守約尊朱舜水為「大恩師」，朱舜水讚安東守約為「貴
國白眉」；守約在舜水的祭文中寫道：「我得其知遇，天也，亦神
助也，千百世而一相遇者也。恩如父子，豈非族之云乎？」舜水
在給守約的信中說道：「不佞之心，光明如皎日霽月，自信無纖
毫雲翳，而與賢契相信如金石。」據《朱舜水集》所載，朱舜水
與安東守約來往書信八十餘封，探討學術問題不下四十餘次，僅
安東守約祭祠朱舜水的悼文就有四篇。在他們二人的往來書信

---

❹　＜答安東守約書三十首・十八＞，《朱舜水集》卷7，頁 186-
　　187。
❺　＜答明石源助書＞，《朱舜水集》卷5，頁84。

中，有政治見解的研討，亦有娶妻生子的祝賀；有學術觀點的探索，亦有冷熱病喪的關懷。

他們就是這樣，在生活上相互關心，在學術上相互傾慕。

安東守約之所以能夠成為朱舜水的知己和高足，更是因為他們具有扭轉日本朱子學界佛釋之風彌漫、空談之氣充斥狀況的共同理想和志向。安東守約曾說：「守約敬先生，本非為名；先生愛守約，亦豈有私，惟欲斯學之明而已矣。」⑯這表明他們治學的趣向是相符的。

以經世致用思想著稱的朱舜水初到日本時，面對佛學和性理學的空疏，頗有學淺力薄之感。他在給安東守約的信中，吐露心聲說：

> 目下聖道榛蕪，而貴國又處積重難回之勢，若以僕之荒陋，而冀倡明絕學，是猶以素杇之索繫萬鈞之石，懸於不測之深谿，豈有其不隕而墜之理乎？⑰

安東守約深知老師的心願和艱難，立志要做日本開闢聖學第一人。他對朱舜水說：

> 近世一種陽儒陰佛之輩，塗人之耳目者，不暇枚舉。先生慨然以正學為己任，敬想天使先生繼斯道之統，故守節不死，將及中興之時也，寧不自愛乎？守約無他長，只好聖賢之學，未至者也。然知愚儒可怪，異端可排，伏乞書自

---

⑯　＜上朱先生二十二首・九＞，《朱舜水集》附錄3，頁750。
⑰　＜答安東守約書三十首・十一＞，《朱舜水集》卷7，頁181。

上古聖賢至明儒道統圖以賜之，豈不後生之幸乎！ **⑱**

安東守約這種「手披荊棘，力闢草萊，而欲奮然身任絕學」的精神，給了朱舜水以信心和力量。他表示：

> 省庵雖一介寒士，然其高才卓識，盛德虛心，則有不可及者矣。親疏戚友之間，搖之者萬方而終不惑，敝衣陋室而不恥，糲飯瓢飲而不悔，使大邦能振興於聖賢之道，則若人誠君子而尚德者矣。使賢之志意能如省庵，則不佞又何有世俗之慮哉？ **⑲**

於是，朱舜水通過施教自由學風和經世致用思想，將安東守約造就爲「關西巨儒」，以成爲他實現日本學術界轉變的力量。

朱舜水爲不肯守一先生之說，嘗開導守約說，博學多識之輩，不拘束於一家之言，不苟同於某氏之學，能遴其粹然者而取之，能慕其湛然者而學之。這種自由學風是他學術思想的一貫表現，亦是他針對當時日本學術界由佛學和性理學霸佔的狀況而發，所以，這種自由學風成了促成日本學術界發生轉變的重要條件。他這種超脫於偏狹朱子學的自由學風深深地教育了安東守約。在《朱舜水集》中有這樣的記載：

> 問：朱、陸同異，不待辯說明矣。近世程篁敦道一編、席元山鳴寃錄，其証甚矣。然「尊德性」、「道問學」，陸説

---

⑱ 〈上朱先生二十二首・七〉，《朱舜水集》附錄3，頁748。
⑲ 〈答奧村庸禮書十二首・三〉，《朱舜水集》卷8，頁268。

亦似親切，奈何？

答：「尊德性」、「道問學」，不足為病，便不必論其同異。
生知、學知、安行、利行，到究竟總是一般。是朱者非
陸，是陸者非朱，所以玄黃水火，其戰不息。

問：陽明之學近異端，近世多為宗主，如何？

答：王文成亦有病處，然好處極多。講良知，創書院，天
下翕然有道學之名；高視闊步，優孟衣冠，是其病也。❷⓪

在朱舜水這種自由學風的熏染下，安東守約以博采眾家之長
為樂。在學術思想上，守約雖屬朱子學系統，但又不固執於朱子
學，對朱子學採取了分析、批判的態度。他在一篇文章中論朱陸
異同說：

朱陸鵝湖之議論不合，其門人不知其師之淵源。左袒朱
者，以陸為禪寂；右袒陸者，以朱為支離。互相姍議，隨
聲雷同，彼堅我白，操戈入室，其流弊甚於洪水之泛濫
矣。

朱陸之同異，其說紛紛，終成千古未了之談。余嘗不自揣，
為作辯曰：天下之水一，其支分派別不同者，流之然也，
其源未嘗不一也。聖賢之道亦然，其立教或由本達末，或
溯末探本，其所入不同，其所至一也。

蓋朱子以博文而漸次歸約為教，陸子以頓悟而一躍至道為
教。夫以博文為支離，則一貫忠恕，何者非簡易？其博文

❷⓪ ＜答安東守約問三十四條＞，《朱舜水集》卷11，頁396-397。

所謂溯末，其頓悟所謂探本，其歸約至道，未始非從本末。然則本末之非有二，況其師堯舜，尚仁義，去人欲，存天理，其心同，其道同，是其支離禪寂，特其末流之弊而已。❷

安東守約這種博採各家之長的學風，還表現在他於寬文八年（西元 1668 年）寫作《初學心法》時曾引用過衆多先聖之語。如：〈立志篇〉引用朱熹、王陽明之語；〈存養篇〉引用朱熹、陳北溪、胡敬齋、羅整庵之語；〈省察篇〉引用張範陽、陸九淵、吳臨川、薛敬軒、陸澄之語；〈勉學篇〉引用楊龜山、陸九淵、朱熹、薛敬軒、王陽明之語；〈教知篇〉引用朱熹、黃勉齋之語；〈力行篇〉引用朱熹、薛敬軒之語；〈克己篇〉引用尹和靖、朱熹、薛敬軒、王陽明之語；〈愼言篇〉引用李延平、薛敬軒之語；〈旣道篇〉引用眞西山、王陽明之語；〈雜論篇〉引用楊龜山、李延平、朱熹、張南軒、呂東萊、眞西山、許魯齋、羅整庵之語❷。這表明安東守約不拘束於一家、一派之學，能夠站在超然於朱子學的學術高度，棄各家之弊，取各家之長。這種學風爲他以後開創以務實爲主的日本朱子學主氣派創造了重要條件。

朱舜水爲了與空寂的佛釋之學相頡頏，曾以儒家正統自居，把孔孟譽爲經世致用的鼻祖，將儒家學說捧爲聖學。在他這種思想影響下，安東守約在《學蔀通辨跋》中也說：「學術最大弊害是佛教。它以空寂之談，禍福之說，迷惑愚者。佛教徒愈來愈多，

---

❷ 朱謙之：《日本的朱子學》，三聯書店1958年版，頁206。

❷ 菰口治、岡田武彥：《安東省庵・貝原益軒》，明德出版社1985年版，頁34-35。

而吾儒學道統愈來愈孤立。昔者楊朱、墨子堵塞正道，而孟子繼
孔子之傳，又開闢聖道。其功績不在禹之下。」❷❸正是基於這種
扭轉日本學術界空疏之談風俗的共同理想，朱舜水將經世濟民，
利用厚生的經世致用思想，通過安東守約而極大地影響了日本學
術界。

　　朱舜水從治學、作詩、踐行諸方面對安東守約進行經世致用
思想的教導。關於治學，他說：

　　　仲尼之道如布帛菽粟，誠無詭怪離奇，如他途之使人炫耀
　　　而羨慕。然天下可無雲綃霧縠，必不可無布帛；可無交梨
　　　火棗，不可無粱粟；雖有下愚，亦明白而易曉矣。❷❹

關於作詩，他說：

　　　至於作詩，今詩不比古詩，無根華藻，無益乎民風世教；
　　　而學者汲汲為之，不過取名干譽而已。即此一念，已不可
　　　入於聖賢大學之道。❷❺

關於踐行，他說：

　　　為學之道，外修其名者，無益也。必須身體力行，方為有
　　　得。故子貢天資穎悟，不得與聖道之傳，無他，華而不實

❷❸　菰口治、岡田武彥：《安東省庵‧貝原益軒》，頁29。
❷❹　〈諭安東守約規〉，《朱舜水集》卷20，頁578。
❷❺　〈答安東守約問三十四條〉，《朱舜水集》卷11，頁395。

也。㉖

朱舜水強調聖賢之學是明白平常、樸實無華的，實在無僞的；他不主張吟詩作賦，認爲那於民風世教無益，對評詩，他褒杜貶李，以爲杜甫的詩與民情世俗更貼近；他倡導實踐、實行，認爲治學之道尤在踐履。這種「學問之道，貴在實行」，「聖賢之學，俱在踐履」的合理主義思想，對安東守約發生了重要影響作用。這種作用具體表現在他對朱子學的改造上。

正是在朱舜水合理主義思想的誘導下，安東守約對朱子學的基本範疇 ── 「理」與「氣」，作出了理氣合一的解釋。他這樣說道：

> 天地之間，唯理與氣，以爲二不是，以爲一亦不是。先儒之論，未能歸一，豈管窺之所及哉？羅整庵曰：「理須就氣上認取，然認氣爲理便不是，此處不容間發，最爲難言。要之人善觀而然認之，只就氣認理，與認氣爲理，兩言明白分別，若於此看透，則多説亦無用。」
> 理只是氣之理，當於氣轉折之處觀之。往而來，來而往，不知其所以然而然，若有一物主宰，其間而使之然，此即所以有理之名。《易》有太極，即謂此。若於轉折之處，看得分明，自然頭頭皆合。㉗

安東守約的這種「理氣合一」論，是針對中國朱子學的「理一元」

㉖　<舜水先生行實>，《朱舜水集》附錄1，頁624。
㉗　安東守約：《耻齋漫錄》。

論而發的。中國朱子學「理一元」論的實質是「理本」論，卽它強調「理」的本體性、形上性。朱熹認爲理的形上性是區別於氣的形下性而言。他說：「天地之間，有理有氣。理也者，形而上之道也，生物之本也。氣也者，形而下之器也，生物之具也。」❷這裏所謂形而上，是指無形無象的宇宙本體；所謂形而下，是指有形有象的物質存在。關於形而上之理與形而下之氣的關係，朱熹認爲「理」是形而上之道，是生物之本；「氣」是形而下之器，是生物之具。因此，理（道）與氣（器）之間，必須界線嚴明，不可混亂。例如「形而上爲道，形而下爲器，說這形而下之器之中，便有那形而上之道，若便將形而下之器，作形而上之道，則不可。」❷雖然形而下之器中有形而上之道，但不可以形而下之器取代形而上之道。這就是說，天地中間，上是天，下是地，中間有許多日月星辰、山川草木、人物禽獸，此皆形而下之器（氣）。然而這形而下之器（氣）之中，便各自有個道理，此便是形而上之道（理）。這表明，朱熹把日月星辰、山川草木、人物禽獸等都視爲形而下之氣（器），而這些形而下之氣（器）又都是那個形而上之理（道）的使然。理的這種形上性表明了它是萬物的派生者，是宇宙的根本。對此，安東守約贊同明代哲學家羅整庵的觀點，認爲「理只是氣之理」。這就把朱熹「氣爲理之氣」的看法顛倒了過來。這一顛倒，標示著安東守約不是把「理」，而是把「理氣合一」或「氣」視爲根本。誠如日本著名哲學家井上哲次郎博士所指出的：守約這種理氣合一論，是主張理隨氣而有，與氣一元論的見解甚爲接近❸。

❷　＜答黃道夫＞，《朱文公文集》卷58。
❷　《朱子語類》卷4。
❸　參閱井上哲次郎《日本朱子學派之哲學》，頁158-159。

這樣，朱舜水的這位嫡傳高徒、海西朱子學派的璧子——安東守約，在中國朱子學走上衰落之際，卻異軍突起，與貝原益軒（西元 1631—1714 年）一起，對中國朱子學「理」範疇加以改造、嬗變，使之向著經驗合理主義方向發展，開闢日本朱子學主氣派之端緒，在日本哲學史上具有相當積極的意義。爲此，朱舜水贊譽他：「此誠貴國之開闢而首出者[31]」。

如果說安東守約是朱舜水的「知己」，那麼，木下貞幹則是朱舜水的「至友」。木下貞幹（西元1621—1698年）號錦里，又號順菴，私諡恭靖，平安（今京都）人。

順菴自幼強記，善讀書寫字。十三歲時作〈太平賦〉，詞旨淳正。後入松永昌三先生門，勤學勵行，日進月修，被昌三先生期以大器。一時名士如安東守約、貝原益軒等咸退避弗敢與之並列。順菴爲世所敬慕，遠邇納贄及門者，不可勝數，而成德達材者輩出，有桃李滿門之稱。其中，新井白石、室鳩巢、雨森芳洲、祇園伯玉、榊原希翊，世謂之木門五先生。加以南部南山、松浦霞昭、白井滄洲、三宅觀瀾、服部寬齋，爲木門十哲。這是順菴在日本文化史上佔有特殊地位的原因之一。其原因之二是他對於日本文運的開闢有助成之功。正是由於他的這一貢獻，朱舜水稱讚他是「文苑之宗，人倫之冠[32]」。由於木下順菴在日本文化史上的重要地位和特殊作用，使他成爲朱舜水促成日本學術界由崇尚空疏之學到尊崇務實之學轉化的紐帶。

木下順菴雖爲日本文運之嚆矢，但他對朱舜水卻非常仰慕和敬重。他不僅令其門徒源剛伯厠身朱門，專攻經世致用之學，而

---

[31] 〈答安東守約書三十首·一〉，《朱舜水集》卷7，頁170。
[32] 〈謝木下貞幹啓〉，《朱舜水集》卷8，頁203。

且還屈尊求教。二人過往甚密。順菴對於朱舜水經國理民的學術思想極力贊賞。他在〈與朱舜水啓〉一文中說：

> 恭惟老先生，卓爾風標，醇乎學殖；胸蘊經綸事業，口吐
> 黼黻文章。一生忠肝，擬折漢廷之殿檻；千古道脈，竟極
> 考亭之淵源。❸

朱舜水亦以經世濟民，實用實功的思想啓發、誘導他。在〈答木下貞幹書六首〉裏，朱舜水明確地向他講述了自己的治學思想：

> 聖賢之學，行之則必至，爲之則必成。譬之農夫然，深耕
> 易耨，則堅好穎栗；鹵莽而布之，則滅裂而報之矣。非若
> 他道之荒謬，可望而不可卽，可喜而不可食也。❹

這裏，朱舜水向木下貞幹陳述了他學術思想的要點，卽「爲學當有實功，有實用」的宗旨。興學的目的不是爲了黼黻皇猷，文辭逞暢，而是爲了移風易俗，興道致治，尤如農夫耕田種地一般。行之必至，爲之必成，這才是眞學問，才可稱爲聖賢之學。這種學之必有實效的思想，是與脫離實際的空疏的學術習氣相對峙的。正是在這種經邦弘化、治國理民思想的感召下，木下順菴爲日本社會培育了一代經世致用之材。在木門英才中，有籌劃國計民生的政治家，有應接外邦的外交家，也有興學辦敎的學者和敎育家，尤其是在他門下湧現出了新井白石這位日本歷史上重要的

---

❸　〈與朱舜水啓〉，《朱舜水集》附錄3，頁780。
❹　〈答木下貞幹書六首・四〉，《朱舜水集》卷8，頁202。

經世家。

被稱爲木門俊逸之首的新井白石（西元 1657—1725）名君美，字在中，號白石，江戶（今東京）人。新井白石雖不是朱舜水的親傳弟子，但在他的老師、朱舜水的至友木下順菴學術思想的薰陶下，他不僅對朱舜水儲金復明之事十分敬重，如在《先哲叢談・卷二・朱之瑜》中有這樣的記載：

> 舜水冒難而輾轉落魄者十數年。其來居此邦，初，窮困不能支。柳河安東省庵師事之，贈祿一半。久之，水戶義公聘爲賓師，寵待甚厚，歲致饒裕。然儉節自奉，無所費，至人或詬笑其嗇也。遂儲三千餘金，臨終盡納之水戶庫內，嘗謂曰：「中國之黃金，若用於彼，一以當百矣。」新井白石謂舜水縮節積餘財，非苟而然矣，其意蓋在充學義兵以圖恢復之用也，然時不至而終可憫哉！㉟

而且還是朱舜水經世致用思想在日本的實踐者。新井白石以博學多識和經世之才，在日本德川思想史上，作爲一顆最大的巨星閃耀光芒。

《先哲叢談》第五卷稱：「古今著述之富，莫若白石焉。」㊱從明治四十年（西元1907年）圖書刊行會編《新井白石全集》來看，其著書有七十九種，共一百九十三卷。著書內容有歷史、地理、語言學、外事、軍事、文學、哲學、經濟等方面。由此可以看出，新井白石是一位全才學者。而這些學術著作又是與他的社

㉟ 《朱舜水集》附錄1，頁635。
㊱ 《先哲叢談》第5卷，頁16。

會實踐密切相關的。白石是一位政治家。在他的恩師木下順菴的推薦下，當上了德川家宣的儒官，受到寵信。德川家宣當上六代將軍（寶永六年，西元 1709 年）以後，他一直和間部詮房❸領導幕政，努力加強幕府權威，施展他治國理民的才幹，充分表現出一位出色政治家的素質。白石還是一位經濟家。在德川政府財政困難之際，他提出改鑄貨幣的主張，並揭出五條綱領，即：第一，金銀當如慶長之法；第二，不惜上之費；第三，不奪下之利；第四，選擇改鑄者人選；第五，不失誠信。雖然他的建議未被德川政府全部採用，但他貨幣論的基本精神，使他同熊澤蕃山和荻生徂徠一起，被後來的儒者看作是德川時期經濟論的三大創始人。白石亦是一位經世家。由於他對實證科學感興趣，通過和潛入日本的意大利傳教士西多蒂❸的對話，寫出了《西洋紀聞》、《采覽異言》，研究世界地理和西洋文化，從而成為洋學（西學）的先驅；由於他試圖根據政教的變革來劃分時代，所以成為科學歷史學的先導。由此可以斷言，按照朱舜水的觀點，新井白石是一位標準的經世致用學者。

　　關於新井白石的學術思想，具體表現在以下幾方面：

　　第一方面，新井白石繼承了朱舜水反對佛釋的思想，積極主張排佛反鬼。白石的哲學著作 ——《鬼神論》代表了日本當時的儒者對於神、靈魂、宗教的最開明的見解。他在這部書中說：「出

---

❸　間部詮房（西元1667—1721）是江戶中期幕府方面的執事官員，受六代將軍德川家宣的寵信，又轉佐七代將軍，繼續掌握政治實權，和新井白石一起主持政局。

❸　西多蒂（Giovanni Battista Sidotti，西元 1668—1715），意大利人，耶穌會士，西元1708年來日，被捕後，囚禁於江戶。白石的《西洋紀聞》和《采覽異言》就是根據對他的審訊記錄寫成的。

生於天地之間者，何物非天地之氣所生乎？」從陰陽之氣是萬物之根源這個中國自然哲學的一般命題出發，他認爲鬼神不過是陰陽二氣的作用。他解釋鬼神的由來說：人的靈魂由天之氣（陽氣）而成，身體由地之氣（陰氣）而成。人死後，靈魂和肉體分別返回到原來的天和地之中，卽其魄歸地爲鬼，其魂升天爲神。從而產生了祭祀和感應的思想。「人貴，則其勢大，其魂強；人富，則其養厚，其魂強。」祭祀與感應的規律爲：越是富貴者，其靈魂的永久性和感應力就越大。這樣，魂魄的強弱，便因其社會地位不同而不同，故鬼神之來格，亦有遠近的差別。這是封建社會身分制度在白石思想中的反映。從鬼神不過爲二氣之作用的思想出發，他認爲「非其鬼而祭之，諂也」，從而排斥「僧道之邪術」、「巫蠱之類」。他主張與其祭祀「毫無可尊」的淫祠，莫如積善才是享受「正祀」靈驗之理。因而他的結論是：「然則曰積善之家有餘慶，積不善之家有餘殃，何謬之有？」新井白石的這些思想，對神道思想極盛的日本，具有重要的進步歷史意義❸。

從否定怪力鬼神出發，白石進而闡發了他的排佛見解。他在《排佛論》中對佛教進行了斥責：

> 教化之於風俗，所繫大矣。豈可不慎哉！顧其導之之術何如耳。佛氏之教，傳自百濟，初我俗未習，或廢或行。……大抵佛氏之教，其言善云者，歸之也；其言惡云者，反之也。忍辱柔和，是爲人因，報怨無憤。而綱常倫理，置之不問，遂牽天下，俾莫知有禮義廉恥之節。❹

---

❸　參閱永田廣志：《日本哲學思想史》，商務印書館 1978 年版，頁117。

❹　〈排佛論〉，《白石先生遺文拾遺》卷下，頁1。

白石這些維護儒家綱常倫理的話語，在佛教充斥的日本，宛如一石激起千層浪。白石之後的排佛者簇簇湧出。新井白石以他的學說和行爲成了朱舜水排斥佛教、力倡儒學，從而使日本學術界發生轉機的實現者。

　　第二方面，新井白石稟承了朱舜水重視實用技術的思想，努力提倡西方自然科學和技術。白石通過同傳教士西多蒂的問答寫成的《西洋紀聞》一書，是日本禁教以後第一部研究西方的著作。在這本書中，他闡述了如下思想。關於西方的基督教，他斷定說：「凡其天地人物之始，直至天堂地獄之說，皆按佛氏之說而造其說，是又悉無需論辯」，「荒誕淺陋，不值一辯」❹。而關於歐洲的科學技術，他認爲「自天文、地理、直至方術、技藝之小者，無不悉皆有學。」❷他把西方的自然科學同基督教有關造物主、天堂、地獄、不滅的靈魂等觀念區別開來，承認前者的優越性和後者的非科學性，這是一個卓見。因爲它打破了當時認爲西方文化和基督教分不開的一般偏見，明確了西方文化的價值，爲以後移植西學打下了思想基礎。新井白石對西方先進的自然科學和技術的重視及提倡，顯示了一位經世家的卓識遠見，這亦是他經世濟民思想之驅使。而這與朱舜水尋求好經驗、新方法，以期治國理民的經濟思想又是脈脈相續的。

　　第三方面，新井白石承襲了朱舜水古爲今用的史學思想，開創了日本史學研究的新階段。新井白石的史學著作，如以當代史爲題材的《折焚柴之記》（享保元年，西元1716年）、以武家時代爲對象的《讀史餘記》（正德二年，西元1712年)和《藩翰譜》

---

❹　《西洋紀聞》卷下。

❷　《西洋紀聞》卷中。

（元祿十五年，西元1702年）、研究古代史的《古史通》、《古史通或問》（正德六年，西元1716年）等，在方法上較他的前輩們提高到一個新水平。卽他的科學頭腦，在一定程度上已擺脫了中國宋學的「通鑑」、「綱目」式的史學，爲闡明歷史的客觀聯繫的合理方法打下了基礎，從而成爲日本科學歷史學的先驅。對於歷史研究，白石不滿足於對歷史事件只作年代記述和只作倫理的評價，而是力圖從「理」的觀點，對歷史上的因果關係作出合理的說明。他研究神代史，從「神者人也」這一命題出發，凡屬傳說之神的所作所爲，都作爲「人事」加以解釋。這樣，他試圖從古典的記述上揭去一切神秘的面紗，把握其中隱藏的歷史事實。

由此看來，新井白石在實證的──考證的研究方面，應用了客觀的方法，對於自然和社會各種現象進行經驗的研究，起了啓蒙作用，逐漸培育了自由的學風和科學思想。其意義在於扭轉了日本學術界那種朱儒式的脫離社會實際的迂腐學風，使聯繫社會現實的學術思想蓬勃興起。

安東守約、木下貞幹、新井白石都屬於日本朱子學主氣派。日本朱子學主氣派講究實際、重視實功、崇尚經驗、注重實踐，最終演爲日本近代化合理思維的出發點和原動力。而這與朱舜水在日本排佛興儒、推進經世致用之學的努力，有著血緣般的密切關係。

在日本朱子學中除了安東守約、木下貞幹和新井白石等外，較著名者還有山崎闇齋（西元 1618—1682 年）一系。由於山川阻隔，交通不便，朱舜水與他沒有聯繫，所以這朱子學派沿襲中國朱子學以理爲本的舊途，發展爲日本朱子學主理派。這一事實從反面印證了：正是朱舜水的經世致用思想使日本朱子學（以主

氣派爲主）發生了重要變化，完成了不以空談理性、循行數墨爲學，而以開物成務、經邦弘化爲學的關鍵轉化，使日本學術界別開生面，爲日本社會的發展作出了貢獻。

第七章　洙泗風範，經國理民

——朱舜水與日本古學

一、古學學脈，承自舜水

　　日本古學派形成於德川時代中葉。自十七世紀始，日本就置於德川幕府的封建統治之下。德川幕府明令社會劃分爲「士」（武士）、「農」、「工」、「商」的所謂四民等級。「士」屬於統治階級，農、工、商是被統治的平民，上下尊卑，等級森嚴。爲鞏固這嚴格的封建等級秩序，日本朱子學在幕府保護下，佔有特殊的獨尊地位。但到了十八世紀享保期（西元 1716—1733 年）以後，隨着商業高利貸資本的生長並侵入農村，使農業經濟逐步走向衰落。由此引起德川幕藩體制在政治上、經濟上的動搖和崩壞，封建主義逐漸瓦解，近代思想從封建體系中滋長並發展起來。這首先表現在學術思想上的分化，卽古學派與正宗朱子學的對抗。

　　古學派在政治上代表被閑置的貴族和中小地主階層的利益，與佔掌握實權地位的幕府官方勢力相對而言，屬於在野的民間勢力。因此，面對獨居統治地位的朱子學，它只有求助於中國的古代聖賢，借用它們的名字、口號和服裝，以便穿著這種久受崇敬的服裝，用這種借來的語言，演出世界歷史的新場面。所以，古

學派是一個以古代經典爲依據的哲學派別，企圖以復歸唐、虞、周三代古學的名義，從朱子學的一統天下中解放出來，而提倡經世致用之學。名爲復古，實爲革新。

日本古學派的主要代表者是山鹿素行、伊藤仁齋和荻生徂徠。他們之間無任何師承關係，也無特殊的聯繫，只是由於他們都提倡古典學說和經世學說，後人把他們總括在「古學」的名稱之下，構成了日本古學派。

關於日本古學思想的學脈來源，它不像日本朱子學和日本陽明學那樣單一，直接來自朱熹和王陽明思想，而呈現出較複雜的情況。對此，中日學者有種種不同的解釋和猜測。中國學者朱謙之、衷爾鉅、王守華、卞崇道等都認爲日本古學派受到明代吳廷翰思想的影響。如朱謙之說：「古學派的創始者伊藤仁齋則接受了明吳廷翰思想的影響」❶。衷爾鉅說：「1645 年後伊藤仁齋讀到吳廷翰著作，這非絕不可能之事」❷。王守華、卞崇道說：「古學派伊藤仁齋的唯物主義思想，則主要是接受了（明）吳廷翰的思想影響」❸。日本學者太宰春臺和永田廣志也有這種看法。另外，中國學者王家驊針對日本學者將古學派與戴震相比較而提出了新的觀點，認爲古學派應與中國明清之際的顧炎武、黃宗羲、王夫之相比較。如他說：「在日本學者中，認爲日本的古學與中國清代的考證學，特別是伊藤仁齋和清代學者戴震相比較的觀點較多。……但我認爲日本古學與顧、黃、王的學術思想和治學方法非常相似。他們的共同點，第一是對宋儒理論的批判，第二是

---

❶ 《日本的古學及陽明學》，上海人民出版社1962年版，頁28。
❷ 《吳廷翰哲學思想》，人民出版社1988年版，頁170。
❸ 《日本哲學史教程》，山東人民出版社1989年版，頁93。

對古典解釋的方法，很相近。」❹

　　筆者以爲日本古學派的直接思想來源是朱舜水思想。朱舜水對日本古學派的思想影響，表現在以下四個方面。

（一）提倡古學

　　朱舜水認爲明代朱子學崇尚玄理、高談虛遠，是導致明朝崩潰的一個原因。所以，他竭力提倡孔孟古學。他的學生安積覺就說過：

> 蓋明末學者競爲尖新纖巧，心術旣壞，風俗頹靡。世方以靈通爲宗，斲喪淳樸，以禍社稷，而先生獨爲古學；世方以八股爲工，緣飾制義，以邀利祿，而先生獨爲古文。❺

由此可見，朱舜水「研究古學」，「蔚有洙、泗之風」的學行風範，成爲古學派的學術宗旨。

（二）提倡經世致用

　　朱舜水的學術思想以「實理實學」而標宗，反映在學風上就是主張經世致用之學。這種學風深深地影響了日本古學派，尤其是對荻生徂徠的學說，起到了規範性的作用。由此，經世致用思想成爲古學派的理論基石。

---

❹　《日中儒學比較》，六興出版株式會社1988年版，頁237。
❺　〈朱舜水先生文集後序〉，《朱舜水集》附錄４，頁786、787。

（三）提倡實理說

針對朱子學的「天理」說，朱舜水提倡「實理」說，即指實實在在的具體事物之理、之道。而他的實理說又是在批評談玄說遠的朱子學的過程中形成的。在此思想影響下，古學派學者針對朱子學的核心範疇——「理」，提出了「氣」範疇。這樣，朱舜水對宋儒的批評態度，演繹爲古學派的一大特色。

（四）提倡無神論

明末清初，是中國自然科學發展的又一個重要時期。在時代的陶冶下，朱舜水形成了鮮明的樸素無神論思想。在他這一思想的影響下，日本古學派的重要代表者伊藤仁齋父子成爲日本學術界反對宗教迷信的勇敢鬪士。因此，朱舜水哲學思想中鮮明的無神論思想成爲古學派的重要標誌。

總之，朱舜水的學行風範哺育了日本古學派，使之成爲日本德川時代的一個重要哲學派別。日本古學學脈來自舜水學，同時，日本古學派又成爲朱舜水對佛學和宋明理學進行批判，以期在日本弘揚「實理實學」的得力助手。

二、興國治民，經世之道

日本古學派的先導者是山鹿素行。

山鹿素行（西元1622—1685年）名高祐，字子敬，號素行，陸奧（今青森）會津人。素行以品學卓越而冠絕古今，又以治聞強識、通達幹練而聲震朝野。自王侯至庶人，出入於門者，日數

十百人。稱其門人者，殆四千有餘。據《先哲叢談》記載，素行始講宋學，左祖程朱。四十歲以後，有疑於理氣、心性之說，寬文六年（西元1666年）春，著《聖教要錄》三卷，刊行於世。非斥程朱，辨駁排詆，無所忌憚，其意蓋在於諷刺崇奉宋學者。當時世人，由王侯到庶人，尊信程朱爲神明。素行遂獲罪，被幽於播州赤穗整十年。爲此，朱舜水對他很尊崇，特意作〈子敬箴——爲山鹿素行軒作〉。在文中，他稱贊素行說：

> 問學如何？徵乎素行。素行如何？希賢希聖。匪敢僭踰，勉承來命。堯舜可爲，人皆此性。儒道非難，養至德盛。懿美內涵，聞望外令。文武張弛，維人無競。溫恭誠允，端莊靜正。不在他求，是在子敬。❻

山鹿素行也確實是這樣一位文武雙全、溫恭誠實、弘揚古學的希賢希聖。

　　山鹿素行在《聖教要錄》中說：「戰國之諸子，漢唐之訓詁，宋元之理學，皆非周公孔子之道。」「予師周公孔子，不師漢唐宋明諸儒。」由此，開古學之先河。然而，他由信奉朱子學轉變爲倡導古學，受朱舜水思想的影響不小。對此，井上哲次郎博士說：

> 山鹿素行抱一家之見，主古學，所云古學，在舜水那裏多少也有。可見素行在學脈系統中，不能說與舜水全然無

---

❻　〈子敬箴——爲山鹿素行軒作〉，《朱舜水集》卷20，頁578。

關。❼

在素行的學脈系統中，鏤刻着朱舜水學術思想的一個鮮明印跡，就是對宋儒的批判。

在日本，山鹿素行為破宋學之魁。井上哲次郎在《日本古學派之哲學》中引松宮觀山的話，評價素行是日本破理學的魁首。「有甚左衛門山鹿子者，出自我先師之門而成家，著《聖敎要錄》，梓行於世。非陸也，非朱也，此方破宋學者，素行子其嚆矢也。世人皆以原佐伊藤子（卽伊藤仁齋）為破理學之魁，不知素行子在其前也。」❽ 山鹿素行對宋學的批判，具有兩個特點。其一是貫徹了朱舜水關於學在日用彝倫之中的經世思想，其二是抓住了「理氣」、「道」、「無極」、「太極」、「動靜」、「性」等理學核心範疇，進行批判。

山鹿素行反宋學的基點是他的道統論。他認為「道統」在「日用彝倫之中」、「在天地人物之際」，具有「造化運行」、「治亂興亡」的社會功效。關於道統的正傳，他在《聖敎要錄》中作了極扼要的敍述：

> 伏羲、神農、黃帝、堯、舜、禹、湯、文、武、周公之十
> 聖人，其德其知施天下，而萬世被其澤，及周衰，天生仲
> 尼，自生民以來，未有盛於孔子也。孔子歿，而聖人之統
> 殆盡……及宋周、程、張、邵相繼而起，聖人之學至此大
> 變，學者陽儒陰異端也。道統之傳，至宋竟泯沒，況陸王

---

❼ 《日本朱子學派之哲學》，富山房1925年版，頁817。
❽ 《日本古學派之哲學》，富山房大正13年版，頁58。

之徒不足算，惟朱元晦大功聖經，然不得超出餘流，噫!
道之托人行世，皆在天，其孰強與於此乎! ❾

素行認爲，有伏羲神農等十聖，次則仲尼以身立教，是儒道之宗、綱常之主、道統之序。孔子後的曾子、子思、孟子已不可企望，到了宋儒便「口唱聖教」，實爲異端。所以，對宋儒的批判，是爲了續「道統」、倡「古學」。

素行批判理學，矛頭首先指向理學的基本核心範疇──理氣。在理氣關係上，朱熹持「理先氣後」說，這是宋學標準的宇宙觀。對此，在其《素行語類》中，素行說:

> 凡理與氣對，有此氣則有此理，有此理則有此氣，不可論先後，理氣是陰陽之相根，而或有象、或有形、而有無共具。❿
>
> 愚謂理氣更不可分，只理氣妙合之間，有剩偏剩見正通，而其太極乃各同一太極也。⓫
>
> 上天無形象，唯一氣而已。⓬
>
> 天地者陰陽之總管也。⓭
>
> 盈天地之間以為造化之功者陰陽也，陰陽者天地人物之全體也，互消長往來屈伸，生生無息。⓮

---

❾　《聖教要錄》卷上，頁18。
❿　《山鹿語類》，頁351。
⓫　《山鹿語類》，頁650。
⓬　《山鹿語類》，頁477。
⓭　《山鹿語類》，頁471。
⓮　《聖教要錄》卷中，頁23-24。

從以上五條語錄中，可以看出素行的基本思想爲「理氣合一」論或「陰陽妙合」論。他認爲「氣」（陰陽）是萬物的終極因素，斷定「理」是事物之間的條理，理與氣相根相固，無先後差別。這就排斥了朱子學的「理」的形而上學性，因而也就否認了宋儒理先氣後的理一元論觀點。

宋儒好言「理」，素行好言「道」。他認爲古人只言道，而宋儒專謂理，這乃是去聖人之敎，貴清談之風。其實，理是可思可言，道是可由可行。所以，舉道而理在其中。何謂「道」？素行在《聖敎要錄》中說得很明白：

> 道者日用所共由當行、有條理之名也。天能運，地能載，人
> 物能云為，各有其道，不可違；道有所行也，日用不可以
> 由行則不道。聖人之道者，人道也；通古今，亘上下，可
> 以由行也。若涉作為造作，我可行，彼不可行，古可行，
> 今不可行，則非人之道，非率性之道。**⑮**
> 凡聖人之道，唯在日用事物之間耳。日用事物之間格物致
> 知，則天地自然之妙，不言而著，不求而來。**⑯**

這表明，素行的「道」是有條理的，是上下古今都適用的，它存在於天地人物之間，是人的意志不可違的。因此，道具有物質性。他以這樣的「道」同理學家的「理」相對峙着。

關於宋儒爭論最烈的「無極」、「太極」等問題，素行認爲：朱熹以「無極而」三字冠於「太極」之上，「甚爲聖人之罪人，

---

⑮　《聖敎要錄》卷中，頁20。
⑯　《山鹿語類》，頁655。

後學之異端也」。其理由是陰陽之氣相根相因，氣化流行的結果使太極者象數已俱，人人共見。這表明太極是有形象的，若以無極言太極，則太極無形無象。太極既爲無，那麼從「無」中怎能生出「有」（有形有象的萬物）呢？素行進而指出，朱熹這樣做的弊處在於使後世學者忘日用事物之學，沉於精神，騖空玄妙，由此儒變老莊，儒變浮屠。

素行還從古學經典著作──《周易》「主動」論的世界觀出發，批駁周敦頤〈太極圖說〉中的「至靜」論。首先，他指出周子的「主靜」論，是拘泥於一個「理」字，而不合聖人之道。「孔門學者唯日用之功耳，今人開口則談太極至理，下手則以寂然不動之事，是泥著一個理字，蔽塞偏倚，而不知聖人之道也。」❶其次，他又依據《周易》思想，論證「主動」論的正確。他說：日月運行，而生明焉；寒暑相推，而歲成焉；雲行雨施，而物長焉；剛柔相摩，而物成焉。總之，「是皆變易交易，而後萬物之用通也」。在素行的這些思想中，閃爍着樸素辯證法的火花。

人性問題是中國古代哲學家們極爲重視的一個方面。在這個問題上，宋儒的基本觀點是「性卽理也」。素行認爲性不是理，是理氣妙合而有感通知識的作用。他以爲若像宋儒那樣，以天地之理爲性，那麼則和《華嚴經》的眞空絕相觀、理事無礙觀、事事無礙觀意義相等。他的意思是講宋儒的人性理論揉合着佛敎敎理。在批評宋儒人性論的基礎上，素行將古學與兵學結合起來，闡明武士之道，成爲日本武士道的創建者。德川時代以前的武士，由於長年馳騁於疆場，要求武士「視生死如一」，武士道德

以「死之覺悟」爲其核心。德川時代以後，由於兵農的分離、幕藩體制的完備、和平社會的出現，這樣武士的社會機能和生活方式發生了變化，所以就需要一種新的武士道德與之相適應。而這種新的武士道德論就是由山鹿素行完成的。他提出了「道之自覺」以代替以前的「死之覺悟」。所謂「道之自覺」即指武士要嚴格遵守「立本」、「明心」、「文武全才」、「自省」、「詳威儀」、「愼日用」六項。其中，他特別重視「詳威儀」和「愼日用」，強調武士的道德行爲要在日用事物之間修煉。這樣，才能使武士道成爲利國、利民、實際有用的理論。

山鹿素行發揚了朱舜水對宋儒性理學的批判精神，這使他成爲日本古學派的先導者。

日本古學派的創始者是伊藤仁齋。

伊藤仁齋（西元1627─1705年）名維楨，字原佐，號仁齋，私諡古學，書室名誠修，平安（今京都）人。據《先哲叢談》記載：仁齋自幼穎異挺拔，是位異羣兒。他一生主要在京都堀河家塾收徒講學，長達四十年之久，受敎育者達三千人之多，被譽爲一代儒宗，天下學者四面來歸之。在學術宗旨上，青年時代篤信朱子學，中年以後漸放棄宋學而傾向古學。他的唯氣論思想和無神論思想爲日本思想界開闢了一個嶄新的階段，他本人也由此成爲日本古學派的創始者。

伊藤仁齋之所以能由宋儒的信徒轉變爲著名的「氣一元論」者、古學派大師，其原因應追溯於他與朱舜水的關係。

最初，仁齋從安東守約的弟子那裏知道了朱舜水，頗有從學之意。他給安東守約寫說：「承聞明國大儒越中朱先生，躬懷不帝秦之意，來止長崎。……聞先生近以親藩之招，將赴於武城（指

武藏，即今東京、崎玉一帶），僕又欲竢侍養有人，德從先生於武城，不知先生許之否？若獲爲僕言之於先生，實大幸也，至懇至懇。」❽但在當時朱舜水認爲仁齋所治的「心性之學」與他倡導的「實理實學」相牴悟，曾復書守約力辭再三。他說：

> 伊藤誠修學識文品，爲貴國之白眉，然所學與不佞有異。
> 不佞之學，木豆瓦登、布帛菽粟而已；伊藤之學，則雕文刻鏤、錦繡纂組也。未必相合。
> 伊藤誠修誠貴國之翹楚，頗有見解。……彼之所爲道，自非不佞之道也。不佞之道，不用則卷而自藏耳。萬一世能大用之，自能使子孝臣忠，時和年登，政治還醇，風物歸厚，絕不區區爭鬪於口角之間。
> 伊藤誠修止之爲妙。昔者劉恢與王濛遠遊而餒，有一人設盛饌招之。王濛極欲往，劉眞長不肯，曰：「小人未可輕與作緣。」前書所問，以此而已。❾

朱舜水的這些話，既是對講究心性義理之學的批判，又是對伊藤仁齋的開導和規勸。誠如梁啓超在《年譜》中所云：

> 安東守約欲介伊藤誠修來見，先生數書止之。……先生於當時日本士大夫，皆取「來者不拒」態度，獨於此人絕之。如此其亟，殆必有故。先王痛恨晚明講學家門戶主奴

---

❽　〈答安東省庵書〉，《朱舜水集》附錄3，頁781。
❾　〈與安東守約書二十五首〉，《朱舜水集》卷7，頁162、160、167。

之習，其與黃黎洲同縣，同在舟山軍中，而始終不相聞問，似亦有不願輕與作緣之意。右與安東守約兩札，最足表先生自守之狷介，及其學風之平實真切。⑳

正是在朱舜水這種平實真切學風的開啟下，仁齋的學術思想發生了重要變化。他懷疑宋儒之學與孔孟之旨不同，而體用一源、明鏡止水、沖漠無朕又出入於佛老淫辭。於是開門講學，掛孔子像於壁，鞠躬致拜，或講說經書，或設經史論題以命文。他自云：

> 吾聖賢之書，以實語明實理，故言孝、言悌、言禮、言義，而其道自明矣，所謂正道不待多言是矣。若二氏（指程朱）之學，專以虛無空寂為道，無形影、無條理，故謂有亦得，謂無亦得，謂虛亦得，謂實亦得，至於縱橫捭闔，不可窮詰，正足以見其非正學也。㉑

當仁齋從宋儒理學中解脫出來，對理學進行批判並創立了與心性義理之學相對立的「聖學」，即「氣一元論」哲學思想體系時，朱舜水又給予仁齋極高的評價：

> 伊藤誠修策問甚佳，較之舊年諸作，遠若天淵。倘由此而進之，竟成名筆，豈遜中國人才也，敬服敬服！㉒

---

⑳ ＜朱舜水先生年譜＞，《朱舜水集》附錄1，頁697-698。
㉑ 《古學先生文集》卷5。
㉒ ＜答安東守約書三十首・二十九＞，《朱舜水集》卷7，頁194。

此時，仁齋亦以朱舜水「受鄒、魯的傳」，並將朱舜水的學術思想和事蹟介紹到江戶等地。這表現了中日兩大哲人之間相互敬慕的學術友誼。

伊藤仁齋在朱舜水學術思想的影響下，以「氣一元」論思想從根本上破壞了盛極一時的朱子學，被官方哲學斥爲異端之魁，而在日本哲學史上佔有主要地位。仁齋哲學思想的精華是他的氣學理論。

仁齋的哲學見解是：

> 蓋天地之間，一元氣而已。或爲陰或爲陽，兩者只管盈虛消長往來感應於兩間，未嘗止息，此卽是天道之全體，自然之氣機，萬化從此而出，品滙由此而生，聖人之所以論天者，至此而極矣。❷❸

他認爲浩然宇宙之間惟有「氣」而已，鮮明地亮出了氣一元論的旗幟。

進而，他以氣之流行、生生不息的觀點，論述了「氣」與「理」、「道」、「性」、「鬼神」的關係。

（一）　仁齋從氣之生化流行，提出「天地一大活物」說

仁齋不同意朱子學「理一元」論的觀點。關於「理」，他分析道：「理本死字，在物而不能宰物，在生物有生物之理，死物有死物之理。人則有人之理，物則有物之理。然一元之氣爲本，

---

❷❸　《語孟字義》卷上。

而理則在於氣之後，故理不足以爲萬化之樞紐也。」❷而若以抽象的理爲萬物本原，那麼將陷入邏輯矛盾：「萬物本乎五行，五行本乎陰陽，推而至陰陽之所以然，則不能不歸之於理；歸於理，則自不能不陷於虛無，所謂萬法歸一，一歸何所也。」❷而此便是佛老之學，與聖學之旨實天淵矣。在批駁以「理」爲天地之本的思想基礎上，仁齋又指出那種認天地闢之先爲「理」、天地闢之後爲「氣」的開闢論亦是荒謬的。他排斥邵康節以十二萬九千六百年爲一元的學說是「戰國雜家讖緯諸書，迂怪不經之故說，互相附會耳。均之佛氏所謂無始，老氏所謂無極之前，亦皆妄誕而已矣。」❷斷言「今日之天地，卽萬古之天地；萬古之天地，卽今日之天地。何有始終？何有開闢？此論可以破千古之惑。」❷他規定「所謂理者，反只是氣中之條理而已。」❷

關於「氣」，他認爲：陰陽之氣浩浩蕩蕩，兩者盈虛消長往來，不肯滯息，如同流水永流不止。這就是說，元氣充塞宇宙，在時間和空間上無限存在，無生無死、無消無息，生化流行、生生無窮，是一元之氣的存在狀態。在氣之生生無息的氣化過程中，「萬化出」、「品滙生」，因此「天地生生化化之妙也，蓋聖人以天地爲活物」。這就是他的「天地一大活物」說。仁齋的「天地一大活物」說在於通過宇宙的運動變化、萬物的不斷流變，以闡明萬古不滅之氣具有生化流行的功能。

---

❷　《童子問》卷中。
❷　同❷。
❷　《語孟字義》卷上。
❷　同❷。
❷　《童子問》卷中。

(二)仁齋從氣之流行對待，提出「道爲萬物本原」說

仁齋認爲氣之所以具有生化功能，最終原因是由於氣的流行和對待。一陰一陽之氣往來不已，謂之「流行者」；天地、日月、水火、晝夜、寒暑無不有對，謂之「對待者」。而對待又在流行之中，因爲天地之間對待都是相對的，唯有一元之氣的流行才是絕對的。仁齋講：

> 蓋「一陰一陽之謂道」，即流行之義；「立天之道曰陰曰陽」，明對待之理。蓋物有兩而後化，無兩則無以化，此天地自然之理。至萬物之生，莫不皆然，外此更無道理。㉙

這就是說，氣的流行對待就是「道」。「道」是萬物之本原。由於道字本活字，具有生生化化之妙用，因此：

> 《易》曰：「天地之大德曰生」，言生生不已，即天地之道也。故天地之道，有生而無死，有聚而無散；死即生之終，散即聚之盡；天地之道一於生故也。㉚

在道生生不已的作用下，日月相推，而明生焉；寒暑相推，而歲成焉。仁齋以「道」爲萬物之本原，並以此形容天地生生化化之

㉙　《仁齋日札》，頁18。
㉚　《語孟字義》卷上。

妙用，旨在闡明氣具有流行和對待的特性。

(三)仁齋從氣之生生，提出「性卽氣卽生」說

仁齋認爲「天地之間，無適不一元氣」。氣是萬物的本原，而人是萬物中最靈者，所以，人之性只能來自氣之生生。他說:「性，生也。人之所生而無加損也。」[31] 性是氣、是生、是人生後的本來面目，無後天之加損。仁齋主性卽氣，卽生。他認爲人性就是氣之生生，就是人之生質，卽氣質之性。就性的本源來說，它是氣生化作用的結果，性卽氣，性不是超然於形氣之上懸空的理，不能離氣言性；就性的產生來說，它是人之生質，性卽生，性不是先天的，而是有生之後才產生的。仁齋以性卽氣卽生的觀點，反對朱子學性卽理的觀點。根據氣是運動的、活潑的，理是靜止的、死的理論，在人性問題上，仁齋主張以氣見性，而不能以理見性。伊藤仁齋的「性卽氣卽生」說，表明了氣是運動的、是活潑的。

(四)仁齋從氣之造化，提出「無鬼神」說

仁齋不信鬼神，又斥卜筮之說。他的無神論思想集中體現在《語孟字義》和《童子問》這兩部著作中。

他認爲天地的本原是物質的氣，太極爲一元氣，氣是第一性的。從這種「氣一元」論出發，他反對卜筮等宗敎迷信活動。「卜筮之說世俗之所多悅，而甚害於義理」[32]。他也不贊成神秘主義，「人同草木生，亦當同草木腐」[33]。對於佛老，他批判得最爲激烈。

---

[31] 同[30]。
[32] 《語孟字義》卷下。
[33] 《仁齋日記》。

「佛老尚空虛，聖人尚實理」。佛老教人「舍父母，絕妻子」，以清靜無欲、涅槃寂靜爲務，而不知天地之化，人倫之情，實則陷於虛無，背於綱常。而「聖人之道，以彝倫爲本，以思義爲法」。二者有天淵之別。

伊藤仁齋的「氣一元」論世界觀，起到了揭露宋儒把「理」這一虛無觀念做爲世界創造者的企圖。由此否定了空言心性的義理之學。而由其開創的氣一元論自然觀，是日本唯物論哲學發展史上的重要標誌。它標示著日本樸素唯物主義走上實證科學的端倪。

仁齋的氣本論和無神論思想，又被其長子伊藤東涯所繼承和發展。

伊藤東涯（西元 1670—1736 年），名長胤，字原藏，號東涯。據《先哲叢談》卷四云：東涯博識洽聞，不減其父，且又溫厚謙和。仁齋的一些著作多是經他補苴罅漏，張皇幽渺，筆削改竄，才得刊行問世。在當時日本學術界，東涯聲動海內，四方後學多輻輳，其門下俊傑輩出，使伊藤古學得以光大。尤其在哲學方面，雖然他秉其父學，但由於他注重廣泛的經驗知識，故此在唯氣論和無神論方面都有發展。竟然使古學派著名代表者服部南郭（西元 1683—1759 年）說出「東涯之學問倍於仁齋」、「東涯學問之淵深，後亦決無來者」❸❹這樣的話。

從學術思想淵源來講，東涯雖與朱舜水沒有直接的接觸，但他一方面從其父仁齋處間接繼承了朱舜水的學脈，另一方面又從安東省庵那裏吮吸了朱舜水的思想。如在《朱舜水全集》中載有伊藤東涯書〈霞池省庵手柬絞〉一文，亦是一證。

---

❸❹　《文會雜記》卷 1 上。

曩者明氏失馭,神州陸沉,忠臣義士莫之敢支吾。時越中有朱舜水先生名之瑜,字魯璵,文行著聞。嘗被魯王之徵,旣而順治紀曆,九有淪於胡。先生義不食廥粟,抗仲連之節,來寓吾肥之長崎,流離困頓,百艱備嘗。

筑之與肥,壤相接也。筑之柳川,有安東省庵先生,世宦於本鎮,為名族,人稱篤學君子也。聞舜水之抵崎,負擔而從之,摳衣執弟子之禮。先生俸歲百,分其半以廩舜水,而館私塾。旣而舜水應常藩之聘而東,時時遞書音以相質難。蓋舜水之在肥,在吾萬治二年矣。舜水旣歿,先生服心喪,輯其遺文曰《心喪集語》。其好善之篤,久而不渝,吁亦難得矣。

舜水之鄉人有張斐字非文者,號霞池,嘗附商舶來於長崎,欲造先生廬而叙謝,拘於禁而不得面,以束牘詞章互相酬答。予方髫,嘗借於筑人,謄而衍之。屬者,先生之孫守經,遊學而寓輦下,來而請序。嗚呼!先生之於予,父之執也,況乎不唯其好善之不可不傳,亦風千載之下,使夫人興起好善之心,樂為之序云。❸

伊藤東涯從聖人之道以事實為根據的觀點出發,將其具有家學淵源的樸素氣一元論和無神論思想,更推進了一步。具體表現於以下兩點:

(一)無鬼神論

---

❸ 〈霞池省庵手束敘〉,《朱舜水集》附錄3,頁781-782。

在神國日本，東涯的無鬼神論思想可稱爲開闢嶄新思潮的革新壯舉。他立足於「其謟瀆鬼神者，必不能專力於民義；其專力於民義者，必不謟瀆鬼神」❸❻這一聖人之道，從實際出發，在《語孟字義》中，對鬼神論進行抨擊：

> 按夫子論鬼神之說，載魯論者才數章而止，至於孟子，無一論鬼神者。蓋三代聖王之治天下也，好民之所好，信民之所信。……「樊遲問知，子曰務民之義、敬鬼神而遠之，可謂知矣」；又曰「子不語怪力亂神」；「子路問事鬼神，子曰：未能事人，焉能事鬼」；此皆見聖人深恐人之不務力於人道，而或惑於鬼神之不可知而言之也。……由是觀之，則凡《禮記》等書，稱子曰，或稱孔子曰，諸論鬼神之言，皆出於漢儒之假托僞撰，而非夫子之言，彰彰明矣。

這表明東涯不信鬼神，他認爲孔孟的話是告誡那些不修人道而謟瀆鬼神的人，亦是爲了塞源拔本，恐啓後世之惑。

在抨擊鬼神論的基礎上，東涯論證了「凡自非耳目之實接，舉斥以爲無」的觀點。

> 凡天下之物，有聲者耳能聽焉，有色者目能睹焉，有臭者鼻能嗅焉，有味者口能嚐焉；若夫無聲無色無臭無味之接乎我，則何以窮其情狀，質其有無。今夫鬼神之爲物，以

❸❻ 《論語古義》卷1。

為有耶？……以為無耶？……黠慧之士，凡自非耳目之實接，舉皆斥以為無。 ㊲

這樣，東涯就否認了鬼神的客觀存在。

繼而，他又根據實際經驗，試圖解釋所謂鬼神的產生。東涯認為所謂鬼神形成的原因，不過是「陰陽二氣之良能也」，「造化之迹也」。卽是說這是陰陽二氣生化功能造化的結果。同時，他還認為「鬼非能惑人也，人自惑於鬼，邪說非能移人也，人自移於邪說」㊳。東涯這種認為不是鬼惑於人，而是人惑於鬼的思想是很難得的。他的無鬼神論實際上是對朱舜水無神論思想的繼承。

(二)心身論

東涯所謂的「心」，是專就思慮發動而言的，認為心和身的關係是心（思慮、情感）不能離開人的肉體（身），這才合乎聖人之道。由此，東涯提出了獨特的具有樸素唯物主義色彩的心身關係論，卽：

> 心與血肉相待以有生，猶鮑竹相圍而聲出，破之則啞；金石相戛而火發，離之則已。人之一身四肢百骸完具無缺，飲食不失其養，血氣不失其平，陰陽不失其和，而後心靈能明矣。苟體幾乏氣，則心為之病，況肢體變滅，骨肉消散，心何所寓哉？且私生小兒，活動未有知識，膚革日充

㊲ ＜鬼神論下＞，《經史博論》卷4。
㊳ 《閑居筆錄》卷下。

而精神日靈，及其長壯也，形軀壯實則知慮隨長。其老也
鬢眉皓白，筋力枯瘁則精爽亦荒廢。斯身變滅之後，斯心
亦從而變滅，可知矣。故心與血肉相待而生，有血肉而後
有心，非有心而後有血肉也。㊴

這些思想從經驗知識角度，生動論證了「有血肉而後有心，非有
心而後有血肉」的觀點。即承認身（物質）是第一性的，是感覺
觀念意識（心）的承擔者；而心（意識）是第二性的，是派生的
現象，因為它是身（物質）存在的反映。同時，亦形象論證了「心
與血肉（身）相待而生」的道理。即心（意識）和身（物質）相
互依存、相互聯繫的關係。這乃是伊藤東涯對其家學氣本論思想
的深化，也是對朱舜水務實思想的發揮。這種樸素唯物論思想不
失為日本唯物論思想寶庫中的一顆明珠。

古學派的重要代表者是荻生徂徠。

荻生徂徠（西元1666—1728年）名雙松，號徂徠，又叫物茂
卿，江戶（今東京）人。如果說山鹿素行著重繼承了朱舜水對宋
學批判的精神，伊藤仁齋父子主要發揚了朱舜水的樸素唯物論和
無神思想的話，那麼荻山徂徠則光大了朱舜水的實理實學思想，
由此而成為日本實學派的著名學者和日本古學派的重要代表者。

在日本歷史上，他豪邁卓識，雄文宏詞，籠蓋一世，加之博
覽強記、聰穎好學、精力無比，故著書宏富，為開一代新風的學
者。

在學術思想上，荻生徂徠致力於古文辭和實學，由此開古學

㊴　《閑居筆錄》卷下。

的「護園學派」，又稱「徂徠學」。雖然在《朱舜水全集》中沒有朱舜水與徂徠的來往書信及記載，但據朱舜水的弟子安積覺在寫給他的信中所說：

> 文恭務為古學，不甚尊信宋儒，議論往往有不合者，載在文集，可徵也。當時童蒙，不能知其所謂古學為何等事，至今為憾。 ❹⓪

可以推測，他對朱舜水及其學術思想不但有所聞，而且在某種程度上，還受益於朱舜水。

日本著名學者源了圓認為，日本歷史上的「實學」思想大致經歷了四個發展階段，而荻生徂徠以他在政治、經濟、學術諸方面的實證主義思想，而成為實學思想發展第一時期的重要代表人物❹①。源了圓還認為，日本歷史上的實學與日本近代經驗科學的產生有著密切的關係。由此可見，荻生徂徠「實學」思想的意義，亦可窺見朱舜水「實理實學」思想對日本社會的重要貢獻。

荻生徂徠的「實學」思想主要表現在以下三個方面。

（一）「道」為仁者治國之道

徂徠看不起宋學家「以道為當然之理」，他認為：「道者所以平治天下也，所以陶治天下也。」 ❹② 這樣，便把道提高為仁者

---

❹⓪ ＜安積覺＞，《朱舜水集》附錄 5 ，頁819–820。
❹① 參閱源了圓：《實學思想的譜系》，講談社學術文庫1986年版，頁69。
❹② 《論語徵》庚，頁272。

安邦治國之道。他以爲聖人之道之所以能夠安民平治天下，關鍵在於「仁術」。他說：

> 夫先王之道，安天下之道也，安天下之道在仁，故曰「一以貫之」。何以爲貫之？仁——德也，然亦大德也，可能貫衆德焉；先王之道多端矣，唯仁可以貫之矣。❹

依徂徠看來，「仁」是聖人之道的核心，它的作用不外乎是「養之道」、「治國家之道」、「長人安民之道」。這是對「仁」範疇最大的外化。「仁」最早由孔子提出，他視「仁」爲人生的最高理想。仁的本旨是「己欲立而立人，己欲達而達人」❹，根本上說是「愛人」。由於仁是立人達人，故爲仁必須眞誠實在地力行，否則，不力行，旣不能自立自達，更不能立人達人。所以「仁」包含力行之意。《中庸》講：「力行近乎仁」。只有力行，方能爲「仁」。這層意義上的「仁」，已有外化趨勢，但還只限於倫理道德方面。徂徠充分發揚了這一思想，將「仁」外化爲「治國」、「安民」之術，並與功利主義相連。他說：

> 仁以安天下爲功，故至遠焉。所以安天下之道者，先王之道也。孔子卷先王之道而懷之，豈遠乎哉。若使孔子居王侯之位乎，下車而仁可得而行也，故曰「我欲仁斯仁至矣」。❹

---

❹　《辨道》，文化四年補刊本，頁20。
❹　《論語・雍也》。
❹　《論語徵》丁，頁149-150。

「仁」這個中國先秦哲學中的倫理道德範疇，在徂徠的哲學思想中，外化爲一個經世致用、經國理民的實學概念。這是徂徠的一個功績，亦是古學派打著孔孟的旗幟，而倡導實行實用、經邦鴻化的實質所在。

(二)「學」爲實用經驗之學

徂徠主張學爲世用，卽學要有實用價值。這種思想反映了日本元祿時代以後經驗科學的進步。他反對宋儒脫離實際的唯理之學，而主張：

> 先王之敎，以物不以理，敎以物者，必有事事焉。敎以理者，言語詳焉。物者衆理所聚也。而必從事焉者，久之乃心實知也，何假言也。言所盡者，僅僅乎理之一端耳。且身不從事焉，而能了然於立談，豈能深知哉？……故不先之以事而能有成焉者，天下鮮矣。不啻先王之道，凡百技藝皆爾。[46]
>
> 人生斯世，當爲斯世之用；若生斯世，而無濟於斯世，則曾草木之不若，豈足爲學乎？故曰吾豈匏瓜也哉。[47]

這些主張表明了徂徠不是站在思辨的立場上，而是站在經驗論的立場上，一方面反對宋儒脫離實際的唯理之學，另一方面肯定了經驗的必要，認爲只有對自然和社會的經驗認識，才是實學，才是有用之學。這一思想的形成，是由於他接觸到了近代西方建築

---

[46]　《辨道》，頁8。
[47]　《論語徵》壬，頁318。

在實證主義基礎之上的自然科學技術，所以特別重視經驗，主張實用。他認爲人只要對社會有實用，即有一技一藝之能，亦有可稱之處，不必人人皆爲聖人。在這一點上，他的想法是有積極意義的。這種視自然和社會之經驗認識爲「實學」的徂徠學，在理論上越出了宋學——心性之學的狹隘框框，向著廣闊的經驗探索領域突飛猛進。

（三）「政」爲安民知人之政

在政治經濟思想方面，徂徠提倡一種哲人政治。他晚年爲幕府寫的《政談》和門生太宰春臺寫的《經濟錄》，都屬於這方面最出色和完整的著作。徂徠指出，政治的要訣是《書經・皋陶謨》「在安民，在知人」這兩句。他認爲此二句是「聖門的萬病丸」。在《辨名》中他說：

> 《書》曰：「在知人，在安民」；是皋陶立智仁二德以爲萬世法。蓋制作禮樂者，聖人之智，而非通下者焉，然至其所以平治天下者，則不出於此二言也。雖後世之君，雜霸之主，亦非是二者則不能成其隨分之治也。至哉言乎❹！

安民是「仁」，知人是「智」。此二者是安邦治國平治天下的要訣。安民與知人，又以知人爲先務。因爲：

> 先王之道爲安民設，則宜若莫大於安民者，而知人先之。

---

❹　《辨名》上，頁11-12。

孔子稱智仁，亦智先於仁，是無它，安民之道，非知人則
不能行故也。自古贊聖賢之君，必言其得賢人而臣之，而
其它善政不遑及之者，為是故也，故智之為德，莫大於知
人焉。❹

而知人的方法，在知人之所長，而不必知其短。「大抵古所謂知
人者，在知其所長，而其所短不必知焉；及其至者，則必稱能知
仁賢之人，謂之知人。」❺而具有這種知人善任、先見之明本領的
惟有聖人。所以，羣眾要絕對服從聖人。這就是他的哲人政治。
這是一種復古的政治理想，但其中治國安邦的經世論思想不失其
積極意義。

　　徂徠學源於中國，又影響中國。清代學者俞樾通讀徂徠的
《論語徵》之後，從書中摘錄通達可喜者十七條，在《東瀛詩
紀》卷中說：「余嘗見其所著《論語徵》一書，議論通達可喜者
多，……余已採取數十條，入《春在堂隨筆》矣。」❺另一學者李
慈銘在讀《春在堂隨筆》時，看到了俞樾摘錄的徂徠說十七條，
亦很感慨，在《越縵堂日記》中作了如下記錄：「如記日本物茂
卿所撰《論語徵》諸條云云，皆有關係實學。」後來，他又看了
徂徠的《護園隨筆》五卷之後，評論道：「其言頗平實近理」，
「皆有特識」，「議論頗為正大」❺。這是徂徠學對中國學者的影
響。從朱舜水——荻生徂徠——俞樾、李慈銘這條傳播與反饋的

❹　《辨名》上，頁8。
❺　《辨名》上，頁8。
❺　朱謙之：《日本的古學及陽明學》，上海人民出版社 1962 年版，
　　頁176。
❺　同❺。

鏈條中，可以看到歷史上中日兩國學者的友誼與相互仰慕。

日本古學派以它的樸素氣本論自然觀和倡導經世濟民之學的主張，在日本歷史和日本哲學史上佔有重要地位。其重要性表現爲：

第一方面，主張「氣一元論」的樸素唯物論思想。由伊藤仁齋父子開創的「氣一元論」樸素唯物論和無神論思想成爲日本近代實證科學的濫觴，爲日本哲學寶庫增添了光彩。

第二方面，強調事物的變革和變易。山鹿素行對日本的武士道進行了變革，以「道之自覺」變易了「死之覺悟」，成爲日本新武士道德論的創立者。荻生徂徠協助八代將軍吉宗完成了德川幕府的第一次政治變革。這次變革，雖然在主觀上是爲了加強德川幕藩體制的封建統治，但在客觀上，徂徠學的「變革」邏輯承認了以封建君主的統治爲前提的社會制度是可以改革和發展的。這種變革的思想，實已開德川幕府末期 佐久間象山的「東洋道德，西洋藝術」思想之先河，並且爲「自上而下」的明治啓蒙改革運動作好了思想準備。

第三方面，注重實政和經驗。山鹿素行、伊藤仁齋、荻生徂徠從不同側面所闡發的「實學」思想構成了日本實學思想發展譜系第一時期的豐富內容❸。尤其是荻生徂徠的實學思想深深啓發了日本近代哲學之父 —— 西周。同時，由於荻生徂徠接觸到了近代西方立足於實證科學之上的自然科學和技術，所以，徂徠學又成爲日本近代實證科學的濫觴。

---

❸　參閱源了圓《實學思想的譜系》，頁69-72。源了圓認爲：以山鹿素行、伊藤仁齋、荻生徂徠爲代表的日本古學派均屬經驗主義，是日本實學思想發展第一期的重要代表人物，其中尤以荻生徂徠突出。

日本古學派雖然在寬政異學之禁後被鎭壓下去了，但它強調實用、實行的思想，卻被代之而起的日本陽明學所發揚光大，並被演繹爲導致明治維新原動力的思想之一。

從日本古學派對日本社會歷史和哲學發展的重要作用中，可以看出明儒朱舜水對日本社會的巨大影響力。

第八章　實理實學，澤潤諸子

——朱舜水與日本水戶學

一、舜水學風，水戶品格

朱舜水是奠定日本明治維新思想的先驅。這是因爲他是德川幕府末期發動倒幕（推翻幕府統治）維新（變革社會）運動的日本水戶學派的開山鼻祖。

日本水戶學派的定義，衆說紛紜。有人說，水戶學是水戶藩第二世德川光國的行動及其編纂《大日本史》的精神。也有人說，它是水戶藩中期以後的尊王攘夷運動及其理論。還有人說，它是水戶藩所設「弘道館」的建學精神。更有人說，水戶學乃是水戶藩的尊王思想。總之，各陳其說，莫衷一是。筆者以爲水戶學乃是從德川光國編纂《大日本史》開始，歷二百三十年時間所倡導的鞏固封建社會制度的大義名分之學。其宗旨是：第一，國本主義，即水戶學的愛國精神，強調一君萬民、尊王賤霸。第二，文武不歧，即文武合一，既奉武神，又設孔廟。第三，尊崇歷史，即寓經世之學，於明史、鑑史之中。第四，提倡科學，即反對巫術迷信，倡導文明開化。其特點是不尚空言、重實行、忠君愛國、尊王攘夷，由此，能夠領導時代潮流，推動時代發展。

水戶學派與朱舜水有着密不可分的關係。在朱舜水流寓日本講學的二十二年中，有十七年是在水戶藩度過的。他不僅被聘爲德川光國的「賓師」和編纂《大日本史》的顧問，而且他的學術思想更影響、左右着水戶學。其有如以下幾方面：

崇忠孝：朱舜水亡命日本時期，始終服明朝衣冠，懷魯王勅書，其恢復明朝之志，固無時或已。他爲人剛毅嚴肅，不苟言笑，談必忠，言必孝。而水戶學崇尚忠孝不二，講究大義名分，實乃朱舜水啓發之功。

重實行：朱舜水之學，卽實行之學，凡學力避空論，務求實行。故水戶學的崇尚實行，實是受朱舜水的感化，絕非過詞。

好學問：朱舜水學問淵博，通曉古今制度禮法，對於房屋建築、酒醬釀法、耕稼播植等事，亦無所不知，且好學不倦，向不自滿，縱令風燭殘年，依然手不釋卷。其豐厚知識和好學精神，有助於水戶學派極多。

總之，朱舜水的思想和學說，演繹成了水戶學派的學旨，朱舜水的德行和學風，嬗變成了水戶學派的品節。他與水戶學派血肉相依，心心相印。

由此，朱舜水被尊爲水戶學派的開山祖師。水戶學派和《大日本史》的忠君愛國思想，開啓明治維新運動的思源。故而，水戶學派在日本歷史上佔有重要地位。作爲對水戶學派灌輸這種思想的先導者朱舜水，亦成爲日本明治維新運動的啓蒙人、奠基人。朱舜水是通過水戶學派中他親手扶植起來的濟濟英才及其再傳弟子，完成了把「忠君愛國」、「尊王攘夷」精神灌輸到日本國民中間，漸而演變爲維新思潮之潛流的任務。這誠如後藤新平男爵所讚譽的那樣：

明季徵君朱之瑜，隣邦所貢之至琛又至寶也。道義則貫心肝，學術則主王業，不得行懷抱於故國，而却傳衣鉢於我邦。……之瑜既義不帝秦，堅守魯連之志，遂來蹈東海，得義公之知遇，乃為湊川之碑不朽千古之人。況於其純忠尊王之精神，滂溥鬱屈，潛默醞釀，可二百年。而遂發為志士勤王之倡議，一轉王政復古，乃至翼成維新之大業，以至國運今日之蔚興。我之所得於之瑜也固大矣！ ❶

二、倒幕維新，開山祖師

德川光國（西元 1628—1700 年）是水戶學的創建者。字子龍，號梅里，為常陸水戶城主賴房第三子。光國六歲時被定為世子，三十一歲時因父病逝而繼位。但他以越兄為嗣而心不自安，襲封前一日跪拜父親神主前請求以侄兄為嗣。諸弟恐有不測，乃勸之許久。光國繼位就藩後，請割封內墾田分與兄弟諸人。一向為人嚴毅、弗妄許人的朱舜水聞此事後，贊光國說：「上公讓國一事，為之而泯然無跡，真大手段。舊稱泰伯、夷、齊為至德，然為之而有其跡，尚未是敵手。世人必曰：古人高於今人，中國勝於外國。此是眼光逼窄，作此三家語。若如此人君而生於中國，而佐之以名賢碩輔，何難立致雍熙之理！」 ❷且光國天資穎悟，自天象、地理、濟民、行兵之要，至制度、典故、擊箭、醫藥、算數、鳥獸、草木之微，盡綜而貫之，著而學術。他倡尊王、正名分、盡心修史，修成巨著《大日本史》。德川光國隨之彪炳於

---

❶ ＜朱舜水全集序＞，《朱舜水集》附錄4，頁796。
❷ ＜與陳遵之書＞，《朱舜水集》卷4，頁43。

史，明治十五年二月，立「常盤神社」以祀其靈。

西元 1665 年（清康熙四年，日本寬文五年），德川光國聞朱舜水恥食清粟、乞援日本的事蹟後，敬重傾慕不已，立卽稟明公庭，聘朱舜水爲賓師，親執弟子禮。朱舜水應聘至武江（今東京）時，以敬禮賢士著稱的德川光國，禮接隆重，待如師友。朱舜水被引見談論時，總是援引古義，彌縫規諷，曲盡忠告善導之意。此時，光國亦與舜水談論經史，講求道義，不以抗禮爲傲，不以盡言爲忤。光國每遇疑難莫決的事情，沒有不請敎朱舜水然後才做決定的，同時代的人，也沒有比朱舜水更受光國尊重的了。光國素待朱舜水以殊禮，寒暑風雨，必問起居，肴饌牲宰，莫不備焉。朱舜水初來水戶時，光國爲他起第於駒籠別莊（前東京大學農學院卽其故址）。朱舜水七十歲壽辰時，光國爲他設養老之禮。朱舜水八十大壽時，光國又就第祝壽，奉以衣裘、鳩杖、鶴屛等二十品。當朱舜水因逆虜未亡、故土爲墟，而身在異邦、遲暮衰疾、噓唏流涕時，光國必命奏古樂以慰之。朱舜水患咳血二十餘年、又添膚睬體寢，衰損日甚、不勝起坐時，光國親命醫官奧山玄建診察進藥。朱舜水八十三歲奄然去世後，光國嘆息不已，親送其葬、親題神主，將舜水葬於風景幽靜的德川氏墓地，依明式成墳，光國題其碑字「明徵君朱子墓」。次年忌日，光國與羣臣議諡曰「文恭先生」，取古言「德道博聞曰文，執事堅固曰恭」之意。每年忌日，光國必親舉葬禮，以示追念。德川光國和朱舜水之間的深情厚愛是歷史上中日學者間友誼和信任的結晶。

德川光國和朱舜水之間的友誼和信任更根植於兩人間學術思想上水乳般的交融。作爲封建政治家的德川光國，從朱舜水那裏吸取了「加意民生日用」，以「善政」治國理民的經世思想。

如果說朱舜水將實現自己「實理實學」的抱負寄托於安東守約身上的話，那麼，他又把將展現大同社會美景的信念寄望於德川光國。爲此，舜水常用經邦弘化、康濟艱難的經國理民思想，開導、勸誘光國：

> 惟望上公加意民生日用，以周家積德累仁爲法，百姓登於春臺，則人君之福壽，操左券而取之矣。❸

舜水諄諄告誡光國，人君要關心民生疾苦，施以仁政，由此便可操治國勝券。而治國的要訣是：

> 更治善俗，經邦弘化，謹庠序之教，申孝悌之義，而爲萬古之光。❹

朱舜水奉告光國治國之道有三：一是經世濟民，移風易俗；二是興辦教育，培育人材；三是援以孝悌之義。這便是朱舜水與國理民的經世之道。他還舉中國歷史上仁者治民的典故，來開導光國。他說：

> 昔者張堪爲漁陽太守，民歌之曰：「桑無附枝，麥穗兩歧；張君爲政，樂不可支。」又言：「世間聲色貨利，舉不足以悅張君，惟望見嘉禾好麥乃笑耳。」郭伋爲潁川太守，世祖敕之曰：「賢能太守，去畿甸不遠，河潤九里，冀京師

---

❸ ＜元旦賀源光國書八首＞，《朱舜水集》卷6，頁117。
❹ ＜答源光國問十一條·三＞，《朱舜水集》卷10，頁347。

並蒙福也。」夫賢能之有益於世乃如此。

今上公以明睿之姿，秉盛壯英豪之氣，力行善政，猶有青陽之發生，萬彙無不芽出暢茂者矣。內則足以為子孫之法，遠則足以為王者之師。❺

舜水願光國像張堪和郭伋一樣，力行善政，做賢明君主，成子孫萬代之榜首。他在〈源光國字子龍說〉中，以龍行「仁義」，資生萬物之意，勸導德川光國施行「仁義」，以賢治國。他講：

龍非仁義無以為靈，人君非仁義無以為國。……仁義兼施，賞罰明允，國以大治。於是南威齊、楚，西抗强秦，赫奕乎其有光也。是故進賢也，則曰「帝以不蔽」；討罪也，則曰「恭行天罰」。其心兢兢焉，有賢不敢棄，有罪不敢赦，毫不敢以私意行乎其間，猶之乎龍之為天吏云。❻

這是舜水對德川光國施以儒家仁政治國的教化。朱舜水的這些經世濟民思想對德川光國發生了深刻的影響。光國在治國理民時，能以仁恕御衆，雖卑賤疏遠者，亦能推心置腹、假以辭色，故國人皆樂為其用。光國主經世之學，不僅嚴禁府下奢侈，而且尤留心於民事。當他告老後還時常巡行疆內，問民瘼、察寃枉，聽斷明審，反覆參互，多從輕緩。對於死囚，尤曲為求生路。德川光國不愧是一位能體察民意，身體力行的封建政治家。

作為反對佛釋亂神的德川光國，又從朱舜水那裏吸取了無神

---

❺　〈元旦賀源光國書八首〉，《朱舜水集》卷6，頁116。
❻　〈源光國字子龍說〉，《朱舜水集》卷13，頁444。

論思想 。

　　朱舜水針對日本用佛釋亂神惑世誣民的種種舊俗陋習，警戒光國要崇尚德行，不陷迷謬之談；鼓勵光國要勇於破除數百年來的陳規陋習，以挈邪慝之口。朱舜水還用中國歷史上宋景公和楚昭公不迷邪說，堅信人事的實例教育光國。在朱舜水的佛釋亂神「可以欺凡庸，而不可以欺豪傑」思想的影響下，德川光國卽位就藩後，頒佈璽令，嚴禁「人殉」，廢除「以殉死者之衆相袴」的弊習。此外，他還命令毀棄新建寺剎九百九十七座，廢掉淫祠三千多個，並使受戒僧徒三百四十餘人蓄髮還俗。德川光國成爲日本歷史上有名的敢於斥「釋」反「神」、開明通達的封建統治者。

　　作爲學者的德川光國，還從朱舜水那裏吸取了儒家的忠君愛國、大義名分思想和重史、尊史、尚史的史學思想。

　　德川光國的 水戶家和紀伊、尾張的德川家一起作爲「御三家」，處於特殊地位。但是，水戶家不僅官位比其他兩家低，領地也不過只有那兩家的一半，因而在保持御三家之一的體面上，有些困難。由於這種關係，從德川光國時代就發生了家臣團的派系爭執。光國不僅是封建政治家，而且還是學者，所以，爲了確立名分思想用來作爲控制家臣團的手段，他試圖發起修史事業。在這一背景下，他作了朱舜水的門生。舜水向他灌輸了大義名分、忠君愛國的儒家傳統思想，與他心中潛伏的國無二君、民無二主名分論相契合。而朱舜水爲楠木正成❼撰寫的〈湊川碑文〉

---

❼　楠木正成(西元1294－1335年)，鐮倉末期——南北朝初期的武將。他曾率領河內與天泉等地的武士參加了後醍醐天皇的征伐幕府的鬥爭。在鬥爭中，他承擔了抵抗幾十萬幕府大軍的重任。由於此功

更是深深地打動了他的心。舜水讚楠木說：

> 忠孝著乎天下，日月麗乎天。天地無日月，則晦蒙否塞；
> 人心廢忠孝，則亂賊相尋，乾坤反覆。余聞楠公諱正成
> 者，忠勇節烈，國士無雙，蒐其行事，不可概見。大抵公
> 之用兵，審強弱之勢於幾先，決成敗之機於呼吸。知人善
> 任，體士推誠。是以謀無不中，而戰無不克，誓心天地，
> 金石不渝，不為利回，不為害怵。故能興復王室，還於舊
> 都。諺云：「前門拒狼，後門進虎。」廟謨不臧，元兇接
> 踵。構殺國儲，傾移鐘簴。功垂成而震主，策雖善而弗庸。
> 自古未有元師妬前，庸臣專斷，而大將能立功於外者。辛
> 之以身許國，之死靡佗。觀其臨終訓子，從容就義，託孤
> 寄命，言不及私。自非精忠貫日，能如是整而暇乎！父子
> 兄弟，世篤忠貞，節孝萃於一門，盛矣哉！至今王公大人
> 以及里巷之士，交口而誦說之不衰，其必有大過人者。惜
> 乎載筆者無所考信，不能發揚其盛美大德耳。❽

這就是被日本學者視為珍品的〈湊川碑陰記〉。碑文貫忠貞義勇
之豪氣於碑陰之中。它明正統之有歸，揭孤忠之大節，以風示來
世。德川末期，〈湊川碑文〉以其忠孝仁義、忠君愛國精神，被
明治維新的志士們廣為傳頌，起到了激勵幕末維新志士的作用。

勞，在建武中興時，被任命為「河內守」，成為河內、天泉的守衛
者。西元 1335 年（日建武二年），楠木迎戰足利氏，戰死於攝津湊
川。楠木以智略兵法而著稱於世，並有儒學教養。江戶時代，隨着
尊王倒幕運動的勃興，其忠烈和至誠得到承認，使維新志士受到感
化。

❽　〈楠木正成像贊〉，《朱舜水集》卷19，頁571。

朱舜水 ——〈湊川碑文〉—— 明治維新，它們是脈脈相承的。

朱舜水又將中國浙東學派尊史、尚史的重史學風傳給德川光國，形成了水戶學派的最大特點 —— 以研究史學而著稱於史。在朱舜水重史思想的感染下，德川光國又設立彰考館，集國內賢良學士之薈萃於一堂，編纂《大日本史》，並親聘朱舜水爲顧問。朱舜水爲了開闢日本文明之機，以《春秋》的微言大意 —— 尊周王、退諸侯、外夷狄，和朱子《通鑑綱目》明正統、定人道、昭鑒戒、著幾微的體例，教導他的門人，並規定《大日本史》的編纂目的在於：敍述歷史的史實，闡明國家的道德，明君臣的職分，嚴是非的辨別，正潤皇統，褒貶人臣。在朱舜水這種思想的引導下，德川光國在〈梅里先生碑陰並銘〉中自敍編史的目的是：

> 自早有志於編史，然罕書可徵，爰搜爰購，求之得之，徵遺以稗官小說，據實闕疑。正潤皇統，是非人臣，輯成一家之言。

這是光國的卓識。他從三十一歲設彰考館招致天下俊材編纂《大日本史》起，以後二百三十餘年間，水戶學者皆受光國精神的感化，完成了修史事業，開日本史學界新紀元，更造就了水戶學一大學派。幕府末期，隨着藩內下層武士勢力日漸強大，及全國各地方的倒幕力量逐漸壯大，水戶學派被倒幕維新志士推上了反對幕閣派的上層地位。在這種條件下，水戶學派及《大日本史》的尊王攘夷精神，對明治維新運動發揮了重要作用。這乃是水戶學派創始人德川光國對維新鴻業的貢獻，亦是他的知遇賓師朱舜水對日本維新大業作出的歷史成就。

安積覺（西元 1656-1737 年）字子先，號澹泊，世仕水府。他是《大日本史》總編輯，在編纂《大日本史》中發揮了重要作用。

安積覺從十三歲束髮時，便奉父親及德川光國之命，師事朱舜水，「斂枕簟，備灑掃，日祖供給」，形同父子。朱舜水授之《孝經》、《小學》、《大學》、《論語》句讀，誘掖提誨，嚴立課程，逐日登記。安積覺晨讀夕誦，用力周摯，才思蓋世。朱舜水贊揚他：

> 吾東渡授句讀者多，皆不可，獨彥六（安積覺小字）佳耳。❾

安積覺尤銳意史學，得朱舜水史學眞傳。他於日元祿六年（西元1693年）出任《大日本史》總編輯，定修史例、構立紀傳、中其規矩、縱橫貫穿，爲編纂《大日本史》立下頭功。德川光國爲了表彰他的功勞，將朱舜水生前珍愛的小李將軍畫軸❿送給他。安積覺對此特別珍愛，晚年誡其子孫道：

> 舜水先生自書《緣由》一卷，及小李將軍畫軸，義公（即德川光國）自鐫「朱舜水遺物也」六字押印及紫檀筆筒，皆是朱先生沒後義公所賜者，皆藏而寶護之。凡我子孫當

---

❾　＜安積覺＞，《朱舜水集》附錄5，頁822。

❿　小李將軍：《益州名畫錄》曰：「李昇者，成都人也。年才弱冠，志收山水，天縱生知，不從師學。明皇朝有李將軍，擅名山水，蜀人皆稱爲小李將軍。

敬之如神明，其或淪落喪失者，非吾子孫。⓫

可見安積覺對大恩師的仰重。他在朱舜水去世後，先後寫了〈舜水先生行實〉、〈朱文恭遺事〉、〈明故徵君文恭先生碑陰〉、〈略譜〉、〈祭朱文恭先生〉、〈祭朱文恭先生墓文〉、〈朱舜水先生集後序〉、〈舜水朱氏談綺序〉等八篇文章，以表對先師的懷念和追憶。安積覺視舜水爲恩師，證明了他學術思想所受的影響。這誠如室鳩巢所云：

> 當時宿儒安積翁，家學親承舜水傳，餘姚一派流日東。⓬

又如荻生徂徠所書：

> 先侯業已卽世，一時郇、枚之輩寥落殆盡，而足下獨以朱先生高弟子歸然以存，有如靈光。⓭

作爲朱舜水嫡傳的安積覺，主要繼承了朱舜水純忠尊王、大義名分的倫理思想和借古鑒今以振綱紀的史學思想。這些思想成爲《大日本史》的指導精神。翻開巨著《大日本史》，其昭昭然如睹目前。概括之，有以下三點。

（一）史書體例 —— 仿中國史籍

《大日本史》的體裁，有過多次變動。西元1683年，曾編出

⓫　板倉勝明：《澹泊安積先生佚》。
⓬、⓭〈安積覺〉，《朱舜水集》附錄5，頁821。

紀傳一百零四卷，但因討論未精，其書體裁不滿德川光國之意，於是「易稿重修」。直至安積覺擔任史館總編輯之後，該書體裁才基本確定。即參考中國史籍，取編年紀傳之長。《大日本史》的內容記述以及考核嚴謹之風，皆師《資治通鑑》。安積覺所以有如此作爲，顯然是受了朱舜水的影響。他在〈朱文恭遺事〉中說：先生「好看《陸宣公奏議》、《資治通鑑》。及來武江，方購得京師所鋟《通鑑綱目》。」❹舜水生前對《資治通鑑》的愛好與重視，成爲日後安積覺治史的指導思想之一。

(二)治史方法 —— 史學第一

德川光國指示安積覺對於《大日本史》的編纂務必作到「編纂要勤，考核要精，所引史事，務使核實」。爲此，安積覺在《帝大紀議》中寫道：「未有英明之人，能立不朽之事，卓識偉論，迥出衆人之上，然非備大公至正之義，則不足臣服衆人之心，而破萬世之惑也。本邦上古之事，捨《舊事記》、《古事記》、《日本紀》無足爲徵者，而《日本紀》又其尤也。然神功皇后未嘗踐位，列之帝紀；帝大友儲貳承統，黜而不書，編年記事既不足以考信，崇虛抑實，又不可以爲訓。今所修撰名實抑彼揚此，出於上公之明斷，遂成千古之定論，不足偉哉！」❺安積覺這種崇實抑虛、據事直書、名實相符的方法成爲治史的基本方法。爲使《大日本史》做到史實正確，他受光國之命，曾派人到全國各地搜集散佚書籍。對於古典所載史實，盡量加以考核；對於虛無的傳聞，不作爲史實載入史册；對於私家文書、日記，雖「核實該

❹　〈朱文恭遺事〉，《朱舜水集》附錄1，頁625-626。
❺　《澹泊史論》卷上，頁7。

瞻，可以考信」，但因「年月不備，殘缺相踵」，則「難輒爲用」；對於僧侶撰寫的編年書籍，因「非舊史之體，彤管之文，華實難付」，則「廣搜旁羅，以待良吏之筆削」。從現存《大日本史》可以看出，在安積覺主持下，彰考館諸儒的治史態度是十分嚴謹的。「凡紀傳之文，根據正史，務遵其歸」，「其正史所不載，事雖至要，旁無明據者，不輒補湊之」。這種注重史實，精勤考核的嚴肅治史態度和嚴謹學風，顯然是出於朱舜水「史實」、「史明」、「史近」的史學思想。

(三)基本史觀 ── 大義名分

儒家的大義名分思想貫穿《大日本史》全書。日本自鐮倉幕府建立後，以天皇爲首的朝廷，大權旁落，威信漸衰。而水戶學派公開尊重王權，安積覺就認爲：「春秋之義，尊王爲大。」綜觀整個《大日本史》，就是要改變君臣顛倒，權臣專制的現象，以正潤皇統，整飭綱紀。因此，從《大日本史》在三件史事處理上，嚴格地貫徹了大義名分思想。第一件事是將歷來被尊爲天皇的神功皇后列入后妃傳。其理由是其未踐位。第二件事是天智天皇的兒子大友皇子列入本紀，「帝大友實天智帝之儲貳，其續大統明矣」，「今據《懷風藻》、《水鏡》之文，創帝大友紀」。第三件事是將日本南北朝時的南朝作爲正統皇系。以正潤皇統爲準繩，改變了對一些歷史人物的評價。如對南北朝時期的忠王之臣楠木正成的評價，史書歷來因他尊奉南朝、反抗北朝，而視之爲逆臣。《大日本史》以南朝爲正宗（理由是象徵天皇權威的三種神器在南朝），因此，楠木正成得以正名。德川光國表彰楠木是忠臣，安積覺更進而稱其是忠孝兩全。除此三事而外，《大日本

史》中字裏行間亦都充斥着大義名分思想。例如，安積覺指出足利氏不能尊王，「幾乎黍離麥秀之嘆，而亂臣賊子，接踵相望，應仁以來，板蕩極矣」。「右大臣織田公、關白豐臣公雖粗知尊王，而非出於誠心」，惟有德川家「神祖首使諸侯服王事，……又一議定法則，綱舉目張，朝廷肅穆，遂爲永世不易之重典，尊王之舉，不亦大乎」⑯。這些都是對君臣大義而言。

《大日本史》宣揚大義名分，其目的是要「申以勸戒，樹之風聲」和「勸善懲惡，永肅將來」。故此，《大日本史》所以立「神祗志」，是要揭示「宗祠衰而氏族紊」以及「權臣專制而名教掃地，庶官爲之曠廢，禮樂爲之崩壞，遂使莊田盛而財政亂，朝綱替而兵刑濫」的弊病，以使「後之觀古者，其有所鑒焉」⑰。所以立「氏族志」，是要揭示外戚專權，武人得勢，及豪族爭佔郡鄉，不事朝廷，遂使氏族之法紊亂的史事，從而申明「明倫而察物，反本以類族，王政之所重」⑱。所以立「孝子傳」，是要闡明「孝，百行之本」，「非孝無以爲教」之類的道理。所以立「叛臣傳」和「逆臣傳」，是要說明「一有間隔離叛，小則懲戒，大則誅戮，必除去而使之合，然後天下之治可得而成」，以及「一有弑逆之臣，則人人得而誅之」的道理。

《大日本史》的這種大義名分史觀與朱舜水忠君愛國、擁皇除奸思想是相融洽的。安積覺從小就敬仰朱舜水俊偉的人格和忠貞的情操。他在〈朱舜水先生文集後序〉中追憶朱舜水矢志不忘抗清復明的行爲時說：

---

⑯　《澹泊史論》卷上，頁28-29。
⑰　《大日本史》卷244。
⑱　《大日本史》卷267。

當時唯見先生終年嘔血，寥寥寡和。夏坐紗厨，冬擁脚鑪。踰七之老，卷不釋手。去鄉萬里，而竟不言及私親；惟以恢復爲念，未嘗一刻少弛也。

漂泊艱楚，百折不回，非爲一身之計，而韜藏謹密，舉世莫有知其志者。惟能熟讀其文，忖度時勢，然後可審其志之所在，而知非苟全性命於亂世者也。❶

這表明朱舜水誓鏟奸佞、擁君復國的激情，潛移默化爲安積覺正名分、核名實、獎名行的史學思想，並浸注到《大日本史》中。水戶學派和《大日本史》在幕府末期成爲倒幕維新運動的一面旗幟，其原因大概也正在於此。

在前期水戶學派中，朱舜水的門人弟子英俊輩出。除德川光國和安積覺兩位才卓之士外，尚有小宅生順。他曾奉德川光國之命，訪朱舜水於長崎，又爲他揚名於水戶。他在《西遊手錄》中稱讚朱舜水說：

予今年奉命西遊崎陽，汎交蕃客，欲得異聞，往往拈筆代譯。所交數十輩，而有學者獨有朱舜水而已。❷

還有私淑朱舜水的森儼塾，做詩以表他對舜水的敬慕。他在〈拜舜水先生祠堂詩〉中吟道：

先師如在兩楹前，清酌嘉蔬俎豆連。

---

❶ 〈朱舜水先生文集後序〉，《朱舜水集》附錄4，頁787。
❷ 〈朱舜水先生文集後序〉，《朱舜水集》附錄4，頁787。

拜手鞠躬唯謹爾，八音高奏屆玄天。㉑

另有服部其衷，事朱舜水尤勤，卒後奉其祠。碩儒五十川剛伯欲
厠朱門，書信筆談，禮敬甚至。朱舜水稱讚這些水戶學者有「朝
聞道而夕死」的學習精神，對他們涵育薰陶，亹亹不倦。在德川
光國領導下，彰考館諸儒生付諸畢生心血凝聚爲《大日本史》。
《大日本史》是在大義名分思想指導下，以正確的史實爲依據編
輯成的一部日本史。其史學價值如板倉勝明所云：

> 國家文明，生若義公，以有爲之材，舉曠世之典，聘舜水
> 朱之瑜，講究春秋之大義，就僧契沖發明古語之難析，史
> 館諸人，亦極一時之選。列神功於后妃，揭大友於帝紀，
> 以南朝爲正統，蓋公之義例，可爲萬世之史法。㉒

《大日本史》的社會價值在於：書中宣揚的尊王論和名分論成爲
幕末志士尊王倒幕、大政奉還運動的前奏和先聲。明治維新的志
士在《大日本史》尊王愛國精神的感召下，提倡尊王，廢除幕
藩，以建立統一的國家，爲資本主義在日本的發展奠定基礎。由
此可知，作爲《大日本史》史學思想導源人的朱舜水，對日本幕
末維新的貢獻是很大的。

如果說，編纂《大日本史》時代的前期水戶學是以名分論的
史學爲其特徵的話，那麼，後期水戶學則由於時勢所趨，而以宣
揚攘夷論爲其特點。攘夷思想是對有關中華和夷狄之別的儒家名

㉑ 《儼塾集》上卷，頁95。
㉒ ＜書澹泊先生史論後＞，見《甘雨亭叢書》第2集。

分論的引申。十九世紀六十年代的日本，由於西力東漸，使日本
上下均感壓迫。爲了對抗歐美諸國經濟輸入，阻止農村自然經濟
的崩潰，一些尚未具有町人性質的農村地主和行將沒落的下層武
士，無疑要繼續堅持鎖國主義，這就必然要變成攘夷主義。儘管
攘夷思想與開國論相比較，尚有不合理性，但在客觀上卻是更爲
進步的潮流。因爲後期水戶學的領導者（如德川齊昭等）一直把
攘夷加以原則化，將它作爲手段和策略來使用。對外，以攘夷來
防禦外來侵略；對內，以攘夷作爲激勵士氣、富國強兵的手段，
後又作爲倒幕的戰術。當攘夷論與尊王論結合起來後，「尊王攘
夷」作爲一面旗幟，號召日本國民投身於政治改革運動的激流，
指出了日本社會從封建割據走向國家統一的方向。所以，不經過
攘夷運動，就不可能實現明治維新；如果沒有攘夷運動的領導者
把武士羣衆和希望武士化的村吏、豪農、富商的力量集結起來，
加以操縱和利用，並把攘夷加以原則化、策略化，明治維新也就
不可能實現。而後期水戶學的歷史意義正在於它奠定了這個攘夷
思想的理論基礎。

　　如果說前期水戶學是以德川光國和安積覺爲其代表，那麼，
後期水戶學派則以會澤正志齋和藤田東湖爲其代表人物。

　　會澤正志齋（西元1782—1863年）是後期水戶學的理論家。
名安，號正志齋（簡稱正志），常陸（今茨城縣）人。他是「尊
王攘夷」論的倡導者，水戶學的集大成者。他一生著述甚多，
約分三類：《思問編》以研究中國哲學爲主，《息邪編》以排
耶穌爲主，《閑聖編》以宣揚「尊皇攘夷」爲主。而其中的《新
論》宣揚尊王攘夷，代表他的中心思想。此書因觸幕府忌諱，初
不敢公刊，以無名氏寫本傳世。明治維新志士極喜愛，甚至將它

與盧梭的《民約論》相媲美。此書把前期水戶學基於儒家名分論的尊王攘夷主義從政治理論上加以定型化。卽：第一，宣揚忠孝一本、祭政一致、一君萬民，通過尊王抑藩，使日本從封建割據走向統一；第二，排斥洋敎和洋學；第三，尊尙儒家的王道主義和重農主張，提倡通過農本主義，振興國道，廣用賢才，禁止奢侈，以達富國強兵的目的。這樣，會澤正志齋在理論上就完成了前期水戶學提出的尊皇愛國，王政復古的思想，卽「尊王攘夷」的理論。

會澤正志齋的尊王攘夷理論，主要表現在以下兩個方面。

一個方面是**皇室中心主義**。

在日本封建社會的內部矛盾中，幕府代表了封建割據的局面，皇室代表了封建國家統一的局面。兩者比較，擁護皇室的思想，更接近於民族意識的覺醒。而這種尊皇思想的根源，亦是對於外國入侵、壓迫的反抗，所以尙具有號召革新的意義。因此，這種皇室中心思想也就成爲維新志士思想的前導。正志齋以儒家的忠、孝倫理思想和「天人合一」思想爲其皇室中心主義的理論基礎。如他從天、地自然之道，闡述忠、孝的觀念說：

> 夫君臣之義，天地之大義也；父子之親，天下之至恩也。義之大者與恩之至者，並立天地之間，漸漬積累，浹洽人心，久遠而不變，此帝王所以經緯天地，綱紀億兆之大資也。
>
> 夫君臣也、父子也，天倫之最大者，而至恩隆於內，大義明於外，大義立、而天人之大道昭昭乎其著矣。忠以貴貴，孝以親親，億兆之能一心，上下之能相親，良有以

也。㉓

正志齋以爲「忠孝」是天人之大道，只要提倡忠孝，就會有「太平之業」。他強調忠孝，是要維護國體的尊嚴，而強調國體的尊嚴，又是爲了達到「天下仰朝廷如天神，以孝事君，同心一志，共輸其忠，風俗以醇矣」㉔。而這就是「神道設教」。神道設教是日本封建社會中使「教」與「政」合一，用以統治人民的思想武器。政教合一出於中國的「天人合一」說，它通過使「民唯知敬天祖、奉天胤」，達「以民志一而天人合」，這乃是「帝王所恃以保四海，而祖宗所以建國開基之大體」。從這種政教合一中可以看出天皇是神聖不可侵犯的。「歷代聖帝代天撫育萬民,君道師道爲一，治而且教，爲萬民除災害，利用厚生，設百官，立綱紀，明賞罰者君道也。」㉕因爲君權超於一切,所以君臣的名分一定而不可易，這卽是「一君萬民」。以一君臨於萬民之上，皇統綿綿。

　　另一個方面是**日本中心主義**。

　　會澤正志齋的攘夷論，在消極方面表現爲鎖國主義的儒家保守思想；在積極方面則表現爲以日本中心主義爲基礎的富國強兵政策。

　　〈守禦篇〉是他針對外國侵略而提出的積極防禦政策。正志齋稱其爲守禦之策四大綱。卽：

　　其一，內政的革新。其具體內容有四項，興土風、禁奢侈、安萬氣、舉賢材。

㉓　《新論》，頁12、14。
㉔　《新論》，頁40。
㉕　《新論》，頁22。

其二，軍令的整備。其具體措施有三項，汰驕兵，增兵衆，精訓練。

其三，富國策。卽關於武士生活的質樸和市民的經濟活動問題。

其四，頒守備。卽關於從前未設而今日宜創立的制度，如屯田兵的設置，偵察——傳令機關的整備，軍需品資源的確保，兵糧的儲藏等。

這四大綱的宗旨就是富國強兵。他以爲日本惟有走兵強國富之道，才能免受夷狄之侮，才能稱覇於世。正志齋的富國強兵政策，在鎖國主義保守觀念的局限下，是不符合新興商業資產階級要求的，是保守的農本政策。

而作爲這種「日本中心主義」哲學基礎的正是中國的陽正陰輔、陽盛陰衰的儒家哲學。他認爲「日神所開創」的神州是「陽」，是表示「朝氣」、「正氣」的，所以比表示「陰」，卽「暮氣」、「邪氣」的外國優越，是「位於大地之首」。他說：

> 夫神州位於大地之首，朝氣也、正氣也。……朝氣正氣，是爲陽。故其道正大光明，明人倫以奉天心，尊天神以盡人事，發育萬物，以體天地生養之德。戎狄者屏舍於四肢，暮氣也，邪氣也。暮氣邪氣，是爲陰。故索隱行怪，滅裂人道，而幽冥之說是講，褻天、媚鬼，而荒唐之語是說，寂滅萬物，而專由陰晦不祥之途。❷⁶

---

❷⁶ 《新論》，頁216-217。

正志齋視爲理論基礎的陰陽論，其實質乃是儒家「名分論」的引申。所以，名分論 —— 尊皇思想 —— 日本中心主義，這是一脈相承、密切結合着的。由此觀之，會澤正志齋的學術思想是前朝水戶學派的中心思想 —— 名分論的延續，不過在新的歷史條件下，有所變易罷了。

　　會澤正志齋的「攘夷論」，其積極方面是影響了幕末一代維新人物。由於它主張反對帝國主義侵略，主張尊皇統、講名分，主張富國強兵，這就爲明治維新奠定了理論基礎，作好了思想準備。其消極方面是它的鎖國主張對保守人物的影響，使日本走上了自己曾經反對過的帝國主義侵略的道路。

　　倘若說會澤正志齋是後期水戶學的理論家，那麼，藤田東湖則是後期水戶學的實踐家。東湖遵循後期水戶學「學問與事業不殊其效」的教義，強調學問卽事業、專業卽學問，矢志於理論與實踐的統一。他一生的所爲，無愧於德富蘇峰對他的衷心讚美：「東湖先生不單以學問文章鼓吹指導天下之大勢，先生其人實是活的水戶學的權化。」[27]

　　藤田東湖（西元 1806—1855 年）名彪，字斌卿，號東湖。他是後期水戶學元祖、創建人藤田幽谷[28]的兒子，亦是他思想的繼承人。他幼年時就從父學《孝經》，唸文天祥〈正氣歌〉。他從父親那裏繼承的忠孝精神和政治素質，爲他以後從事勤王實踐活動打下了基礎。

　　東湖一生精力貫注於尊王攘夷的實踐行動。爲此，他曾三度

---

[27]　高須芳次郞：〈題解〉，《藤田東湖全集》第 1 卷。

[28]　藤田幽谷（西元1774—1828年），仕水府史館爲編修。在學術思想上，主張尊王攘夷論和名分論，這成爲後期水戶學的方向。

出生入死。第一次是攘夷之事。十九歲的東湖，爲振國風，奉父之命，孤膽潛入夷船，質問夷狄。

　　第二次是擁立德川齊昭。西元1829年，當水戶藩主哀公（齊修）病逝，舉國上下一片混亂之時，東湖以「志士授命報國之秋」，「蒙出境之罪」，親赴江戶，舉薦德川齊昭。德川齊昭繼位就藩後，以其傑出之材，鼓舞一世。德川齊昭時代，君臣上下倡導水戶一脈的尊皇論，使明治維新一代豪傑如西鄉隆盛、吉田松陰等，皆聞風興起。這些都是東湖的功勞。

　　第三次是德川齊昭因改革藩政而被謗者傷，東湖亦不可免。在謫居生活中，他寫了〈和文天祥正氣歌〉。詩文中那種「死爲忠義魂，極天護皇基」的慷慨之情，使日本不少忠義孝烈之輩隨之興起，致使維新三傑之一的西鄉隆盛稱東湖爲「先師」。從以上三件史實中可以看出，東湖一生就是以這樣一種忠誠的政治活動震動一世，給幕末的勤王運動以極大的影響。

　　爲了踐履尊王攘夷行動，東湖主張文武不歧。這也是水戶學的一大特徵。他說：

　　　夫尊皇室，攘夷狄，文武之最大者。❷⁹

他所謂的「文」，指「敬神」、「愛民」，「武」指「尚武」。其中，「敬神」是尊天神之盛德大業，尤重日神。因爲日神是天皇的象徵，天皇是承天日之祀，所以敬神卽是尊王的意思。這就是敬神的現實政治意義。「愛民」是關係君臣上下之間的事。他以爲「君

―――――――――
　❷⁹　《東湖全集》第2卷，頁146。

臣父子彝倫之猶大者，尊卑內外，名分之至重者」，如名分混淆，
愛民便無根基，就會出現「海內塗炭，民無所措其手足」的現
象。所以，他服膺孔子，崇尚他的「明倫正名之教，以至於尊王
攘夷之訓，苟可以推弘道之義，莫不服膺而遵奉焉」❸。「尚武」
卽學劍術，習槍法。他猶重尚武，是因爲他認爲：尚武之風振，
則夷狄自遠，這樣，天地之正氣充，而神州之紀綱張矣。

　　爲了實行尊王攘夷，東湖堅決提倡排佛、反佛。他以爲要講
尊王攘夷，必須要主敬神、愛民、尚武之風，而敬神、尚武的最
大敵人就是佛敎。爲此，他曾建議德川齊昭爲充實國防，「毀封內
銅佛及梵鐘，鑄以造煩銃」，並稱之爲是變無益爲有用。「今變而
用諸海防，鏖腥膻之夷賊，濟神州之生靈，以振起天下之怠惰，其
用不亦大乎且廣乎？」❹他站在尊王攘夷立場上所發動的排佛運
動，實際上成爲維新前後排佛運動的先驅。從藤田東湖重實行、
講名分、排佛釋的學行中，可以清晰地看到前期水戶學中朱舜水
的文脈仍在跳動，活潑且有生命力。

　　無論是前期水戶學還是後期水戶學，其一脈相承的「尊王攘
夷」思想對日本近世社會發生了重要影響作用。德川末期發生的
關係到日本社會命運的尊王倒幕運動，皆應歸功於提倡漢學。黃
邁憲在《日本雜事詩》中曾詠及此事。他吟道：

　　　叩閽哀告九天神，幾個孤忠草莽臣。
　　　斷盡臣頭臣筆在，尊王終賴讀書人。❺

---

❸　《東湖全集》第 2 卷，頁264。
❹　藤田東湖：《回天詩史》，頁167。
❺　黃邁憲：《日本雜事詩》第 1 卷。

德川時代，竭力弘揚漢學的便是明大儒朱舜水。朱舜水親自撰寫的〈湊川碑文〉，曾被參加明治維新的志士們廣泛傳誦；在朱舜水親自指導下編纂的《大日本史》，完成了將「忠君愛國」精神灌輸到日本國民中間的任務。由此可見，在日本近世思想的潛流中確實存在着朱舜水輸入的血液。

第九章 畸人傳人，譽滿內外——畸儒論

《中庸》云：「君子之道，闇然而日章。」南明大儒朱舜水，在中國深藏若虛，沉寂無聞。然而，當明亡清興之際，他懷魯仲連不帝秦之志，孤身東渡日本，德業彌尊，膏澤異域，開德川一代儒學，聲光煥著，被冠以「日本孔夫子」而載入史冊。因此，梁啓超稱之爲「畸儒」。故本章以「畸儒」爲題，總結朱舜水思想的學術地位、歷史作用和後繼傳人。

一、學張漢幟，派系公羊

筆者以爲朱舜水之所以被後人稱爲「畸儒」，主要有三個方面的原因。第一個方面即關於對他學術地位的評價問題。朱舜水在明末學者中實爲獨樹一幟者。明末學者或出於朱，或出於王，而張漢幟以抑宋幟者，唯有朱舜水和顧炎武。如果說顧炎武開乾嘉學派之先聲，那麼，朱舜水就是常州學派的不祧祖歟。

朱舜水的學術思想淵源於西漢經學。他尊崇漢武帝和董仲舒：

> 表章六經，實爲萬代之功。若非漢武，則聖人之學久已滅

絕矣。豈宋儒所能開闢也。❶

漢世學業近古，稱大儒者惟董仲舒一人。❷

青年時代的朱舜水就廣汲「六經」。他的學生今井弘濟、安積覺在〈舜水先生行實〉一文中就寫道：

文恭先生初從慈谿李契玄學。及長，受業於吏部左侍郎朱永佑及東閣大學士兼吏、戶、工三部尚書張肯堂，禮部尚書吳鐘巒，研究古學，特明《詩》、《書》。

先生嘗曰：「大凡作文須本『六經』，佐以子、史，而潤澤之以古文。」❸

《清史稿卷五○五·遺逸傳》中也記載說：

朱舜水，字魯璵，號舜人，餘姚人，寄籍松江。少有志慨，九歲喪父，哀毀踰禮。及長，精研「六經」，特精《毛詩》。❹

西漢初年，自武帝罷黜百家、獨尊儒術以後，經學成為中國古代社會文化的正統，其盛衰、分合、爭辯，往往與當時社會政治相關聯。董仲舒把陰陽五行說和今文經《春秋公羊傳》相牽

---

❶　〈雜著〉，《朱舜水先生文集》卷22，日本文會堂1913年版。
❷　〈答桐山知幾書〉，《朱舜水集》卷5，頁87。
❸　〈舜水先生行實〉，《朱舜水集》附錄1，頁612、613、624。
❹　〈清史稿卷五○五遺逸傳二八六朱之瑜〉，《朱舜水集》附錄1，頁643。

合，用以鞏固皇權，成爲漢初公羊學的大師。《史記‧儒林列傳》說：「故漢興至於五世之間，惟董仲舒名爲明於《春秋》，其傳公羊氏也。」

漢初，諸侯不斷叛亂，大臣貴戚違法逾制，強凌弱、衆暴寡，貧富嚴重分化，社會矛盾日漸劇烈。溫情脈脈的血緣情誼和道德敎化與爾虞我詐的政治現實，發生了尖銳矛盾。清靜無爲、放任不管，導致禮制廢弛、等級混亂，對統治秩序造成了嚴重危害。在這種形勢下，董仲舒大講特講「公羊學」，強調嚴肅宗法和政治的紀綱，嚴格等級秩序，提倡正名分、大一統等，恰是對症下藥，反映了時代的特殊要求。對此，董仲舒把《春秋》和《公羊春秋》的基本精神槪括爲：「是非二百四十二年之中，以爲天下儀表。貶天子，退諸侯，討大夫，以達王事而已矣。」❺認爲《春秋》的微言大義是別嫌明微，撥亂反正，嚴格以三綱五常爲核心的封建等級制度，樹立大一統的封建君主的權威。

而明清之際，又是中國歷史上一個波瀾壯闊、天崩地解的動蕩時代。明朝末年，由於土地集中、賦役沉重，加速了農民與地主之間的矛盾。萬曆以後，除去被稱爲「流寇」「礦盜」、「饑民」、「炭黨」的破產農民不斷起來反抗外，江蘇無錫、浙江嘉興和福建泉州一帶淪爲佃農的農民，往往聚衆宣稱不向地主豪紳交租。與此同時，還有城市中行會的手工業工人，也因爲錢賤物貴、生活困難，紛紛組織起來，向東家要求增加工資。全國各地此起彼伏的農民戰爭如滾滾潮水，衝擊著明王朝。崇禎年間，農民起義軍集中在李自成和張獻忠的旗幟下，形成了兩支勁旅，像兩把七

❺　《史記‧太史公自序》。

首，刺向明朝統治者的心臟。

　　與尖銳的階級矛盾相繼出現的是複雜的民族矛盾。當明末農民起義軍勝利進軍之時，崛起於東北的清貴族已經在關外建號「大清」，勢力日益強大。他們目睹明朝政府內部的危機日益激化，早就蓄有消滅明朝的野心。李自成進兵北京，推翻了明朝，清貴族又乘機大舉入關。

　　與階級矛盾和民族矛盾糾纏在一起的是明清之際的黨派矛盾。東林黨與浙、齊、楚、昆、宣各黨派鬥爭激烈。後復社嗣東林，又與閹黨爭鬥不息。

　　面對農民起義的烽火、清兵入關的威脅、黨派鬥爭殘酷，朱舜水效法董仲舒，醉心於今文經學，傾心於春秋公羊學。他試圖通過闡發春秋公羊學的微言大義，尋找尊王一統、大同世界的道路，再現漢武帝、董仲舒時代的歷史風彩。於是，產生了他效法董仲舒〈舉賢良對策〉的四道策問。

　　策問本由統治者提出，用以解決疑難問題。漢代著名的〈天人三策〉出自具有雄才大略的漢武帝，對策者為碩儒董仲舒。由於陳勝、吳廣起義，動搖並推翻了秦朝，因而漢初統治者推行黃老無為之治，以休養生息。雄心勃勃的漢武帝不安於玄默，不甘於父輩的無為，而決心開創一個富麗堂皇的大帝國。為了尋求施展他抱負的策略，武帝以「改制有無規律可尋，上古改朝換代的根據是什麼，用什麼措施可以使百姓和樂、政治清明、天時正常、五穀豐登」等問題，詔舉賢良對策。他所徵召的章句儒生都對此心中無數，只有董仲舒海闊天空的議論使他傾倒了。

　　但歷史不會重演，西漢的歷史不同於朱舜水生活的明清之際，漢武帝的經歷亦不同於朱舜水的遭遇。武帝可以化理想為現

實，舜水卻只能托於玄想，以〈策問〉當新王。

朱舜水的四道策問，其一是仁者愛人，其二是政治上復古與更化，其三是三正問題，其四是禮制問題。朱舜水的這四道策問不是等閒的策問，因為它集中體現了朱舜水的經學思想。其主要內容包括：

(一)變法改制

面對支離破碎的大明河山，朱舜水認為保國保種的唯一良策是變法改制。他發揮公羊三世說的「變易」思想，力主變革。於是，產生了他有名的第二道策問。

> 問：聖人之所以治天下，與天下之所以望治者，宜無古今異宜，中外殊俗已。是故「君子動而世為天下道，行而世為天下則」，「溥博淵泉而時出之」也。然何以同際有周維新之命，同居青、兗咫尺之鄉，而治齊治魯，或有不同？周公曰：「不易不簡，民弗能從。」問又曰「解其瑟而更張之，然後乃可鼓」也？聖人未生，道在天地；聖人既生，道在聖人；聖人已往，道在「六經」，則先生之道尚矣。而先儒乃曰：「是欲以結繩之治，理亂秦之緒也。」而徐偃、宋襄，行仁義而敗亡相踵，抑又何歟？漢家自有制度者，似矣，而識者乃曰，「乃翁以馬上得天下」；一時輔相諸臣，又皆厚重，椎魯大略，惘惘無文，遂使漢治不能復古，至今傷之。子輿氏有言曰：「堯、舜之道，不以仁政，不能平治天下。」夫道至於堯、舜極矣，而仁政乃如斯重且要乎？是故仁心仁聞，民不能被其澤，法不可傳諸後。

故《詩》曰:「不愆不忘, 率由舊章。」總之兩言而決之
曰:「徒善不足以為政, 徒法不能以自行。」今文、武之
政未墜於地, 布在方策者, 班班可考也。幸而處昌明之極
運, 不能更化善俗, 而狃於淺近荒忽之談, 一則曰「如是
已足」, 一則曰「何必改作」, 所以誦詩讀書者, 徒為呫嗶
之具, 詠歌先王而已, 豈不重辜先王之道哉! 後有豪傑者
起, 將必非笑前人, 因陋就簡, 不能作新舊邦, 其又何辭
以解之? 願諸君子攄其素蘊, 悉心而對, 為國家煥文明之
治, 著之史冊, 垂為典章, 光耀萬代也。❻

在這裏, 他贊美先聖周公「不易不簡, 民弗能從」的革新精神和
漢室「馬上得天下」的維新氣魄, 寄托了自己為使國家煥文明之
治, 而決心效仿古人, 力志改革的決心。

(二)通經致用

漢初, 董仲舒講公羊學, 不論是推陰陽、講災異, 還是「奉
天法古」、「托古改制」, 其目的都是「憂天下之患」, 撥亂反
正。這種通經致用的傳統被朱舜水所繼承。

一方面, 他在第三道策問中, 通過「改正朔, 易服色」的道
理, 主張因物而異, 實事求是。

問: 夏正建寅, 殷正建丑, 周正建子; 周為天統, 殷為地
統, 夏為人統; 學士大夫, 夫人而知之。王者易姓受命,

---

❻ <策問四首・其二>,《朱舜水集》卷10, 頁343。

改正朔，易服色，自古已然矣。是故夏以平旦為朔，殷以
鷄鳴為朔，周以夜半為朔。蓋殷革夏，周革殷，故不從其
朔而改之也。若夫夏君以禪臣，猶子以繼父也；未有所
革，則無有所改也。因何以曰夏正？上古遠不可考矣。然
以草木之勾萌剝落為春秋，至於黃帝、堯、舜，皆制作之
君也，獨不可指而數乎？「欽若昊天」，「敬授人時」，似乎
以寅為正矣：「以閏月定四時成歲」，乃反累其歲之首乎？
璿璣玉衡者，斗也，斗柄東而天下皆春，既已察之，而乃
昧其歲之首、時之首乎？「正月上日」何？月之正也；「月
正元日」何？正之月也乎？攝位而告於神宗，亦曰「正月
朔旦」矣，豈有嗣位十七年，一旦無故而改正朔乎？若
然，則夫子而行夏之時矣。又曰「之杞」，而「得夏時」
焉，未曾曰唐之時、虞之時也。其說必有所歸矣。諸生學
於聖人，獨不聞「食哉惟時」乎？此為政之第一義也。❼

朱舜水強調通經的目的在於經世致用，開物成務；強調學經的關
鍵在於學以致用，用有所成。為此，他將經學與經濟、與政治、
與百姓日用之學相結合，開一代學術思想新風。

　　另一方面，他又以公羊義譏切時弊，詆排腐庸。他在〈中原
陽九述略〉一文中，意味深長地指出：

　　《書》曰：「天作孽，猶可違；自作孽，不可逭。」此之
　　謂也。❽

<hr />

❼　〈策問四首・其三〉，《朱舜水集》卷10，頁344。
❽　〈中原陽九述略〉，《朱舜水集》卷1，頁4。

緊接著，他尖銳指出明朝自作孽的種種弊端。如：

> 水旱災荒，天時任其豐歉；租庸絲布，令長按册徵收。影
> 占虛懸，巨猾食無糧之土；收除飛洒，善柔賠無土之糧。
> 敲骨剝膚，誰憐易子；羨餘加派，豈顧醫瘡！金入長安，
> 蠧賊騰循良之譽；客先曲木，屠伯叨卓異之薦。未聞黷貨
> 有勾罷之條，惟見催科註陽城之考。盜賊載途，惟工塗
> 飾；蟲蝗滿路，孰驗災傷？夫如是，則守令安得不貪！由
> 是而監司、而撫按盡可知也矣，而佐貳、而首領更可知也
> 矣！此見任官害民之病也。
> 其居鄉也，一登科第，志切饒遺；欲廣侵漁，多收投靠。
> 妻宗姻婭，四出行党；子弟豪奴，專攻羅致，女子稔色，
> 則多方委禽；田園遂心，則百計垂餌。緩急人所時有，事
> 會因爾無窮。攘奪圖謀，終期必濟。釘田封屋，管業高標
> 者，某府某衙；訴屈聲寃，公事至偃者，何科何院。曲直
> 撓亂，白黑蒼黃；庇遠親為官戶，擠重役於貧民。事事貼
> 賠，產已賣而役仍在；年年拖累，人已斃而名未除。官司
> 比較未完，滿堂歡喜；隸役牌勾欠戶，閭室棲遑。士夫循
> 習故常，劘心民瘼；被害胥讒，睊嚱沒齒。官邪魚肉小
> 民，侵牟萬姓；閭左吞聲而莫訴，上官心識矣誰何。饒財
> 則白丁延譽，寒素則賈、董沉淪。薦剌猥多，賢路自塞。
> 此鄉官害民之病也。❾

---

❾　〈中原陽九述略〉，《朱舜水集》卷1，頁2。

在這裏，朱舜水通過揭露明朝官吏種種腐朽昏庸的罪惡，暗示著明朝的覆滅，是「自作孽，不可逭」的必然結局。

（三）大同理想

漢初，雄心勃勃的武帝視〈禮運〉中的「大同」和《公羊》中的「三世」爲最崇拜的學說，儒家所謂的大一統的太平世界成爲武帝治國的目標。崇拜武帝的朱舜水亦想扭轉乾坤，以大同之世取代明清嬗代之世。爲此，他在第一道策問中說：

> 問：《孝經》云：「不愛其親而愛他人者，謂之悖德；不敬其親而敬他人者，謂之悖禮。」誠千古之格言，聖人復起，不能易矣。而孟子誦法先王，在孔門稱亞聖。其言曰：「君子以仁存心，以禮存心，仁者愛人，有禮者敬人。」是他人皆當愛，皆當敬也，何言之相戾歟？孟子猶私淑諸人，曾子則親炙聖門，而獨得其傳者，何以於〈秦誓〉曰：「唯仁人，放流之，迸諸四夷，不與同中國。此謂唯仁人，爲能愛人，能惡人」，獨有取也？愛人者，煦嫗煥咻，謂之仁矣；惡人者，放之流之，迸四夷，則殘忍慘刻矣；乃亦謂之仁人歟！不獨曾子也，孔子亦嘗曰：「惟仁人能好人，能惡人。」何前後相刺謬歟？或言仁者愛人之賢者，而惡人之不肖者。❿

根據《公羊》「三世論」，社會經據亂世、升平世，可進入太平

---

❿　〈策問四首・其一〉，《朱舜水集》卷10，頁342。

世，實現大同社會。朱舜水認爲理想大同社會的實現，並不在於奇謀異術，而在於仁者愛人。在第一道策問中，朱舜水探討了何謂「仁者愛人」的問題。他認爲仁者能好人之賢，惡人之不肖，進而以儒家孝悌忠信教導之，這樣，才能實現他對德川光國所說的人們「不獨親其親，不獨子其子」，「選賢與能，講信修睦」，而「以此爲大同」。所以，朱舜水強調仁者愛人的目的，是爲了實現他企盼的大同理想。

筆者以爲正是朱舜水的經學思想，開啓了清朝一代常州學派（公羊學派）。常州學派指清代的今文經學。創始人爲莊存與和劉逢祿。主要代表者有鴉片戰爭前後的龔自珍、魏源，有光緒年間的廖平和戊戌變法期間的康有爲、梁啓超等。

梁啓超在《清代學術概論》中說：

> 今文學之中心在公羊，而公羊家言，則真所謂「其中多非常異義可怪之論」（何休〈公羊傳注自序〉），自魏晉以還，莫敢道焉。今十三經注疏本，公羊傳雖用何注，而唐徐彥爲之疏，於何義一無發明，公羊之成爲絕學，垂二千年矣。清儒既徧治古經，戴震弟子孔廣森始著《公羊通義》，然不明家法，治今文學者不宗之。今文學啓蒙大師，則武進莊存與也；存與著《春秋正辭》，刊落訓詁名物之末，專求其所謂「微言大意」者；與戴段一派所取途徑，全然不同。其同縣後進劉逢祿繼之，著《春秋公羊經傳何氏釋例》，凡何氏所謂非常異議可怪之論，如「張三世」、「通三統」、「絀周王魯」、「受命改制」諸義，次第發明；其書亦用科學的歸納研究法，有條貫，有斷制，在清人著述中，實

最有價值之創作。段玉裁外孫龔自珍，旣受訓詁學於段，而好今文，說經宗莊劉。**⓫**

　　常州學派的開創者是莊存與(西元1719—1788年)，字方耕，號養恬，武進(今江蘇常州)人。乾隆進士，授編修，屢遷內閣學士，擢禮部侍郎。他精於「春秋公羊學」，然能以古文經學之《周禮》濟今文經學之《公羊》。所著《春秋正辭》，據西漢董仲舒、東漢何休的「公羊學」，專力發揮《春秋》之「微言大意」，又兼治六經。於《易》有《彖傳論》、《象傳論》、《繫辭傳論》、《序卦傳論》等；於《書》有《尚書旣見》、《書說》；於《詩》有《毛詩說》等；尙有《周官記》、《周官說》等經學著述。其著由後人編滙爲《味經齋遺書》。

　　繼莊而起的是劉逢祿(西元1776—1829年)，字申受，江蘇常州人。嘉慶進士。授翰林院庶吉士，任禮部主事。少從外祖父莊存與學，盡得其傳，篤守今文經學家法。他以西漢董仲舒、東漢何休之說反對許愼、鄭玄古文家言，主張治經重在研究「微言大義」。著《春秋公羊經何氏釋例》，依據何休《公羊解詁》，發揮「張三世」思想；撰《左氏春秋考證》，排斥《左傳》，攻擊乾嘉考據。又因何休《論語注》已佚，抉取何休《公羊解詁》和董仲舒《春秋繁露》說，作《論語述何》。他於《公羊何氏釋例敍》推崇《春秋》云：「清之有天下百年，開獻書之路，招文學之士，以表彰《六經》爲首，於是人恥向壁虛造，競守漢師家法。若元和惠棟氏之於《易》，歙金榜之於《禮》，其善學者

　⓫　梁啓超：《清代學術概論》，商務印書館1921年版，頁44。

也。祿……嘗以爲學者莫不求知聖人，聖人之道備乎《五經》，而《春秋》者，《五經》之筦鑰也。先漢師儒略皆亡闕，惟《詩》毛氏、《禮》鄭氏、《易》虞氏有義例可說。而撥亂反正，莫近《春秋》。董何之言，受命如嚮。然則求觀聖人之志，七十子之所傳，舍是奚適焉？」

　　承襲莊劉思想的是龔自珍（西元1792—1841年）和魏源（西元1794—1857年）。梁啓超講：「今文學之健者，必推龔魏」。「自珍性詼宕，不檢細行，頗似法之盧騷；喜爲要眇之思，其文辭俶詭連犿，當時之人弗喜也，而自珍益以此自憙；往往引《公羊》義譏切時政，詆排專制；……晚清思想之解放，自珍確與有功焉。光緒間所謂新學家者，大率人人皆經過崇拜龔氏之一時期；初讀定庵文集，若受電然。」⑫誠如梁啓超所云，「但開風氣不爲師」的龔自珍開創了一代新風。他衝破了埋頭考據，不識時務的局面，開闢了「今文經學」與「經世致用」相統一的形勢。當龔自珍二十八歲那年在京從劉逢祿學《公羊春秋》時，便很快對《公羊》微言大義心有感通，聲稱要做個公羊學家。爲此，他作詩云：

　　　　昨日相逢劉禮部，高言大句快無加；

　　　　從君燒盡蟲魚學，甘作東京賣餅家。⑬

但他不僅僅是要做一個恢復今文經學學術價值的公羊學家，而且要做一個托《公羊》微言大義以提倡社會改良的公羊學家。他以

---

⑫　梁啓超：《清代學術概論》，頁44，45。
⑬　龔自珍：〈雜詩，己卯自春徂夏，在京師作，得十有四首〉。

《公羊春秋》大義爲理論武器批判社會腐敗，抨擊政治弊端，論證改革之必要，充分證明他所提倡的「公羊學」是「治世」之學，是「經世」之學。

與龔自珍同時代的魏源亦是中國近代史上開通風氣的今文經學家。他和龔自珍都曾師事劉逢祿，但他的抱負不在於只是學術上復興今文經學，而是主張「通經致用」，把改良現實社會作爲他提倡「公羊學」的宗旨。爲此，他將「今文經學」與「西學」相結合，開啓國人向西方學習的新途徑。魏源重視《公羊》，是因爲他強調「通經」應落實到「致用」上，而「致用」在當時主要爲改良現實政治，以求強國之道，而唯有《公羊》擅長於發揮《春秋》「改周制而俟復聖」之義，更適用於「托經議政」這一政治需要。

就「通經致用」，借「經」提倡社會改良、政治改良這一視角看，龔自珍與魏源這一思想爲中國近代資產階級維新改良派所遵循。故此，梁啓超說：「後人治今文學者，喜以經術作政論。則龔魏之遺風也。」❹

秉承這一遺風的是近代著名的今文經學大師廖平（西元1852－1932年）。作爲經學家，廖平從「改制救弊」和「保種愛國」的立場出發，對宋學的「空疏�」和漢學的「煩瑣考據」提出了嚴厲批評，認爲它們都是無用之學，必須擯棄，並精闢指出「通經」的目的不是爲通經而通經，而是爲了「致用」，即有利於國家和社會。爲此，廖平說：「通經致用必始《春秋》，武帝多才，出於《公羊》。宣帝良史，出於《穀梁》。雖有別家，

---

❹　梁啓超：《清代學術概論》，頁46。

《春秋》爲盛。當今實用，一經已足，由遠自邇，縱治他們，亦必由此經過。」❺ 認爲通經致用要抓住《六經》的「大經巨領」，由此才能「合乎時宜」地達「改制」、「愛國」、「實用」的目的。遵循通經致用，廖平把公羊學說的變易思想與西方學說的進化論思想相結合，指出歷史的發展是從野蠻到文明的前進運動。「先野後文，進化公理，人事所必經，天道不能易」。認爲歷史就是這樣「日新不已」的。關於這種「日新不已」的演化過程，他說：

> 天演論以人爲猿猴變種，非定論也。考地球初成，本無生物，積久而後物生，地質家掘地考察，略有先後層次。而《大戴禮‧易本命》記孔子九九八十一論，則地球生動物之序以九運言之。一運尚無動物，二運二九一十八始生蟲，故蟲八月而化。地質家以動物始爲蟲，與《大戴》合者也。五運五九四十五而生猿，九運九九八十一而人始生。人在諸物之後，亦與地質家之說合。❻

雖然廖平在這裏描繪的進化過程是不科學的，但他肯定了人類社會是不停頓地由低級向高級的發展，這一變易思想則是有益的。而他最理想的社會則是公羊三世說的「太平世」，即「大同社會」。他在《大同學說》中論述他的大同思想說：

> 人之交際，其始在家庭、父子、兄弟，所謂家人骨肉之

---

❺ 廖平：《孔經哲學發微》。
❻ 廖平：《皇帝疆域圖㈠》。

親。稍遠則為鄉黨鄰里。又推之至於邦國。更至於天下。
以同姓昆弟與異姓甥舅相較，則一親一疏，同姓同而異姓
不同。與鄉黨較，則無論同姓異姓，皆屬血族，則甥舅為
同而鄰里不同。由鄉以推州縣，由州縣以推一省，更由一
省以推之中國，由中國以推之黃種，由黃種以推之五種。
其親疏之等，以數十計。然而五種皆同為人，是不同之
中，有大同者在焉。❼

　　廖平的這個人類大同思想是以《六經》為指導，以求得世界大
同。但他的大同學說是以實現學術思想上的大同以達到世界的大
同。所以，他不可能描繪出未來大同世界的具體情形。對大同社
會作出詳細描繪的是戊戌變法的領導者康有為（西元1858—1927
年）。

　　梁啓超稱康有為是「今文學運動之中心」。康有為的今文經學
思想主要是為他的變法維新提供理論根據。所以，他經學思想的
特點「不斷斷於其書法義例之小節，專求其微言大義，即何休所謂
非常異義可怪之論者」❽。例如，康有為變法的根據是闡發了《春
秋》公羊三世學說的微言大義。他利用公羊家「通三統」的學
說，說明夏、殷、周三統原是隨時因革，絕非沿襲舊制，一成不
變。平王東遷後，孔子作《春秋》，改舊制。繼而，他又用「張
三世」的學說，說明據亂世、升平世、太平世是逐步改良進化的
歷史進程。這樣，康有為把君主制、君主立憲制、民主共和制三
種政治制度比附為據亂世、升平世和太平世。他認為文王撥亂行

---

❼　廖平：《大同學說》。
❽　梁啓超：《清代學術概論》，頁47。

君主之仁政，卽君主立憲制，這是升平世；堯舜行民主之太平，卽民主共和制，這是太平世。當時中國仍處於據亂世，應該改革爲君主立憲制，實行民主共和制則爲時尚早。而「大同」社會又是康有爲經世的最高理想。他在《大同書》中，設計了破除九界，進入「大同」的道路。卽通過去國界合大地，去級界平民族，去種界同人類，去形界保獨立，去家界爲天民，去產界公生業，去亂界治太平，去類界愛衆生，去苦界至極樂而進入「大同」社會。這就是「康有爲以小康義救今世」的理想藍圖。

而「對於今文學派爲最猛烈的宣傳運動者，則新會梁啓超」⑲。梁啓超(西元1873—1929年)作爲康有爲的學生亦鍾情於今文經學。他稱贊康有爲的《新學僞經考》如同「颶風」，《孔子改制考》如同「火山大噴火，大地震」。而當康有爲向他秘示《大同書》之後，又「喜欲狂，銳意謀宣傳」。在梁啓超的宣傳鼓吹下，今文經學作爲戊戌變法重要的理論根據而大盛於近代政壇。

在清至近代的學術思想史上，莊(存與)、劉(逢祿)——→龔(自珍)、魏(源)——→廖(平)——→康(有爲)、梁啓超這一譜系，都以發揮《公羊傳》的大義微言爲手段，干預時政、抨擊時弊，力主變法改革；都借公羊學的「三世說」爲依托，倡「大同」社會之美好，繪「大同」社會之藍圖；都主張通經致用之學，力致於經世濟民、開物成務之用。而這一切，又都與明末清初朱舜水的經學思想同出一轍。爲此，筆者以爲朱舜水的經學思想實爲常州學派的濫觴。常州學派的思想淵源應導源於朱舜水。幾百年來，朱舜水被埋沒的這一學術地位，應當恢復。

---

⑲　梁啓超：《清代學術概論》，頁50。

二、海外遺民，孤忠大節

筆者以爲後人之所以稱朱舜水爲「畸儒」的第二個原因，是由於幾乎被中國人遺忘了的他，竟然能夠以其強烈的民族主義和愛國主義精神，對中國近代歷史的發展，產生了重要影響作用。

清朝初年，統治者採取文化高壓政策，作爲鞏固愛新覺羅氏政權的手段之一。因此，清初學術界大多數人不得不以曲折的形式，以史論作爲外衣，迂迴曲折地批判清統治集團的罪行，宣傳反清復明的主張。例如：

黃宗羲以「明夷」卦隱喻自己的學說能把國家由黑暗引向光明，企盼著「明主」的求訪採納，所以《明夷待訪錄》寫成後，只能在至愛親朋中流傳，並未刊刻問世，直到清末，才由梁啓超大量翻印而得以流傳。

王夫之隱姓埋名，改易衣冠，自稱瑤人，顚沛流離於零陵、常寧的荒山野嶺之間，並在瑤洞中寫作《周易外傳》和《老子衍》，借《易經》和《老子》闡發他的思想。

顧炎武亦從西元1645年夏到1657年春，整整十二年過著隱姓埋名的亡命生活。他有時僑居在金陵、鎭江，有時喬裝成商人，在淮安一帶滯留。康熙元年（西元 1662 年）後，他意識到在清朝的嚴酷統治下，於江南立足是萬萬辦不到的，只得去邊遠的山西，企圖在那裏實施他的「邊地立業」計畫。

當時，如顧、黃、王諸公敢予衝出清統治者牢籠，關心民瘼國事者，實屬鳳毛麟角。但眞正敢於面對社會現實，斥責清統治集團，堅持民族氣節者，則惟朱舜水可以當之。他身居異國他

鄉，無所顧忌地講學著述。爲陳述「陽九之厄」，他寫下了著名的〈中原陽九述略〉。文中字裏行間洋溢著他對明朝的緬懷之情，充斥著他對清統治者的仇恨之意。他擬有「虜害十條」，實是揭發清朝政府魚肉人民的標語；他提出了「以天時人事合之，虜之敗亡必矣」，乃是他反清復明堅定信念的表白。

作爲明朝末年的民族志士，朱舜水雖然沒有做過明朝的官吏，卻關心國家的存亡和人民的安危，仍效忠於明王朝。爲了匡復明室，他曾三赴安南（現越南）、五渡日本，奔走於廈門舟山之間，不惜向日本乞師復仇。爲了表達對明室的忠貞，他誓死不履清土、不食清粟，蹈海全身、亡命日本，以傳播中華文化爲職志。在日本期間，他始終蓄髮，著大明衣冠。七十一歲時，自己用檜木作好棺材，叮囑門人：逆虜不亡，滿清不出關，靈柩不可運回故國。他不但自己忠貞守節，還教導他的子孫不可做清朝官吏。由此可見他對明王朝的耿耿忠心。

生於明清鼎革之際的朱舜水，對奸黨的不齒，他堅決屢辭徵召，沉寂無聞；對明朝沉陸教訓的追溯，形成了他獨具特色的儒學觀；對清軍入關的民族仇恨，鑄成了他「亡國遺民眞能不食周粟者」的錚錚鐵骨；對亡國的忠貞，驅使他蹈海全節，定居異國。爲此，在朱舜水滯日二百年後，他的學旨、品行和遺風，仍然能夠開啓中國近代反清革新之局面。

這是因爲在中華民族的歷史上，西元 1840 至 1919 年的近代史，又是中國人民最感恥辱，最爲痛苦的一段歷史。鴉片戰爭一聲炮響，意味著西方列強對中國實行殖民侵略的開端。從西元 1840 年的鴉片戰爭開始，中國陷入了西方列強頻頻壓境的空前危機之中。西元 1856 年，英法聯軍發動了第二次鴉片戰爭；西元

1883年，法國發動了中法戰爭；西元1900年，八國聯軍再次發動了侵華戰爭。在這些戰爭中，中國都以慘敗而告終。伴隨著戰爭失敗的是一系列不平等條約──天津條約、北京條約、中法條約、馬關條約、辛丑條約的相繼簽訂。這些條約的簽訂，使中國不論在政治上還是在經濟上，都陷入了半殖民地的深淵。中華民族到了生死存亡的緊急關頭。與此同時，鴉片戰爭一聲炮響，也震醒了無數愛國的民衆。戊戌變法運動、義和團運動和辛亥革命，就是被創巨痛深的民族危機煎熬著的愛國人們的具體行動。「反清反帝──推翻帝制──創建民國」成爲了中國近代社會革命的主旋律。而此時此刻，朱舜水強烈的民族氣節和愛國情操正與這股強烈的革命思潮相契合。所以，他的思想和言論成爲激發中國近代社會革命的催化劑。

朱舜水的思想和學說，在中國近代，特別是辛亥革命之際，在進步青年中發生了極大影響作用。尤其是他強烈的反清思想像電流一般，觸發了清末立志推翻帝制、創立民國的一代青年人。而在留日的中國學生中引起的震顫，更加強烈。

> 夏峯、梨洲、亭林、船山、舜水這些大師，都是才氣極倜儻的而意志極堅強的人，舜水尤爲伉烈。他反抗滿洲的精神，至老不衰。他著有〈陽九述略〉一篇，內分致虜之由、虜禍、滅虜之策等條，末題「明孤臣朱之瑜泣血稽顙謹述」。此外文集中關於這類的話很多。這類話入到晚清青年眼中，像觸著電氣一般，震得直跳，對於近二十年的政治變動，影響實在不小。他死後葬在日本。現在東京第一高等學校，便是他生前的住宅，死後的墳園。這回大震災，僥

倖沒有毀掉，聽說日本人將我們的避難學生就收容在該校。我想，這些可愛的青年們當著患難時候，瞻仰這位二百多年前蒙難堅貞的老先生的遺迹，應該受不少的感化。❷

辛亥革命之際，孫中山先生在日本組織同盟會時，常常引用朱舜水反清的言論，做爲革命的宣傳。朱舜水常讀的《禮運・大同篇》，更是孫中山先生所喜愛的，故而遇到有人向他求字，他總是題上「天下爲公」四個大字。隨著清末革命運動的發展，朱舜水的遺著逐漸傳入中國。魯迅先生也曾說過：「時當清的末年, 在一部分青年的心中，革命思潮正盛,凡有叫喊復仇和反抗的,便容易引起感應。……別有一部分人，則專意收集明末遺民的著作，滿人殘暴的記錄，鑽在東京或其他的圖書館裏，抄寫出來，輸入中國，希望使忘卻的舊恨復活，助革命成功。於是，《揚州十日記》、《嘉定屠城記略》、《朱舜水集》、《張蒼水集》都翻印了。」❷又說：「清初年的文字獄，到清朝末年才被重新提起。……還有些留學生，也爭從日本搬回明徵君（卽朱舜水）來。」❷這是因爲朱舜水文集中強烈的反清言論和愛國思想在廣大進步青年中引起了共鳴：人人思奮，個個感召，意圖推翻清朝，創建民國。這便是朱舜水對中國近代社會發展所起的積極作用。

三、中華道脈，一衣帶水

---

❷　梁啓超：〈兩畸儒・朱舜水〉，《中國近三百年學術史》，頁84。
❷　魯迅：《墳・雜記》。
❷　魯迅：《且介亭雜文・隔膜》。

　　朱舜水生前在本國沉寂無聞，但在異國日本卻聲光煥著，成爲開啓日本一代文明的先哲、聖人，而被載入日本文化史册。對於日本的文明開化，具有重要的影響作用。其影響餘波波及到日本的明治維新。這便是後人稱他爲「畸儒」的第三個方面原因。

　　朱舜水與其同時代的三位重要代表人物顧（炎武）、黃（宗羲）、王（夫之），各有特殊貢獻。當時，明朝將亡，內外交困，士大夫惟知分門戶，競權威，魚肉閭閻，毀敗憲章，神州沉陸而不悟。而能爲天地立極、爲生民立命、存道術於絕續之交、維人倫於毀敗之餘者，就是：

　　顧炎武反對「空虛之學」，主張「明道救世」，強調研究現實，作爲一代新風的開創者之一，他在學術上的貢獻，突出地表現爲大力提倡「經世致用」之學。

　　黃宗羲作爲一代啓蒙學者，在《明夷詩訪錄》中勇敢地批評封建君主專制制度，又在《明儒學案》中極力提倡治史要與「萬民之憂樂」相聯繫，同他「爲萬民，非爲一姓」的政治思想相吻合，使他的史學觀更具有重要的現實意義，由此成爲清代史學的奠基者。

　　王夫之精研經史，明辨博學，熔百家之精華，成一家之宏論，因之在中國哲學史上發揮了承前啓後的關鍵作用。

　　而朱舜水避居海外，傳播儒學，淑世淑人，流芳異域。日本德川時代初期，空言心性之風盛行，是他力挽狂瀾，矯其空虛之風。至天祐以後，日本儒學以經世治民爲要，不務空談虛尚實，蔚然成風，有益於日本國民。這都賴於朱舜水之力。他是日本儒學發生轉機的關鍵人物。朱舜水傳儒學於異國，其日本的門人弟子，英才輩出，佼佼者如德川光國等，著《大日本史》，

標「尊王一統」之義，開明治維新思想之先河。朱舜水是日本維新的啓蒙導師。梁啓超評論他的功績說：

> 德川二百年，日本整個變成儒教的國民，最大的動力實在舜水。後來德川光國著一部《大日本史》，專標「尊王一統」之義，五十年前，德川慶喜歸政，廢藩置縣，成明治維新之大業。光國這部書功勞最多，而光國之學全受自舜水，所以舜水不特是德川朝的恩師，也是日本維新致強最有力的導師。❷

此說確有見地。

關於朱舜水在日本的後繼傳人和學術影響，從學派來看，德川時代的主要學派如日本朱子學、日本古學、日本水戶學都與朱舜水的學術思想有著密不可分的關係。至於德川中葉形成的日本陽明學派，雖然與朱舜水沒有直接的師承關係，但日本陽明學是作爲御用朱子學的反對派而登臺亮相的，所以很難說日本陽明學那種苦幹實行、事上磨練、執著實踐、有信必行的品格，沒有受到朱舜水務實求治學風的熏陶。由此看來，朱舜水創立的「舜水學」儒學觀開啓德川一代儒學，迎來了獨具特色的德川儒學全盛期，形成了德川一代特色。在以經世濟民、利用厚生爲宗旨的德川儒學思想統治下，德川時期出現了國泰民安的盛景。無怪乎梁啓超講：

---

❷　梁啓超：〈兩畸儒·朱舜水〉，《中國近三百年學術史》，頁82。

日本史家通行的一句話，說：「德川二百餘年太平之治。」
說到這句話，自然要聯想到朱舜水。**㉔**

朱舜水在日本的學生很多，其直接後繼傳人有：

德川光國：爲水戶藩第二世藩主。當光國聞說明遺臣朱舜水
恥食清粟，乞援於日本之事時，便重金聘請舜水至水戶，待爲賓
師，親執弟子禮。光國虛心向舜水請教，受其影響甚深。

在朱舜水以仁義治天下的大同思想影響下，光國以儒家仁學
思想廣施天下，關心民瘼疾苦，嚴禁府下驕侈，仁恕御衆，使國
人皆樂爲其用，成一代名主。

在朱舜水「尊王一統」史學思想影響下，光國正名分、倡尊
王，盡心修史，以興千古之廢典，開日本史學一代新風。

舜水謝世後，光國嘆息不已。在茨城縣久慈郡太田町瑞龍山
麓的德川氏墓地，爲舜水下葬、建碑，並親題「明徵君朱子墓」，
備禮祭之。以後，每逢舜水忌日，必親舉祭禮。光國又命水戶儒
臣收輯舜水遺文三十卷，題「門人源光國輯」。這就是《舜水先
生文集》的流行本，也稱「水戶本」。藉此書，舜水思想得以流
傳於世。

安東守約：世爲柳川藩儒官。守約夙志聖賢之學，入京師，
學於松永尺五，歸爲藩侯侍講。自西元1659年始與舜水通書信，
後奉以爲師。王翊外，守約最爲舜水神交，故舜水書箋題以「知
己」贈守約。從學脈上講，安東守約是朱舜水的親授嫡傳。無
論在學風、學旨，還是在學術思想上，他都稟受舜水學。由此，

㉔　梁啓超：〈兩畸儒・朱舜水〉，《中國近三百年學術史》，頁81。

被世人稱爲「關西大儒」。他一生著作甚多，已刊行者有：《三忠傳》二卷，《增補歷代帝王圖》二卷，《續古文眞寶》二卷，《省庵先生遺集》十二卷等，其中都貫穿了舜水學的基本精神。

安積覺：從十三歲始，便奉父命拜朱舜水爲師。朝夕相處，形同父子。在舜水的精心培育下，安積覺博學能文，而尤其擅長史學。後入彰考館，充任《大日本史》編修總裁。他以朱舜水純忠尊王、大義名分的理論思想爲《大日本史》的指導精神，使舜水思想浸注其中。由於《大日本史》的編纂，使安積覺名振四方，其修書請益者，不可枚舉。每當此時，安積覺總是說：「幼師事朱文恭，徒有其名而無其實。」可見，他對恩師的懷緬之情。

爲悼念亡師，安積覺模仿朱舜水愛菊之好，亦甚愛菊。他在〈寄田子愛書〉中說：「亡師朱文恭有〈乞菊於義公帖〉，載在《遺文外集》。覺百事不能學文恭，而唯此一事稍存餘風，不亦可羞之甚哉！」

在《朱舜水集》中，載有安積覺撰寫的〈書逐日功課自實簿後〉，其內容爲：

> 陸放翁跋《淵明集》曰：「吾年十三四歲時，侍先少傅居城南小隱。偶見藤床上有淵明詩，因取讀之，欣然會心。日且暮，家人呼食，讀詩方樂，至夜卒不就食。今思之，如數日前事也。」覺事文恭先生，亦年十三四，以至十五，才三年間耳。所讀之書，不過《孝經》、《小學》、《大學》、《論語》。此數卷皆先生親點句讀所口授者也。
>
> 覺甫十歲，先人疾既危篤，而先生適以是年來水城，先人力疾躍然而喜，曰：「此千載一時也。」稟明政府，以備

弟子之列，從至武江。明年歸省，而先人不起矣。間一歲，先生又來水城，以心許人，遂有吳季札掛劍之喻。攜還武江，晨夕課讀，先生命覺作一簿，援筆而題，逐日書其功課，即此是也。當時並几橫卷習句讀者，今井弘濟、五十川剛伯、服部其衷與覺四人。而三子者皆無簿領，不知何故於覺一人有此舉乎？蓋以頑鈍無知，不能成立，故督責如此其嚴也。然其時共肄業者，或死或老，皆無聞焉。如覺者，不啻弗馳弗驅，真駑馬之下材，不及數子遠甚。而今茲蒙命校讐先生文集，紬繹簡點，沈潛反覆，得與於斯文，豈非後死者之幸歟！雖輕塵不能增泰嶽之高，抑亦足以酬先人之志之萬一矣。今其朱點句讀之書，宛然具在。㉕

關於這部「逐日功課自實簿」的起因，在日本天理大學圖書館珍藏的一份資料中，記有朱舜水告誡安積覺記逐日功課自實簿的原因。舜水在「逐日功課自實簿」的扉面，親筆題辭曰：

學者用功須是漸進而不已，日計則不足，歲記則有餘。若一暴十寒，進銳退速皆非學也。子夏曰：「日知其所，六月無忘，其所能是亦可乎。騏驥一日千里，駑馬十駕，則亦及之。倘自矜捷足而弗馳弗驅，則駑馬先之矣。」今為爾嚴立課程，自非疾病及不得已禮際應酬之外，須逐日登記，朔望則溫習前書，為令成誦，若其中無故曠廢亦於朔

㉕ ＜書逐日功課自實簿後＞，《朱舜水集》附錄3，頁766。

望之次日稽考答責，名曰逐日功課自實簿。每晚送簿填
註，毋違毋忘。❷

在「逐日功課記實簿」中，記有安積覺每日讀書、學習的詳情。
如：

三月十日，理小學；

十二日，理小學二卷；

十三日，理小學；

十四日，隨入朝中午後歸；

十六日，理書；

十七日，有事；

十九日，先生病；

二十二日，讀書；

---

❷ 西元1991年3月張立文教授受日本國際友誼學術基金（高筒基金）
的資助，參加由東京女子大學比較研究所主辦的「現代化與民族化
——亞洲現代化過程與民族性因素」國際研討會。筆者請張立文教
授有空收集日本朱舜水先生的資料。恰巧張立文教授研討會後到京
都大學和奈良訪問，並獲奈良女子大學橫山弘教授的幫助，聯繫訪
問天理大學圖書館，受到天理大學圖書館館長及古籍部主任的熱情
接待。當張立文教授提出要看有關朱舜水的善本資料時，他們慷慨
承諾，並很快從古籍室提出「逐日功課自實簿」及＜上監國魯王謝
恩奏疏＞兩件朱舜水眞跡。「逐日功課自實簿」是由其日本弟子安
積覺所記，而卷首有朱舜水親筆序。對於這樣珍貴的資料，承蒙目
睹，眞乃三生有幸。於是準備抄錄，然行程匆匆，時間不允許也。
又蒙天理大學圖書館俯允，準備複印賜寄，乃喜出望外。回國以
後，不久接到橫山弘教授寄下的上述複印件。張立文奉獻這些資
料給筆者引用，筆者對天理大學圖書館及有關幫助獲得此資料的教
授，謹表謝忱。

二十三日，入朝領賞；

二十六日，讀書；

二十八日，讀小學。

從中可以看到朱舜水對安積覺的苦心教導和安積覺日夜精進的情況。

朱舜水去世後，安積覺先後撰寫了〈舜水先生行實〉等八篇悼念文章，翔實記述了朱舜水在日本的學術生涯和活動行踪，成為今人研究朱舜水的寶貴資料。

前田綱紀：加賀金澤藩主光高之子。綱紀先師於木下順庵門下，後慕朱舜水之名，拜舜水為師。在朱舜水的教導下，儒學造詣頗深。他升任加賀藩主後，以儒家思想治理天下，釐革制度憲章，興勤儉之風，又表彰南朝忠烈事蹟，謀求朝典禮儀的保存。朱舜水去世後，綱紀命本藩儒臣源剛伯編輯舜水著作，為《明朱徵君集》十卷，世稱為《加賀本》。

源剛伯：為加州儒臣。西元1675年(延寶三年)，受加賀藩主之命，從水戶府朱舜水受業，深得舜水學真諦。故舜水去世後，又受命搜集、整理舜水著作。在源剛伯的精心編輯下，成《明朱徵君集》十卷，後被收入明治末年稻葉君山博士的《稻葉本》中。舜水遺著能夠保留至今，得源剛伯一份功勞。

今井弘濟：字將輿，號魯齋，又稱小四郎。十四歲時受德川光國之命，從朱舜水學。最初，舜水教授課程極嚴，弘濟頗不堪。於是，舜水復其兄弘潤書曰：「令弟弘濟稚子無知，然亦似有詿誤之者；近知悔過，乃是率德改行之漸。三四日頗有好光景，若如此不衰而加厲，則何善之不可臻也。極喜！極喜！」在舜水

的苦心教育下，弘濟學術日進，慷慨有奇氣。爲文雄瞻，頗善史筆。雨森芳洲稱讚他：「今井小四郎從幼親炙朱之瑜，深通唐音，作文敏捷。余少年時問其弟子曰：『四郎讀書專用唐音耶？』答曰：『固用唐音，訓讀亦不廢。』意者此乃學唐人中之傑然者也。」❷⃝⃝

西元1678年（延寶六年），朱舜水的孫男朱毓仁來長崎，光國特遣弘濟攜重金前往長崎慰勞。後朱舜水的同里鄉黨張斐聞弘濟爲舜水之高徒，寄書給弘濟曰：「楚璵朱先生恥虜粟而逃之海外，亦夷、齊之流亞，可謂凌寒之松柏矣。又得門下爲之桃李，春輝互映，古道照人。……弟固願一見而吐其胸中之所欲言，區區之私，非伊朝夕。」❷⃝⃝

今井弘濟將平日從朱舜水處「所聞事物名稱」分門別類作了詳細記錄，後與舜水另一子弟人見傳的所聞所見記錄，合於一輯，題名爲《朱氏舜水談綺》，流傳於世。

人見傳（野傳）：字子傳，號懋齋。數從朱舜水遊。質經義、考制度、商榷文字，不得其要不輟。人見傳獨得朱舜水經學嫡傳，善治經，喜讀《易》，雖身處劇職，未嘗一日手釋卷，抄纂尋繹，至老不倦。爲此，舜水稱其純篤，期以老成。

舜水除向他傳授經學外，還寄厚望於他，希人見傳協助德川光國治理好國民。舜水復人見傳書曰：

> 自古以來，世不乏才能俊乂，特以不遇賢君聖主，故使瓌奇抱德之士，齎志而歿，良可深痛。今上公種種明德，直

---

❷⃝⃝ 雨森芳洲：《橘窗茶話》。
❷⃝⃝ 張斐：《莽蒼園集》。

可邁越古來哲王。若夫敬之一字，堯、舜至於文、武，心法相傳惟此耳。弘此遠謨，萬善咸萃，自然野無遺賢，自然至於「惠鮮鰥寡」。王道之行，於今見之。此政台際會之時也。惟冀共為敦勉，力裹至治。必期成貴國無前之美，必期為王者之法，方愜鄙懷。比之他州區區小善，人人所豔稱而樂道者，不啻太陽爝火矣。僕雖衰朽遠人，蒙上公破格隆禮，亦扶杖而觀童叟之鼓舞，可藉乎以雪胸中憤悶矣。㉙

人見傳將向舜水「所問簡牘素牋之式，質深衣幅巾之制，旁及喪祭之略」，翔實記載，送朱舜水。舜水「覽而善之」，對安積覺說：「二者（另一者即指今井弘濟的記錄）宜合為一，補其遺漏，以行於世。」這就是今人看到的《朱氏舜水談綺》。其印本為西元1708年（日寶永五年，清康熙四十七年），由書林茨城多左衞門壽梓、神京書舖柳枝軒茨城方道藏版所刻。全書計上、中、下三卷，分裝元、亨、利、貞四冊，卷首有西元 1707 年（日寶永四年）丁亥仲冬水戶府下澹泊齋安積覺序。《朱氏舜水談綺》是研究朱舜水思想的一部極珍貴的資料。其中，人見傳的功績不可沒。

　　奧村庸禮：金澤藩國老，歷仕前田利常、光高、綱紀三世。庸禮天資愼愨，才力高於一時。壯時好禪學，受教舜水門下後，以禪為妄，翻然改圖。庸禮繼承了舜水的「實理實學」，以躬行實踐為學之要。他身生巨室，擔負重任，機務之暇，篤學力行，朝野皆服其德。庸禮不僅自己拜舜水為師，還令其子也赴江戶受學於舜水，並將舜水學視為家學。

㉙　〈答野傳書十一首・二〉，《朱舜水集》卷 8，頁 246-247。

朱舜水對日本社會的影響力，綿延悠久，至使今人不能忘卻。

西元 1912 年（明治四十五年）6 月，曾被朱舜水視爲「知己」的安東守約之後安東守男，曾聘朱舜水爲「賓師」的水戶侯德川光國之裔侯爵德川賴倫、伯爵德川達孝等，於東京日本帝國教育會爲朱舜水召開了隆重的紀念會，刊行紀念刊，並於當時第一高等學校（今東京大學教養部內）樹一石碑，書「朱舜水先生終焉之地」，四周環植櫻花。可見其遺澤已深印在他日本弟子後輩人之心中。

西元 1976 年（昭和五十一年），日本知識界在茨城縣爲朱舜水樹立紀念碑，以表懷緬之情。

西元1981年（昭和五十六年），爲朱舜水逝世二百九十九年，日本知識界的旅日華僑集會，隆重預祝朱舜水三百年祭（日本風俗先一年預祭），並成立朱舜水遺德顯彰會。此會組織參觀團來中國，訪問朱舜水出生地——浙江餘姚。可見，日本友人直至今日，尚沒有忘卻這位功高德重的先師。

朱舜水熱望中日兩國人民千年和好，成爲鋪架中日兩國人民友誼橋梁的先輩之一。他對日本人民的貢獻和恩澤，誠如日本學者對他的讚喻：

> 龍山雲氣降豪英，時世屯難義志亨。
> 皇運何當開寶曆？房塵不敢汙冠纓。
> 魯連憤恥蹈東海，枋得精忠事北行。
> 異境衕空人亦去，汗青長照寸丹誠。❸

❸ ＜舜水先生畫像贊＞，《朱舜水集》附錄二，頁 744。

朱舜水年表

明神宗萬曆二十八年庚子（西元1600年）

朱舜水生於是年十月十二日申時。

朱舜水曾祖詔，號守愚。祖孔孟，號惠翁。父正，號定寰。母金氏，生三子。伯兄啓明，一名之琦，天啓乙丑武進士，官南京神武營總兵，以忤閹削職。清順治間強起之，不可。後以老壽卒。仲兄之瑾，諸生，弱冠卒。

明神宗萬曆三十五年丁未（西元1607年）

是年舜水喪父。

明神宗萬曆四十六年戊午（西元1618年）

舜水長子大成是年生。舜水娶葉氏，生二子，長子大成，字元楷，次子大咸，字元模。繼娶陳氏，生一女，名高。

明神宗萬曆四十七年己未（西元1619年）

舜水受業於吏部左侍郎朱永佑。他少抱經濟之志，厭惡科舉制，曾對妻子說：「我若第一進士，作一縣令，初年必逮係；次年三年，百姓頌德，上官稱譽，必得科道。由此建言，必獲大罪，身家不保。自揣淺衷激烈，不能容忍含弘，故絕志於上進耳。」又對小宅生順說：「僕幼學之時，固有用行之志。逮夫弱冠不偶，彼時時事大非，即有退耕之心。荆妻頗能一德，饒有孟光、桓少君之風，而父兄宗族戚友不聽，不得不勉強應試，實無心於富貴矣。」

明毅宗崇禎九年丙子（西元1636年）

是年，有一人攜家譜，自稱是朱熹後裔，認朱舜水爲同族，承認朱熹是他們的祖先。舜水查閱了家譜，發現基本相符，但有一世不明。對來人說：「只此一世，便不足憑。且近不能惇睦九族，何用妄認遠祖？狄武襄靑，武人，尙不認狄梁公，何用如此！文公新安人，不佞餘姚人。若能自樹立，何必不自我作祖？若棄其先德，則四凶非賢聖之裔乎？」

明毅宗崇禎十一年戊寅（西元1638年）

朱舜水是年於「恩貢生」貢於禮部。

明毅宗崇禎十二年己卯（西元1639年）

朱舜水鄙視科舉制，欲棄舉子業。〈行實〉云：「年至四十，欲棄舉子業，諸父兄不許。每逢大比，遊戲了事。」

明毅宗崇禎十四年辛巳（西元1641年）

正月，李自成攻下河南，殺福王常洵。張獻忠攻下襄陽，殺襄王翊銘。十一月，李自成又攻下南陽，殺唐王聿鏌。

明毅宗崇禎十六年癸未（西元1643年）

是年朱舜水喪母。

明毅宗崇禎十七年甲申（西元1644年）

李自成於三月攻下北京城。崇禎帝死。

清師於四月入關。五月建元順治。

五月，福王由崧卽位於南京，以明年爲弘光元年。

江南總兵方國安薦朱舜水，奉詔特徵，舜水不就。

弘光元年，隆武元年，清世祖順治二年乙酉（西元1645年）

是年正月和四月，兩次奉詔特徵朱舜水爲江西提刑按察司副使兼兵部職方司郎中、監鎭東伯方國安軍，舜水不拜。於

是，閣部勳鎮科道，交章論劾。舜水星夜遁逃海濱。〈行實〉云：「此時左良玉之子夢庚背叛，報急，羽檄張皇，故得免於逮捕。既而自舟山至日本。」

是年六月，鄭鴻逵、蘇觀生、黃道生、張肯堂等，奉唐王聿鍵監國於福州，改元隆武。

是年閏六月，張國維、熊汝霖、孫嘉績、錢肅樂等，奉魯王以海監國紹興。馬士英竄入方國安營中。

魯監國元年，隆武二年，清世祖順治三年（西元1646年）

是年六月，清軍下浙江。方國安、馬士英迎降。

是年十月，陳子壯、丁魁楚、瞿式耜等，奉桂王由榔監國於肇慶，以明年爲永曆元年。

是年十一月，清軍攻下建寧、延平。唐王走汀州，被執遇害。

朱舜水於是年至安南。

監國二年，永曆元年，清世祖順治四年（西元1647年）

是年舜水返國到舟山。

王翊聚義兵於四明山寨。

監國五年，永曆四年，清世祖順治七年（西元1650年）

是年，舜水來往於廈門、舟山間。正月，安洋將軍劉世勳疏薦監紀推官，舜水不受。吏部左侍郎朱永佑薦授兵科給事中，旋改吏科給事中，不受。禮部尚書吳鐘巒薦授翰林院官，舜水不受。據〈答源光國問履歷〉一文云：「通計徵召薦辟除擬，除丁院疏薦外，凡一十二次，始終不受。」

三月，舜水與王翊始定交。〈祭王侍郎文〉云：「瑜與先生初遇於瀼洲（即舟山），相見最晚，相知最深，言論舉止，

未嘗有毛髮之間然。」又〈別傳〉云:「王翊之朝王也,與之瑜相見恨晚。」

是年先生復有浮海之役,在舟中為清兵所迫,白刃合圍,逼他髡髮就降。舜水談笑自若,死不屈服。同舟劉文高等人深受感動,駕舟送舜水回舟山。

監國六年,永曆五年,清世祖順治八年辛卯(西元1651年)

是年八月, 清兵攻下四明山寨,兵部侍郎王翊被執,不屈死 。舜水聞知後,終生廢中秋節。〈答田犀書〉云:「中秋為知友王侍郎完節之日,慘逾柴市,烈倍文山。僕至其時,備懷傷感,終身遂廢此令節。」〈答野節雜帖〉又云:「十五日為知友王侍郎殉忠之日,此日不喜接見一客,亦不至於談笑。」

九月,清兵猛攻舟山。安洋將軍劉世勳、左都督張名揚背城力戰,城陷。大學士張肯堂、禮部尚書吳鐘巒、吏部侍郎朱永佑……及世勳、名揚皆戰死。

是年,舜水從舟山赴安南,旋適日本,有避地久居之意。但日人鎖國正嚴,不許逗留。

監國七年,永曆六年,清世祖順治九年壬辰(西元1652年)

鄭成功寫信與朱舜水。舜水復信云:「壬辰秋,復過日本,適當作報國藩(指鄭成功)及答定西侯兩書, 病困不能搦管。」

監國九年,永曆八年,清世祖順治十一年甲午(西元1654年)

是年三月,魯王以璽書召舜水,書過兩年後才到舜水手中。舜水手捧璽書嘆息不已。〈行實〉云:「先生慎密,自晦其身,蒙徵辟,雖門人未嘗與之言及。歿後,發遺篋,有匣局

鑱其固，乃於其中得此赦。」

是年，張煌言、張名振、鄭鴻逵、鄭成功會師入長江，江寧震動。

永曆十年，清世祖順治十三年丙申（西元1656年）

舜水於是年返國，折回安南。寫〈謝恩疏〉，說：「臣數年海外經營，謂可得當以報朝廷，當與藩臣悉心商榷，不意姦人爲梗，其船出至海口，半月而不果行。復次安南，憤結欲絕。」

永曆十一年，清世祖順治十四年丁酉（西元1657年）

是年二月，舜水在安南遭供役之難，被關五十餘日，與死爲鄰。在此期間，舜水每天記有日記，取「庶人召之役則往役」之義，取名爲〈安南供役紀事〉。

是年下半年，舜水仍在安南。此期間著有〈安南供役紀事〉、〈投安南翁該餽書〉、〈復安南國王書〉、〈代安南國王答書〉、〈堅確賦〉、〈榜示安南文武大小臣工〉、〈辭別安南國王書〉、〈上監國魯王謝恩疏〉、〈上監國魯王疏〉、〈祭王侍郎文〉。

永曆十二年，清世祖順治十五年戊戌（西元1658年）

是年夏，舜水至日本。

十月，日本人安東守約執完翁書向舜水問學，執弟子禮。

十月十九日，在釋澄一和安東守約資助下，舜水應鄭成功之邀，從長崎乘舟歸廈門，準備從軍北伐。他在〈答完翁書〉中說：「別後匆匆，無時寧息。十七日暮，方得澄一三十餘金，又聞十九日准行，……安東省庵……錫之以黃金，……弟何人斯？乃承其貺！……俟到閩之後，尙書相答耳。……

弟此行附舟，雖船主謙虛之極，言語煦煦，弟恐舟人別有不良者，爲是彼人心腹（指清廷），隻身遠涉，誠恐一旦有不測之事，不明不白。若到彼平安，弟即星速寄聞。倘有不可知，如弟所料，兄翁萬勿默默付之，留此書爲證可也。」

是年冬季，舜水在廈門。寫有〈答安東守約書〉。表示欲昌明儒學於域外之意。其書云：「……來書有不可草草率復者：一者執禮過歉；二者足下立志砥行，慨然以聖學自勉；……貴國山川降神，才賢秀出，恂恂儒雅，藹藹吉士，如此器識而進於學焉，豈孔顏之獨在中華，而堯舜之不生於絕域？然而亘千古而未見者，……正以不學之故耳。」

永曆十三年，清世祖順治十六年己亥（西元1659年）

是年五月，延平郡王招討大將軍鄭成功、兵部侍郎張煌言會師北伐。六月，克復瓜州、鎮江等。七月，因以驕懈爲敵所乘，敗績而歸。舜水至廈門，即從軍北伐，主建威伯馬信營。舜水後在〈中原陽九述略〉中有回憶這段的經歷說：「己亥年，同國藩入長江，南京未下，兵律尚未嚴，而江右、江北、蘄、黃、漢、沔已雲合響應，翹首而望時雨。……瑜身在行間，親知而灼見，日與各處士大夫相接，已自與耳食而塗說者不同，況瑜又拳拳懇懇，夢寐飲食於此者哉！……然國藩入江之初，有識者已先策其必敗矣。……前日南都之敗，乃閫師之自潰，非虜能勝之，何得藉爲口實也。」

是年冬，舜水見失地不可復，於是復至日本。安東守約等挽留永寓，並爲其奔走當道乞破禁例許久留住。

永曆十五年，清世祖順治十八年辛丑（西元1661年）

是年七月，緬酋執永曆帝獻吳三桂軍。翌年四月，帝被殺於

雲南，明亡。

是年舜水在長崎，因對明朝光復之事絕望，所以有浮海終焉之志。舜水旅況窘迫，靠借貸渡日，安東守約將俸祿一半送舜水。

是年六月，舜水著《中原陽九述略》。其書共分四章：第一章論致虜之由，大意歸咎於政治腐敗、學術虛偽、廉恥墮喪等原因。第二章論虜勢二條，第一條講啓、禎間邊臣失職，致虜披倡；第二條講虜入中原後，搜括徵發、天下騷亂。第三章談虜害十條。第四章論滅虜之策。大意是滅虜不在他奇，但在事事與之相反。書寫成後委托安東守約守藏，說「他日采逸事於外邦，庶備史官野乘」。除此而外，尚著有：〈答獨立釋書〉、〈答釋斷崖元初書〉、〈與安東守約書〉、〈答安東守約書〉、〈與鍋島直能書〉。

永曆十六年，清聖祖康熙元年壬寅（西元1662年）

是年十一月，魯王薨於臺灣。

伊藤仁齋委托安東守約介紹與舜水相識，舜水因仁齋所學與自己的「實理」、「實學」相妄，故數書止之。

是年，舜水著〈與安東守約書〉、〈答安東守約書〉、〈贈安東親清序〉、〈答陳元贇雜帖〉。

永曆十七年，清聖祖康熙二年癸卯（西元1663年）

是年春，長崎大火，舜水僑居小屋被燒，只能寓於皓臺寺廡下，風雨不避，盜賊充斥，不保旦夕。安東守約聞訊，立卽赴長崎，拮據綢繆。

是年著〈祭顯考某府君文〉、〈與安東守約各書〉、〈答某書〉。

永曆十八年，清聖祖康熙三年甲辰（西元1664年）

日本水戶侯源光國好學勤政，翟然思修文德以致太平，聽舜水之事，特遣臣小宅生順詣長崎請業。小宅造詣數次，請舜水至江戶（今東京）講學，舜水未允，說：「若欲招僕，僕不論祿而論禮，恐今日未易言也。」

永曆十九年，清聖祖康熙四年乙巳（西元1665年）

是年，源光國請於朝，以禮迎舜水，命長崎鎮巡島田守政專員護送。舜水對門人說：「上公好賢嗜學，宜勿辜其意。」於七月至江戶。源光國待以賓師之禮，竭誠盡敬。

舜水是年著〈與鍋島直能書〉、〈答長崎鎮巡黑川正直書〉、〈與長崎鎮巡島田守政書〉、〈與長崎鎮巡稻生正倫書〉、〈答小宅生順書〉、〈答安東守約書〉、〈與安東守約書〉、〈與野節書〉、〈拜故正三位權中納言 水戶源威公之墓祝文〉。

永曆二十年，清聖祖康熙五年丙午（西元1666年）

舜水在〈元旦賀源光國啓〉中以「仁義」和「大同」思想開導源光國。

源光國因舜水多病，請舜水寫信喚一兒孫前來侍養。舜水寫〈與男大成書〉。這是滯日後第一封家書。

是年舜水著〈元旦賀源光國啓〉、〈與原善長書〉、〈與佐藤彌四郎書〉、〈答清水三折書〉、〈答四宮勘右衛門書〉、〈與源光國書〉、〈與陳遵之書〉、〈與男大成書〉、〈答王師吉書〉、〈與木下貞幹書〉。

永曆二十一年，清聖祖康熙六年丁未（西元1667年）

舜水贊揚水戶學者傾心於儒學，大有朝聞道夕死而可的精神。

源光國準備爲舜水起第於江戶的駒籠，舜水因清虜未滅，不
肯豐屋而居，力辭再三。

永曆二十二年，清聖祖康熙七年戊申（西元1668年）

是年源光國四十大壽，舜水特意作〈賀源光國四十壽序〉。
舜水常念安東守約傾心之篤，每通書信，或寄黃金衣物以攄
情愫。

永曆二十三年，清聖祖康熙八年己酉（西元1669年）

是年舜水七十歲，寫〈與源光國告老〉書，光國肫篤慰留，
乃已。

十一月十二日，舜水誕辰。光國行養老禮，親授几杖，竭誠
盡敬。

是年，長子大成卒於家，先生迄未知之。

是年，舜水爲源光國作〈諸侯五廟圖說〉。此外，尚著有
〈謝源光國賀七十算〉、〈游後樂園賦〉、〈答釋澄一〉、
〈與源光國書〉二十四、〈答田犀書〉、〈與古市主計書〉、
〈與奧村庸禮書〉、〈與安東守約書〉、〈答木下貞幹書〉。

永曆二十四年，清聖祖康熙九年庚戌（西元1670年）

源光國久有興學校之志，舜水極力促成。是年，光國毅然舉
行，請舜水作〈學宮圖說〉，令梓人依其圖制木模。光國又
欲造祭器，舜水便依圖考古，研覈其法，巧思默契，指畫精
到，授以工師。

是年，舜水以檜木作棺，漆而藏之，對門人說：「我既老在
異邦。自誓非中國恢復，不歸也。而或一旦老疾不起，則骸
骨無所歸，必當葬於茲土。然汝曹素不知制棺之法，臨期苟
作，則工手不精，制度不密。數年之後，必致朽敗。後來倘

有逆虜敗亡之日，我子孫若有志氣者，或欲請之歸葬，而墓木未拱，棺槨已弊。則非徒二三子之羞，亦日域之玷也。吾之所以作此者，非爲手足也，爲後日慮耳。況禮有『七十時制』之文乎？」

永曆二十六年，清聖祖康熙十一年壬子（西元1672年）

是年，水戶學宮成。光國請舜水制定《釋奠儀注》，並率諸儒學生行之。

永曆三十二年，清聖祖康熙十七年戊午（西元1678年）

舜水長孫毓仁於是年十二月來日本省親抵長崎，礙於法禁，不能至江戶。源光國派舜水門人今井弘濟往長崎晦毓仁。

永曆三十三年，清聖祖康熙十八年己未（西元1679年）

是年四月，今井弘濟抵長崎與毓仁相見，轉答舜水因年事較高，想留毓仁在自己身旁侍養之意。毓仁對曰：「毓仁幼失父，家有母及弟，而無負廓之田。我之來也，欲問家祖安否？面陳情實，歸告母及外祖，以慰其渴望，然後辭母再來，以終侍養。前者姚江之來，不及至家，中途遭事，而毓仁家貧不能贖之，居常鬱陶。忽焉浮海，而長留不歸，雖有事祖之誠，而實缺侍門之望。今且歸而報母，必圖後舉。則於祖於母，孝心兩得矣。」七月，弘濟歸，轉述毓仁意及故鄉消息，舜水憮然感愴。待六年後，毓仁又返日時，舜水已經去世。

十一月十二日是舜水八十誕辰。源光國行養老禮，命奏古樂以樂之。舜水設香燭拜告天地，感慨自己身在異邦，遲暮衰疾，而清軍未亡，故土爲虛，欷歔流涕。

是年著書〈與孫男毓仁書〉、〈謝源光國賀八秩〉。

永曆三十四年，清聖祖康熙十九年庚申（西元1680年）

舜水老病漸重，體生疥瘡，涔涔臥床不起。

永曆三十五年，清聖祖康熙二十年辛酉（西元1681年）

朱舜水衰憊日甚，源光國問疾饋藥，並命醫官奧山玄建服侍舜水。但舜水恐自己的疾病傳染醫官，不准醫官就診，他說：「玄建名醫也。今吾之疾，疥癢浸淫，手足污爛，使之診脈，恐傳染醫手，累人轉多，利己損人，君子弗爲。且犬馬之齒，已逾耄耋，而欲以藥石延旦夕之命，未爲知命者也。」玄建只好望聞而制藥，舜水服用，以答光國敬愛之意。

永曆三十六年，清聖祖康熙二十一年壬戌（西元1682年）

自明朝覆沒後，朱舜水幽憂痛憤，奔走四方，心力俱瘁。病咯血二十多年，重病染身。是年三月某日，設宴招親友及門人，力疾起坐，諄諄教誨，作爲永訣。是年四月十七日未時，奄然而逝，年八十三。舜水門人爲其收歛。源光國率其世子綱條及諸朝士臨其葬。四月二十六日葬於常陸久慈郡大田鄉瑞龍山麓。光國依中國式爲其作墳，題曰：「明徵君朱先生之墓」。

永曆三十七年，清聖祖康熙二十二年癸亥（西元1683年）

是年爲舜水忌年。安東守約特寫祭文，爲位而哭。

源光國與羣臣議，謚曰「文恭先生」。作祭文曰：「嗚呼先生，道德坤厚，才望高崧。生於明季之衰，遭於陽九之厄。危行砥節，屯塞隱居。鶴書連徵，確乎不拔。身陷賊窟，守正不移。流離轉蓬，經幾年所。衣冠慕古，未曾變夷。嘔血嘗膽，至誠無息。韜光肥遯，謝恩遠辭。鼓翼南溟，奮鱗東海。風饕雪虐，義氣益堅。寬文乙巳夏六月，惠然寓我。我

茲師資，終日諄諄，論文講禮。嗚呼先生！博學強記，靡事不知。起廢開蒙，孜孜善誘。敎我未半，天不假年。去歲夏初，奄奄忽逝。嗚呼先生！行有懿行，死不可無美諡。古言曰，道德博文曰『文』，執事堅固曰『恭』，蓋先生之謂乎！故諡曰『文恭』。」

永曆三十八年，清聖祖康熙二十三年甲子（西元1684年）

舜水去世後二年。是年，五十川剛伯編錄《明朱徵君集》十卷，上加賀侯。

清兵入臺灣，鄭克塽出降，明正朔絕。

清聖祖康熙二十四年乙丑（西元1685年）

是年爲舜水卒後三年。舜水孫毓仁重來日本，拜墓而返。

清聖祖康熙二十五年丙寅（西元1686年）

是年爲舜水卒後四年。舜水同里後學張斐（字非文，號霞池，浙江餘姚人。舜水歿後，源光國欲更求師於中國，舜水孫毓仁致書水戶，推薦張斐。源光國派儒臣大串元善到長崎迎張斐。然當時日本不能答應張斐的要求，於是，張斐又歸故里）來日本，有所謀，不就，寫文祭舜水。

日本正德五年乙未（西元1715年）

舜水卒後三十三年。先是源光國手輯《朱舜水先生文集》二十八卷，是年，光國子綱條刻成。

參考書目

一、書籍:

1. 《春秋公羊傳》
2. 《論語》
3. 《孟子》
4. 司馬遷:《史記》
5. 班固:《漢書》
6. 周敦頤:《周子全書》,商務印書館《萬有文庫》本。
7. 張載:《張載集》,中華書局1978年。
8. 程顥、程頤:《河南程氏遺書》。
9. 朱熹:《朱子語類》(宋黎靖德編),中華書局1986年。
10. 陸九淵:《陸九淵集》,中華書局1980年。
11. 王陽明:《王文成公全書》,《四部叢刊》本。
12. 王廷相:《王廷相集》,中華書局1989年。
13. 吳廷翰:《吳廷翰集》,中華書局1984年。
14. 黃宗羲:《宋元學案》,中華書局1987年。
15. 黃宗羲:《明儒學案》,中華書局1987年。
16. 章學誠:《文史通義》,古籍出版社1956年。
17. 梁啓超:《中國近三百年學術史》,中華書局1943年。
18. 梁啓超:《清代學術概論》,商務印書館1944年。

19.錢穆： 《中國近三百年學術史》（影印本），中華書局1986年。

20.郭垣： 《朱舜水》，正中書局1937年。

21.朱謙之： 《朱舜水集》，中華書局1981年。

22.朱謙之： 《日本的朱子學》，三聯書店1958年。

23.朱謙之： 《日本的古學及陽明學》，上海人民出版社1962年。

24.張岱年： 《中國哲學大綱》，中國社會科學出版社 1982年。

25.張立文： 《中國哲學範疇發展史》（天道篇），中國人民大學
出版社1988年。

26.張立文： 《傳統學引論 —— 中國傳統文化的多維反思》，中國
人民大學出版社1989年。

27.李甦平： 《轉機與革新 —— 論中國畸儒朱之瑜》，中國人民大
學出版社1989年。

28.李甦平： 《中國思維 座標之謎 —— 傳統思 維向現代 思維的轉
型》，職工教育出版社1989年。

29.稻葉君山： 《朱舜水全集》，文會堂1912年。

30.雨谷： 《義公と朱舜水との關係資料》，彰考館編刊1938年。

31.石原道博： 《明末清初日本乞師の研究》，富山房 1945年。

32.新井白石： 《新井白石全集》，圖書刊行會1907年。

33.安積覺： 《澹泊史論》，《甘雨亭叢書》本。

34.會澤正志齋： 《新論》，《岩波文庫》本。

35.山鹿素行： 《山鹿語類》，見《日本倫理滙編》第四冊。

36.山鹿素行： 《聖敎要錄》，見《日本倫理滙編》第四冊。

37.伊藤仁齋： 《語孟字義》，見《日本倫理滙編》第五冊。

38.伊藤仁齋： 《童子問》，見《日本倫理滙編》第五冊。

39.伊藤東涯： 《經史博論》，「平安文泉堂」刊本。

40.荻生徂徠：《辨道》，見《日本倫理滙編》第六冊。

41.荻生徂徠：《辨名》，見《日本倫理滙編》第六冊。

42.荻生徂徠：《論語徵》，《日本名家四書注釋全書論語部》五，大正十五年刊本。

43.井上哲次郎：《日本的朱子學之哲學》，富山房1925年。

44.木宮泰彥：《日中文化交流史》，商務印書館1980年。

45.永田廣志：《日本哲學思想史》，商務印書館1978年。

46.源了圓：《實學思想的譜系》，講談社學術文庫1986年。

二、論文：

1.胡行之：〈朱舜水之海外因緣〉，《越風》13，1936年。

2.郭廉：〈明志士朱舜水〉，《史地半月刊》1-11、12，1937年。

3.梁容若：〈讀梁任公著朱舜水年譜〉，《大陸雜誌》7-9，1953年。

4.梁容若：〈朱舜水與日本文化〉，《大陸雜誌》8-4，1954年。

5.王賓客：〈朱舜水的民族思想及其學旨〉，《大陸雜誌》8-8，1954年。

6.施溪潭：〈明末流寓日本的大儒——朱舜水〉，《古今談》22，1966年。

7.陳克強：〈朱舜水及其民族思想〉，《暢流》35-10，1967年。

8.陸離：〈朱舜水不回歸〉，《浙江月刊》8-6，1976年。

9.陳鵬仁：〈朱舜水先生在日本〉，《中國文化月刊》6，1980年。

10.朱謙之：〈朱舜水與日本〉，《中日文化交流史論文集》，1982

年。

11.李甦平： 〈朱舜水的哲學思想及其對日本的影響〉，《社會科
　　　　　學輯刊》3，1983年。

12.李甦平： 〈朱舜水的實踐哲學〉，《國文天地》5-3，1989年。

13.中山久四郞： 〈朱舜水先生年譜〉，《斯文》23，1959年。

14.石原道博： 〈朱之瑜〉，《アジア歷史事典》4，1960年。

15.石原道博： 〈朱舜水十二考〉，《城大學文理學部記要》15，
　　　　　1964年。

索　引

二　畫

三　畫

四　畫

七　畫

八　畫

九　畫

十　畫

十 一 畫

十 二 畫

十 三 畫

十 四 畫

十 五 畫

十 六 畫

十 七 畫

世界哲學家叢書 (八)

書　　　名	作　　者	出版狀況
庫　　　　　恩	吳　以　義	撰　稿　中
拉　卡　托　斯	胡　新　和	撰　稿　中
洛　爾　　　斯	石　元　康	已　出　版
諾　錫　　　克	石　元　康	撰　稿　中
羅　　　　　蒂	范　　　進	撰　稿　中
馬　克　弗　森	許　國　賢	排　印　中
希　　　　　克	劉　若　韶	撰　稿　中
尼　布　　　爾	卓　新　平	已　出　版
馬　丁・布　伯	張　賢　勇	撰　稿　中
蒂　里　　　希	何　光　滬	撰　稿　中
德　日　　　進	陳　澤　民	撰　稿　中
朋　諤　斐　爾	卓　新　平	撰　稿　中

世界哲學家叢書 (七)

書　　　　　名	作　　　者	出　版　狀　況
呂　　格　　爾	沈　清　松	撰　稿　中
富　　　　　科	于　奇　智	撰　稿　中
克　　羅　　齊	劉　綱　紀	撰　稿　中
布　拉　德　雷	張　家　龍	撰　稿　中
懷　　德　　黑	陳　奎　德	撰　稿　中
玻　　　　　爾	戈　　革	已　出　版
卡　　納　　普	林　正　弘	撰　稿　中
卡　爾　巴　柏	莊　文　瑞	撰　稿　中
柯　　靈　　烏	陳　明　福	撰　稿　中
穆　　　　　爾	楊　樹　同	撰　稿　中
弗　　雷　　格	趙　汀　陽	撰　稿　中
石　　里　　克	韓　林　合	撰　稿　中
維　根　斯　坦	范　光　棣	撰　稿　中
愛　　耶　　爾	張　家　龍	撰　稿　中
賴　　　　　爾	劉　建　榮	撰　稿　中
奧　　斯　　丁	劉　福　增	已　出　版
史　　陶　　生	謝　仲　明	撰　稿　中
赫　　　　　爾	馮　耀　明	撰　稿　中
帕　爾　費　特	戴　　華	撰　稿　中
魯　　一　　士	黃　秀　璣	排　印　中
珀　　爾　　斯	朱　建　民	撰　稿　中
詹　　姆　　斯	朱　建　民	撰　稿　中
杜　　　　　威	李　常　井	撰　稿　中
奎　　　　　英	成　中　英	撰　稿　中
帕　　特　　南	張　尚　水	撰　稿　中

書　　　　名	作　　者	出　版　狀　況
狄　　爾　　泰	張　旺　山	已　　出　　版
弗　洛　依　德	陳　小　文	撰　　稿　　中
史　賓　格　勒	商　戈　令	已　　出　　版
布　倫　坦　諾	李　　　河	撰　　稿　　中
韋　　　　伯	陳　忠　信	撰　　稿　　中
卡　　西　　勒	江　日　新	撰　　稿　　中
雅　斯　培	黃　　藿	已　　出　　版
胡　塞　爾	蔡　美　麗	已　　出　　版
馬克斯・謝勒	江　日　新	已　　出　　版
海　德　格	項　退　結	已　　出　　版
漢　娜　鄂　蘭	蔡　英　文	撰　　稿　　中
盧　　卡　　契	謝　勝　義	撰　　稿　　中
阿　多　爾　諾	章　國　鋒	撰　　稿　　中
馬　爾　庫　斯	鄭　　湧	撰　　稿　　中
弗　洛　姆	姚　介　厚	撰　　稿　　中
哈　伯　馬　斯	李　英　明	已　　出　　版
柏　格　森	尚　建　新	撰　　稿　　中
皮　亞　杰	杜　麗　燕	撰　　稿　　中
別　爾　嘉　耶　夫	雷　永　生	撰　　稿　　中
馬　利　丹	楊　世　雄	撰　　稿　　中
馬　賽　爾	陸　達　誠	已　　出　　版
梅　露・彭　廸	岑　溢　成	撰　　稿　　中
阿　爾　都　塞	徐　崇　溫	撰　　稿　　中
列　維　納	葉　秀　山	撰　　稿　　中
德　希　達	張　正　平	撰　　稿　　中

書　　　　　名	作　　者	出版狀況
蒙　　　　　田	郭　宏　安	撰　稿　中
斯　賓　諾　莎	洪　漢　鼎	已　出　版
萊　布　尼　茲	陳　修　齋	撰　稿　中
培　　　　　根	余　麗　嫦	撰　稿　中
霍　　布　　斯	余　麗　嫦	撰　稿　中
洛　　　　　克	謝　啓　武	撰　稿　中
巴　　克　　萊	蔡　信　安	已　出　版
休　　　　　謨	李　瑞　全	已　出　版
托馬斯・銳德	倪　培　林	撰　稿　中
伏　　爾　　泰	李　鳳　鳴	撰　稿　中
孟　德　斯　鳩	侯　鴻　勳	排　印　中
盧　　　　　梭	江　金　太	撰　稿　中
帕　　斯　　卡	吳　國　盛	撰　稿　中
康　　　　　德	關　子　尹	撰　稿　中
費　　希　　特	洪　漢　鼎	撰　稿　中
謝　　　　　林	鄧　安　慶	撰　稿　中
黑　　格　　爾	徐　文　瑞	撰　稿　中
叔　　本　　華	劉　　東	撰　稿　中
祁　　克　　果	陳　俊　輝	已　出　版
彭　　加　　勒	李　醒　民	排　印　中
馬　　　　　赫	李　醒　民	撰　稿　中
費　爾　巴　哈	周　文　彬	撰　稿　中
恩　　格　　斯	金　隆　德	撰　稿　中
馬　　克　　斯	洪　鎌　德	撰　稿　中
約　翰　彌　爾	張　明　貴	已　出　版

世界哲學家叢書 (四)

書　　　　名	作　　者	出版狀況
伊　藤　仁　齋	田　原　剛	撰　稿　中
山　鹿　素　行	劉　梅　琴	已　出　版
山　崎　闇　齋	岡　田　武　彥	已　出　版
三　宅　尚　齋	海老田輝已	排　印　中
中　江　藤　樹	木　村　光　德	撰　稿　中
貝　原　益　軒	岡　田　武　彥	已　出　版
荻　生　徂　徠	劉　梅　琴	撰　稿　中
安　藤　昌　益	王　守　華	撰　稿　中
富　永　仲　基	陶　德　民	撰　稿　中
石　田　梅　岩	李　甦　平	撰　稿　中
楠　本　端　山	岡　田　武　彥	已　出　版
吉　田　松　陰	山　口　宗　之	已　出　版
福　澤　諭　吉	卞　崇　道	撰　稿　中
岡　倉　天　心	魏　常　海	撰　稿　中
中　江　兆　民	畢　小　輝	撰　稿　中
西　田　幾　多　郎	廖　仁　義	撰　稿　中
和　辻　哲　郎	王　中　田	撰　稿　中
三　　木　　清	卞　崇　道	撰　稿　中
柳　田　謙　十　郎	趙　乃　章	撰　稿　中
柏　　　拉　　　圖	傅　佩　榮	撰　稿　中
亞　里　斯　多　德	曾　仰　如	已　出　版
聖　奧　古　斯　丁	黃　維　潤	撰　稿　中
伊　本·赫　勒　敦	馬　小　鶴	排　印　中
聖　多　瑪　斯	黃　美　貞	撰　稿　中
笛　　卡　　兒	孫　振　青	已　出　版

世界哲學家叢書 (三)

書　　　名	作　者	出版狀況
智　　　旭	熊　　琬	撰　稿　中
章　太　炎	姜　義　華	已　出　版
熊　十　力	景　海　峰	已　出　版
梁　漱　溟	王　宗　昱	已　出　版
金　岳　霖	胡　　軍	已　出　版
張　東　蓀	胡　偉　希	撰　稿　中
馮　友　蘭	殷　　鼎	已　出　版
唐　君　毅	劉　國　強	撰　稿　中
賀　　　麟	張　學　智	已　出　版
龍　　　樹	萬　金　川	撰　稿　中
無　　　著	林　鎮　國	撰　稿　中
世　　　親	釋　依　昱	撰　稿　中
商　羯　羅	黃　心　川	撰　稿　中
維　韋　卡南達	馬　小　鶴	撰　稿　中
泰　戈　爾	宮　　靜	已　出　版
奧羅賓多·高士	朱　明　忠	撰　稿　中
甘　　　地	馬　小　鶴	排　印　中
拉達克里希南	宮　　靜	撰　稿　中
元　　　曉	李　箕　永	撰　稿　中
休　　　靜	金　煐　泰	撰　稿　中
知　　　訥	韓　基　斗	撰　稿　中
李　栗　谷	宋　錫　球	排　印　中
李　退　溪	尹　絲　淳	撰　稿　中
空　　　海	魏　常　海	撰　稿　中
道　　　元	傅　偉　勳	撰　稿　中

世界哲學家叢書 (二)

書　　名	作　者	出版狀況
朱　　舜　水	李　甦　平	已　出　版
王　　船　山	張　立　文	撰　稿　中
眞　　德　秀	朱　榮　貴	撰　稿　中
劉　　蕺　山	張　永　儁	撰　稿　中
黃　　宗　羲	吳　　　光	撰　稿　中
顧　　炎　武	葛　榮　晉	撰　稿　中
顏　　　　元	楊　慧　傑	撰　稿　中
戴　　　　震	張　立　文	已　出　版
竺　　道　生	陳　沛　然	已　出　版
眞　　　　諦	孫　富　支	撰　稿　中
慧　　　　遠	區　結　成	已　出　版
僧　　　　肇	李　潤　生	已　出　版
智　　　　顗	霍　韜　晦	撰　稿　中
吉　　　　藏	楊　惠　南	已　出　版
玄　　　　奘	馬　少　雄	撰　稿　中
法　　　　藏	方　立　天	已　出　版
惠　　　　能	楊　惠　南	已　出　版
澄　　　　觀	方　立　天	撰　稿　中
宗　　　　密	冉　雲　華	已　出　版
永　明　延　壽	冉　雲　華	撰　稿　中
湛　　　　然	賴　永　海	已　出　版
知　　　　禮	釋　慧　嶽	排　印　中
大　慧　宗　杲	林　義　正	撰　稿　中
株　　　　宏	于　君　方	撰　稿　中
憨　山　德　清	江　燦　騰	撰　稿　中

世界哲學家叢書 (一)

書　　　　　名	作　　者	出 版 狀 況
孟　　　　　子	黃 俊 傑	已　出　版
老　　　　　子	劉 笑 敢	撰　稿　中
莊　　　　　子	吳 光 明	已　出　版
墨　　　　　子	王 讚 源	撰　稿　中
淮　　南　　子	李　　增	已　出　版
賈　　　　　誼	沈 秋 雄	撰　稿　中
董　　仲　　舒	韋 政 通	已　出　版
揚　　　　　雄	陳 福 濱	已　出　版
王　　　　　充	林 麗 雪	已　出　版
王　　　　　弼	林 麗 真	已　出　版
嵇　　　　　康	莊 萬 壽	撰　稿　中
劉　　　　　勰	劉 綱 紀	已　出　版
周　　敦　　頤	陳 郁 夫	已　出　版
邵　　　　　雍	趙 玲 玲	撰　稿　中
張　　　　　載	黃 秀 璣	已　出　版
李　　　　　覯	謝 善 元	已　出　版
王　　安　　石	王 明 蓀	撰　稿　中
程顯、程頤	李 日 章	已　出　版
朱　　　　　熹	陳 榮 捷	已　出　版
陸　　象　　山	曾 春 海	已　出　版
陳　　白　　沙	姜 允 明	撰　稿　中
王　　廷　　相	葛 榮 晉	已　出　版
王　　陽　　明	秦 家 懿	已　出　版
李　　卓　　吾	劉 季 倫	撰　稿　中
方　　以　　智	劉 君 燦	已　出　版